# UMBANDA
# DIVINA

# Luis Eduardo Bahri

*Umbanda A Centelha Divina*

# UMBANDA DIVINA

## LIVRO 1
## Doutrina e Fundamentos

LEGIÃO
PUBLICAÇÕES

1ª edição / Porto Alegre-RS / 2023

Capa e projeto gráfico: Marco Cena
Revisão: Gaia Revisão Textual
Produção editorial: Bruna Dali e Maitê Cena
Assessoramento gráfico: André Luis Alt


Dados Internacionais de Catalogação na Publicação (CIP)

---

B151u   Bahri, Luis Eduardo
          Umbanda divina : livro 1 : doutrina e fundamentos. / Luis
    Eduardo Bahri. – Porto Alegre: BesouroBox, 2023.
      248 p. ; 16 x 23 cm

      ISBN: 978-85-5527-127-4

        1.   Religião. 2. Umbanda. 3. Orixás. I. Título.

CDU 299.6

---

Bibliotecária responsável Kátia Rosi Possobon CRB10/1782

Todos os direitos desta edição reservados a
Edições BesouroBox Ltda.
Rua Brito Peixoto, 224 - CEP: 91030-400
Passo D'Areia - Porto Alegre - RS
Fone: (51) 3337.5620
www.legiaopublicacoes.com.br

Impresso no Brasil
Agosto de 2023.

*A Deus*
*À Umbanda*
*À minha família*
*À Cabocla Janaína*
*Ao Caboclo Ubirajara*
*Aos médiuns de Umbanda*
*A todos os Guias de Umbanda*

# SUMÁRIO

# Prefácio

A natureza não dá saltos, mas tudo cresce, se desenvolve e evolui! O mesmo se dá com as religiões do planeta e, por que não dizer, com a própria Umbanda, uma religião simples e voltada para o desenvolvimento espiritual e para o socorro de todos que a procuram.

Não seria possível que, no momento de sua anunciação formal ao mundo terreno, a religião de Umbanda já fosse trazida ao conhecimento dos filhos da Terra da forma como fora idealizada – há muito – pela Espiritualidade. Era preciso formar suas bases, semear a boa semente, para que, ao passo do interesse e da capacidade de entendimento de seus adeptos, novas instruções – complementares às primeiras – pudessem, aos poucos, ser-lhes apresentadas.

Nesse modelo de desenvolvimento, nos poucos anos que se sucederam à formação dos primeiros terreiros, muitos novos conceitos puderam ser introjetados em rituais e na doutrina, aperfeiçoando a forma sem, contudo, macular a essência dos ensinamentos morais expostos desde o primeiro dia de sua fundação.

Assim, agregando-se ao trabalho valoroso de dedicados cooperadores espirituais, ao longo do tempo também se desenvolveram o entendimento e as práticas realizadas nos terreiros, e hoje a Umbanda já demonstra claramente – assim como os umbandistas que a procuram – sua aptidão a tornar-se a religião que, como colocado pelo Caboclo das Sete

Encruzilhadas, "falará aos humildes, unirá as famílias e há de perdurar até o final dos séculos"!

Para isso, não obstante o progresso alcançado, é necessário haver a predisposição contínua ao aprendizado, esforçando-se seus adeptos a manter a mente aberta e propícia à semeadura de novos ensinamentos que possam vir a agregar novos conceitos e a melhorar ainda mais o que existe, sem que possíveis obstáculos forjados pela vaidade e pela impressão de se ter alcançado todas as verdades que a Umbanda possa oferecer venham forçá-la a estagnar-se no ponto de desenvolvimento atual. "A Umbanda está crescendo e ainda vai crescer", dizia o Caboclo fundador.

Em outras palavras, não faltam e nunca faltarão novos ensinamentos a serem trazidos pela Espiritualidade Superior, mas é preciso humildade e interesse aos filhos da Terra para recebê-los com atenção e com o coração aberto em função de caminhos melhores projetados pelos companheiros astrais e que, cedo ou tarde, deverão se concretizar no mundo da matéria.

No entanto, além da mente receptiva, para que não haja a adoção de conceitos equivocados semeados por fatores como concepções pessoais e pela influência do animismo sobre as comunicações, é preciso avaliar! É necessário, antes de se assumir como verdadeiras palavras que poderiam dificultar a ascese do conhecimento, arguir à própria consciência e fazer passar pelo justo crivo da razão cada novo ensinamento recebido, cada nova orientação, evitando, assim, que, não obstante a mente e o coração prontos para recebê-los, possa-se dar margem a conceitos obtusos e, com isso, colocar freios à trajetória umbandista ao longo dos tempos.

É nesse sentido que a presente obra vem, humildemente, tentar cooperar com o desenvolvimento dessa religião, não apenas relembrando conceitos básicos, ditados desde sua fundação, como também trazendo novos prismas e orientações que visam empregar à Umbanda um olhar mais racional, uma vertente mais afim aos questionamentos dos tempos modernos.

Não que a forma como fora vivenciada até o presente momento estivesse em desacordo com sua proposta original, mas buscando trazer aos filhos da Terra explicações mais claras a título de engrandecimento do conhecimento, de forma a se manter a Umbanda em constante movimento ascensional, em termos de compreensão de seus ritos, práticas e fundamentos espirituais.

Partimos do conhecimento comum, explicando o que é Deus para, em seguida, apresentarmos uma visão mais lógica sobre o conceito do que é "Orixá", despindo-o de revestimentos mitológicos e procurando trazer à baila a compreensão de seu caráter puramente divino e de sua atuação vibratória e energética sobre a natureza.

Em seguida, apresentamos uma nova forma de entender as correlações entre todas as forças divinas chamadas "Orixás", trazendo uma visão que supera os conceitos que há tanto tempo vêm atravessando gerações, firmados sobre o mito das Sete Linhas de Umbanda que, por si só, nunca chegaram a ser consenso entre terreiros justamente por serem fruto do entendimento temporal humano, sem, contudo, terem sido alicerçados em instruções puramente reveladas pela Espiritualidade.

Nesse contexto, substituímos o conceito das Sete Linhas de Umbanda por uma representação mais significativa e mais condizente à forma como os Orixás atuam em toda a Criação, alocando-os em Raios Divinos, irradiados do próprio Deus e completando os ensinamentos com a explicação sobre o trabalho de seus falangeiros diretos e de seus falangeiros de demanda, Espíritos voltados à construção da Obra Divina e ao embate contra as forças obscuras da ignorância e do mal.

Além disso, pontuamos em toda a obra o valor da dedicação e do esforço pessoal de todos os que se julgam umbandistas, pela construção de um futuro melhor para a própria Umbanda e para si mesmos, desmistificando conceitos que enaltecem sobremaneira a atuação dos Guias, colocando-os em um pedestal inalcançável e tratando o umbandista como mero espectador ou coadjuvante em sua própria história.

O presente livro também traz elucidações sobre o comportamento da Espiritualidade nos terreiros e demove os mitos criados sobre alguns deles, como, por exemplo, a incapacidade de os Guias saberem ler e escrever, bem como – paradoxalmente – sua pretensa onisciência.

Por isso – e por tudo o mais que o leitor encontrará –, convidamos a todos a conhecer o conteúdo desta obra que, embora jamais tenha a pretensão de ser entendida como a "palavra final" sobre Umbanda, ou mesmo como uma "pseudocodificação", apresenta em alguns pontos um ensejo a mais à reflexão e aborda novas instruções que, humildemente, procuram se somar aos conhecimentos divulgados nos terreiros até então.

Apresentamos ao leitor, em suma, conceitos de uma Umbanda Divina em sua essência, posto que, de forma clara e objetiva, são traçadas nessas linhas novas maneiras de interpretar a religião, tendo como ponto de partida o amor de Deus por todas as criaturas, expresso na manifestação dos Orixás irradiados do próprio Criador, simbolizados pelos Raios Divinos que os compreendem, assim como a todos os elementos da natureza, a todas as forças e ao próprio ser humano. Como consequência deste estudo, fortalece-se o entendimento da Umbanda como doutrina regeneradora e reveladora e força manifesta de Deus – por intermédio dos Orixás – a auxiliar a humanidade em toda sua trajetória em busca da perfeição.

Dito isso, encerramos nossas palavras com o desejo sincero de uma boa leitura a todos os que se interessam em aprender e que, para isso, dispõem-se a remodelar conceitos, substituindo-os por explicações mais lógicas e racionais a serem implementadas, paulatinamente, no dia a dia de cada terreiro.

Dessa forma, temos a certeza de estarmos contribuindo para o desenvolvimento da Umbanda e dos umbandistas e a clareza de que todos têm a ganhar com nossa humilde cooperação: os médiuns, os frequentadores dos terreiros, os estudiosos e a própria religião de Umbanda, divina por natureza e sublime em essência.

Uma boa leitura a todos!

Com amor,

Cabocla Janaína

## Palavras do autor
## Por que a Umbanda?

O que leva uma pessoa a escolher a Umbanda? O que a Umbanda tem de diferente das outras religiões? Que tipos de satisfações a Umbanda nos traz? Muitas coisas têm na Umbanda que a tornam atrativa, que a diferenciam de outras religiões, inclusive de outras religiões mediúnicas. Poderíamos ficar horas aqui falando da Umbanda, e o assunto não se esgotaria, mas vamos enfocar o principal.

A primeira coisa, e que é também a mais aparente, é o ambiente dos terreiros. A Umbanda é uma religião eminentemente alegre. Nela, tem percussão, tem canto, tem dança. Isso, por si só, torna o ambiente leve, alegre e contagiante. Além disso, o ambiente do terreiro, diferentemente de outras religiões, é construído de uma forma que lembra a construção das famílias, o que facilita muito a nossa identificação com tudo o que acontece ali.

Tem o pai ou a mãe, que estão sempre prontos para aconselhar, para pegar no colo, tem os irmãos mais velhos, que são aqueles que estão há mais tempo na casa, tem aqueles irmãos que estão chegando agora (aliás, na Umbanda há essa conotação de que todos são irmãos e que devem o respeito ao seu pai ou à sua mãe), tem as reuniões em que a família toda se encontra para comemorar alguma coisa (no caso, uma gira festiva) etc. Obviamente, tem até aquelas pequenas rusgas que há entre irmãos em qualquer família. E aí vai o pai ou a mãe apaziguar os ânimos... Enfim, a estrutura do terreiro lembra muito a estrutura familiar, e isso também é bem legal! Fica menos frio que em algumas religiões em que a pessoa fica distante do sacerdote e dos outros fiéis.

Então, na Umbanda, o ambiente é bem singular. Além da alegria, há a estruturação de uma forma que lembra a família, mas não é só isso que torna o ambiente da Umbanda atrativo. Uma das coisas que chamam muito a atenção é que, durante uma gira de Umbanda, a nossa mente viaja por cenários e personagens diferentes. O próprio ambiente se transforma.

Em uma única sessão mediúnica, nós estamos ali, frente a frente com índios, ouvindo seus brados, vendo seus passos firmes. Daqui a pouco, estamos na frente de vovôs e vovós, com aquela fala mansa, baixinha. Ou então, de repente, estamos no meio de um acampamento cigano, com os ciganos dançando, batendo palmas; ou então no meio de crianças, brincando de bola, de boneca. E assim, sucessivamente! Durante os ritos umbandistas, a nossa mente voa! A gente compartilha do mesmo espaço que Espíritos diferentes, que se portam de maneiras diferentes... E nós estamos ali! Isso é muito agradável.

Aliás, durante uma gira, não estamos simplesmente no meio de Espíritos diferentes. Na Umbanda, temos a oportunidade de conversar diretamente com os Espíritos. E isso é uma característica muito peculiar nessa religião. Nem no Espiritismo é assim. Na maior parte dos centros espíritas, quando você quer uma orientação espiritual, você escreve suas questões em um papel e aguarda alguma resposta psicografada para suas dúvidas. Você não tem como dialogar, pedir conselhos cara a cara... No Candomblé também. Você ali conversa com o Orixá por meio dos búzios do pai de santo.

Na Umbanda, o Guia está lá, na sua frente! Você pode falar para ele o que quiser, que ele vai ouvir. Vai ouvir e aconselhar. Ele também vai chamar sua atenção se você estiver fazendo algo errado. Ele vai estar lá, compartilhando sua dor com você. E isso também facilita o grande apelo popular que a Umbanda tem! Se estiver com um problema sentimental, você sabe que a Pombagira vai escutar, orientar, rir com você, levantar seu astral. Então você vai conversar com ela... Você está com uma dificuldade espiritual ou familiar... Quer um conselho? Então você procura o Preto Velho, a vovó... E ali, sentado no banquinho, pitando seu cachimbo, o vovô vai ouvir, aconselhar e ainda benzer você com um galhinho de arruda...

Enfim, a Umbanda é mágica! O ambiente da Umbanda é mágico! A chance de estarmos cara a cara com um Espírito para falarmos o que quisermos é mágico! No entanto, tem uma coisa que, em nossa visão, é ainda mais mágica, que é a lógica, a racionalidade.

Para quem é muito racional e não aceita qualquer explicação do tipo "é porque é", que não consegue conviver com dogmas, superstições e coisas que não lhe fazem sentido; e que, por isso, não conseguiria estar em uma religião que o obrigasse a determinadas coisas sem explicar o porquê, a Umbanda se adéqua perfeitamente; porque quando não se entende alguma coisa, basta perguntar aos Guias, e eles sempre explicam, e de uma forma bem racional. Às vezes, para explicar algum fenômeno, falam até de química, física, física quântica...

Além de todas as explicações lógicas para cada coisa que fazemos no terreiro, nossos Guias também falam de reencarnação, lei de causa e efeito, lei de amor, possibilidade de obsessões, prática da caridade etc. Ou seja, não contrariam nada do que está escrito na codificação espírita, o que, para os mais interessados em compreender o mundo espiritual, acaba se tornando fonte de estudo.

Falamos que nossos Guias não contrariam o que está na codificação, e isso pode soar estranho para alguns. Por isso, temos que destacar duas coisas: a primeira é que, se há algum ponto em que pareça que a Umbanda destoa, é porque esse ponto não está bem entendido; segundo, nossos Guias não contrariam a codificação, e sim a complementam!

Aliás, os próprios Espíritos diziam a Kardec, quando ele perguntava algumas coisas sobre fenômenos da natureza[1], na época da codificação, que "Dia virá em que recebereis a explicação de todos esses fenômenos e os compreendereis melhor". E essas coisas vêm justamente pelos nossos Guias de Umbanda, que são falangeiros de Orixás e que lidam com energias da natureza. Então, é fascinante saber que nossos Guias estão dando

---

1 Pergunta n. 537 de *O livro dos Espíritos*.

prosseguimento ao avanço do conhecimento espiritual que começou lá atrás.

Essa questão da natureza é outro ponto que atrai muitas pessoas para a religião. A Umbanda é uma religião da natureza! Na natureza, encontramos as forças dos nossos Orixás, nos reorganizamos energeticamente; com os elementos da natureza, nossos Guias nos ensinam a curar, a descarregar, a obter força, equilíbrio... A Umbanda é uma religião que, nesse sentido de preocupação com a ecologia, com a natureza, está perfeitamente alinhada com o foco do terceiro milênio (preservação).

Vocês estão percebendo como a Umbanda tem traços peculiares e que a tornam tão singular, tão atrativa? E não é só isso! Há alguns anos, foi feita uma pesquisa no estado de São Paulo em que ficou comprovado que a Umbanda era a religião mais popular (que mais crescia) entre os jovens na época. O motivo? Porque é uma religião que não discrimina ninguém!

Na Umbanda, somos orientados pelos nossos Guias que todos somos Espíritos iguaizinhos, que não há melhor nem pior. Não é a condição social, a etnia, o gênero ou as orientações sexuais que fazem qualquer diferença. A Umbanda recebe de braços abertos, sem qualquer questionamento ou qualquer tipo de preconceito, o hétero, o homo, o bi, o transsexual e todas as outras expressões de sexualidade. Recebe o pobre, o rico, a dona de casa e o sujeito que tem ph.D. em Havard da mesma forma; e todos convivem no mesmo ambiente, vestindo o mesmo uniforme, trabalhando descalços da mesma forma e servindo ao próximo da mesma maneira.

A Umbanda recebe o indígena, o negro, o branco, o oriental ou qualquer pessoa de qualquer outra etnia sem qualquer tipo preconceito, porque nos ensina que todos somos iguais. Aliás, o Espírito não é homem, não é mulher, não é rico, não é pobre, não é índio, preto ou branco. Tudo isso são condições transitórias da matéria e que mudam na encarnação seguinte. Então, baseada nisso, a Umbanda nos dá um banho de lições de igualdade, tolerância, fraternidade...

Aliás, falando em termos de etnia, as três raças que formaram a base do povo brasileiro estão representadas nos nossos próprios Guias que baixam nos terreiros. Temos Caboclos, Pretos Velhos, Exus e Pombagiras e algo ainda mais sensacional: em uma única falange de trabalho temos todas as raças reunidas, a falange das Crianças Espirituais! Dentre as Ibejadas, encontramos indiozinhos, crianças brancas e pretas e todas brincando juntas! Isso é de uma lição profunda de igualdade! É maravilhoso!

A Umbanda, como se pode ver, é a religião mais ecumênica que há. E não é ecumênica somente no sentido de absorver, representando em seus próprios falangeiros Espíritos que se apresentam como de raças diferentes não. A Umbanda é ecumênica porque ela – a própria Umbanda – absorve traços de culturas diferentes. Nela há, principalmente, traços das culturas europeia, africana, indígena e oriental. Em todos os terreiros de Umbanda você vai encontrar esses traços. O que muda é a intensidade com que cada um deles aparece em cada terreiro. E essa diversificação é muito positiva! Porque a Umbanda foi moldada pelo Astral Superior para ser uma religião que fale ao coração do povo. E para falar ao coração do povo, ela tem que ser diversa como o povo é!

Tem gente que gosta mais de uma Umbanda de um jeito, outros de outro... Mas a verdade é que sempre vai haver um terreiro de Umbanda que vai estar de acordo com o que a pessoa procura. E isso também é maravilhoso!

Para finalizar, o que também nos atrai na Umbanda é a possibilidade de podermos desenvolver a nossa mediunidade e sentir todos esses Espíritos maravilhosos atuando sobre nós, ajudando pessoas, trazendo conhecimentos maravilhosos... Enfim, como dissemos lá no início, a Umbanda é mágica! É mágica em todos os sentidos! É fonte inesgotável de conhecimento e estímulo ao estudo e ao crescimento.

Se algo acontecer em um terreiro de Umbanda que não seja tão positivo assim, a culpa não é da religião. Ela é linda por natureza. Já os defeitos são nossos, são humanos. E um dia serão consertados!

Boa leitura!

# UMBANDA

## Previsões sobre o advento da Umbanda

A Umbanda é uma religião mediúnico-espiritualista que crê na existência de:

• forças divinas – denominadas Orixás – que atuam sobre a natureza, criando-a e dando-lhe vida e renovação;

• Espíritos falangeiros desses Orixás, que incorporam nos terreiros e que, por representá-los, têm conhecimento sobre como manipular energias da natureza e de seus elementos, sabendo, inclusive, como comandar entidades elementais do fogo, da água, da terra e do ar, para obterem os resultados necessários;

• entidades elementais conhecidas como Ondinas, Salamandras, Silfos e Gnomos (e muitos outros) que atuam diretamente sobre os elementos da natureza, trabalhando constantemente pelo bem-estar da Criação e atendendo às solicitações dos Orixás e de seus falangeiros.

As forças, os Espíritos e as entidades descritas acima, por atuarem sobre a Criação Divina, são chamadas de forças ou "Espíritos da natureza", sendo uns, obviamente, os que coordenam e outros os que executam as atividades de criação, manutenção e renovação dos elementos.

De forma resumida, podemos dizer que Orixá é a fonte divina criadora das águas, fogo, ar, terra, folhas e tudo o que existe; os falangeiros dos Orixás são os que, manipulando essas energias, trabalham nos terreiros trazendo para nós a força dos Orixás e comandando, se necessário, entidades elementais para facilitar a manipulação vibratória e energética dos elementos. E as entidades elementais são os grandes operários da natureza, responsáveis pela sua manutenção e pela realização dos fenômenos naturais.[1]

Muitos povos antigos já lidavam com esses Espíritos sob outras denominações, ou seja, embora possa haver divergência quanto aos nomes dados aos Espíritos da natureza, o conhecimento de sua existência não é novo. Para o mundo moderno, entretanto, o contato com esse tipo de conhecimento só pôde acontecer a partir do advento da Umbanda, com a prática dos ritos de terreiro, com a manipulação das ervas pelos Caboclos, do fogo pelos Exus, dos líquidos diversos, da fumaça, do sopro...

A Umbanda, contudo, como religião que viria trazer ao mundo moderno o conhecimento sobre os Espíritos da natureza e suas formas de trabalho, mesmo tendo surgido no Brasil, havia sido anunciada, sucintamente, pelos Espíritos a Kardec.

Em 18 de abril de 1857, Kardec publicou em Paris a primeira edição de *O livro dos Espíritos*. Nessa obra, há rudimentos de explicações acerca da atuação espiritual sobre os fenômenos da natureza; explicações estas dadas por Espíritos desencarnados, mas que ainda eram, notadamente, insipientes devido ao fato de eles – os Espíritos comunicantes – ou não terem maiores conhecimentos sobre tais fenômenos ou não poderem ensinar dada a pouca cultura espiritual da época. Assim, à maioria das perguntas formuladas nesse sentido, deram respostas incompletas, reticentes ou vagas, deixando claro que, oportunamente, seriam completadas as explicações até então fornecidas. A Umbanda vem hoje – cumprindo as previsões dos Espíritos – elucidar tais questões com maiores condições de esclarecê-las, dado ser, justamente, uma "religião da natureza".

Dentre tantas passagens registradas àquela época e que claramente previram o futuro surgimento de uma doutrina orientada pelos fenômenos naturais e a eles ligada, podem ser citadas as seguintes questões elaboradas por Kardec e respondidas por Espíritos na Europa do século XIX:

---

1 As entidades elementais não incorporam em terreiros, mas atendem às solicitações dos falangeiros dos Orixás e cooperam com as manipulações energéticas por meio dos elementos. Estudaremos com detalhes esse tema em outra obra.

21

536 – São devidos a causas fortuitas, ou, ao contrário, têm todos um fim providencial, os grandes fenômenos da Natureza, os que se consideram como perturbação dos elementos?

"Tudo tem uma razão de ser e nada acontece sem a permissão de Deus".

[...]

b) Concebemos perfeitamente que a vontade de Deus seja a causa primária, nisto como em tudo; porém, sabendo que os Espíritos exercem ação sobre a matéria e que são os agentes da vontade de Deus, perguntamos se alguns dentre eles não exercerão certa influência sobre os elementos para os agitar, acalmar ou dirigir?

"Mas, evidentemente. Nem poderia ser de outro modo. Deus não exerce ação direta sobre a matéria. Ele encontra agentes dedicados em todos os graus da escala dos mundos" (*O livro dos Espíritos*).

Com a resposta dada a essa questão, os Espíritos fizeram entender que no controle da natureza existem Espíritos com especial poder sobre ela e que trabalham incessantemente sob a vontade de Deus para produzir os fenômenos naturais. A Umbanda vem elucidar a questão, classificando tais Espíritos em elementais inferiores e superiores, elementares[2] e falangeiros dos Orixás, evidenciando a ordem em que trabalham os elementos, assim como as energias com que atuam e seu plano de evolução e auxílio ao encarnado.

537 – A mitologia dos antigos se fundava inteiramente em ideias espíritas, com a única diferença que consideravam os Espíritos divindades. Representavam esses deuses ou esses Espíritos com atribuições especiais. Assim, uns eram encarregados dos ventos, outros do raio, outros de presidir ao fenômeno da vegetação etc. Semelhante crença é totalmente destituída de fundamento?

"Tão pouco destituída é de fundamento, que ainda está muito aquém da verdade".

Poderá então haver Espíritos que habitem o interior da Terra e presidam aos fenômenos geológicos? [...]

"Tais Espíritos não habitam positivamente a Terra. Presidem aos fenômenos e os dirigem de acordo com as atribuições que têm. Dia virá em

---

2 O que aqui denominamos de "elementais superiores", "elementais inferiores" e "elementares" são conhecidos por outros nomes em outras correntes umbandistas e serão estudados em outra obra.

que recebereis a explicação de todos esses fenômenos e os compreendereis melhor" (*O livro dos Espíritos*).

Os povos antigos, evidentemente, mantinham maior contato com a natureza que os atuais. Tal proximidade proporcionava a muitos a capacidade de comunicação com os Espíritos que a controlam e que com ela interagem. Todavia, se por um lado possuíam a facilidade de comunicação, por outro eram prejudicados pela limitada capacidade de compreensão, o que os levava, na maioria das vezes, a tomá-los como deuses e semideuses, proporcionalmente ao grau de importância ou ao poder que aparentavam possuir.

Tal atitude, apesar de completamente equivocada, é perfeitamente compreensível. Por isso, os Espíritos que se comunicaram com Kardec disseram que a afirmativa ainda estava muito aquém da verdade e que haveria de chegar um dia em que seria dada a explicação para todos os fenômenos naturais e a atuação dos Espíritos sobre a natureza poderia ser mais bem compreendida, num claro prenúncio do advento da Umbanda meio século mais tarde.

538 – Formam categoria especial no mundo espírita os Espíritos que presidem aos fenômenos da Natureza? Serão seres à parte, ou Espíritos que foram encarnados como nós?
"Que foram ou que o serão".
a) Pertencem esses Espíritos às ordens superiores ou às inferiores da hierarquia espírita?
"Isso é conforme seja mais ou menos material, mais ou menos inteligente o papel que desempenhem. Uns mandam, outros executam. Os que executam coisas materiais são sempre de ordem inferior, assim entre os Espíritos, como entre os homens" (*O livro dos Espíritos*).

Nessa questão, embora de maneira insuficientemente clara, anunciam os Espíritos a existência de uma forma de hierarquia entre os Espíritos que interagem com a natureza. A explicação mais completa vem ser dada pela Umbanda, quando cita em sua base doutrinária a existência dos elementais inferiores e superiores, dos elementares, dos falangeiros dos Orixás e dos próprios Orixás.

539 – A produção de certos fenômenos, das tempestades, por exemplo, é obra de um só Espírito, ou muitos se reúnem, formando grandes massas, para produzi-los?
"Reúnem-se em massas inumeráveis" (*O livro dos Espíritos*).

Aqui os Espíritos narram de forma extremamente sucinta a formação dos fenômenos naturais. Falam em movimentação de grande quantidade de Espíritos, mas não esclarecem os pormenores do processo. A Umbanda vem mostrar a harmonia em que se dão os fenômenos naturais e a forma como são criados, por meio do desejo divino, da atuação dos Orixás sobre os elementais e da atuação destes sobre os elementos da natureza.

## Prenúncios da Umbanda

Os povos que vieram para o Brasil como escravos mantiveram, na medida do possível, suas crenças e filosofias religiosas. Todavia, por serem pessoas simples, oriundas de sociedades e culturas místicas por natureza, trouxeram também suas práticas ritualísticas baseadas em lendas e mitos, muitas vezes sem a visão maniqueísta da dualidade "bem *versus* mal", o que contribuía para que seus cultos fossem entendidos a partir de uma visão deturpada da sociedade da época.

Com o término do sistema escravagista, puderam praticar seus cultos um pouco mais livremente, o que fez com que, embora malvistos pelas autoridades, fossem procurados por grande número de pessoas. Surgiram aglomerações que deram origem a terreiros de Candomblé, Quimbanda e Nação.

Diante de tal situação, com a possibilidade de agregar o conhecimento africano a respeito das forças da natureza às filosofias espíritas recém-implantadas em solos brasileiros[3], não poderia o Astral Superior permanecer indiferente. Comandadas, então, por Espíritos da natureza de ordens mais adiantadas, começaram a despontar unidades espirituais que mesclavam o culto às forças da natureza e os ensinamentos kardecistas em todo o território nacional.

---

3 O Espiritismo foi introduzido no Brasil no final do século XIX por viajantes que importavam da França a nova moda em voga nos salões parisienses.

Na maioria das vezes, os Caboclos encarregados de fundar uma dessas novas unidades tinham que começar o trabalho com médiuns totalmente crus em questão de desenvolvimento mediúnico, mas extremamente dedicados à fraternidade e ao amor ao próximo. Não raro, transmitiam seus conhecimentos diretamente ao médium por intermédio da materialização e de outros fenômenos. Era preciso pressa! A Umbanda, assim, ensaiava seus primeiros passos, com todas as dificuldades possíveis, mas impulsionada diretamente pelo Astral Superior, a fim de que fosse preparado o terreno para a semeadura que teria início oficial poucos anos mais tarde.

## Origem oficial da Umbanda

O projeto para implementação oficial da Umbanda já existia no plano astral há muito tempo, aguardando, desde então, o momento mais propício para que pudesse ser colocado em vigor. No ano de 1908, os Espíritos superiores julgaram pertinente apresentar oficialmente a Umbanda ao mundo. Havia alguns núcleos espirituais – prenúncios de terreiros – espalhados pelo Brasil, e a experiência estava rendendo bons frutos, mas, a partir de agora, a Umbanda existiria oficialmente e caminharia, paulatinamente, sob a direção de bons Espíritos, para a unificação de pensamentos, ideias e ideais em torno da prática do amor e da caridade pura.

Nessa época, Zélio Fernandino de Moraes, um jovem de classe média de apenas 17 anos de idade, foi acometido de uma estranha e repentina paralisia, que o deixava em alguns momentos com o corpo encurvado como um velho, falando frases aparentemente destituídas de sentido, e em outros como alguém extremamente ágil, semelhante a um felino e grande conhecedor das propriedades das plantas e dos segredos da natureza. Durante tais "crises", fortes dores de cabeça assolavam o jovem.

Preocupada com a situação do rapaz, sua mãe agendou – sem que ele soubesse – uma visita à Federação Espírita de Niterói, uma tradicional casa de auxílio espírita kardecista[4], pois havia consultado médicos e até

---

4 O movimento kardecista contava pouco mais de meio século e havia sido importado da França. Sua base era (ainda é) as obras de Allan Kardec.

mesmo três exorcismos já haviam sido realizados por padres, sem sucesso. Surpreendentemente, na véspera do dia marcado, Zélio afirmou: "Amanhã estarei curado!" No dia seguinte, como previsto, conseguiu erguer-se e caminhar como se nada lhe tivesse acontecido nos dias anteriores. Nem os médicos nem seus tios católicos souberam explicar o ocorrido.

Chegando à sede da instituição kardecista, sua mãe explicou ao presidente da sessão o sucedido com o rapaz, que foi encaminhado a tomar um dos assentos à mesa. Após a prece inicial, subitamente, Zélio pediu licença e afirmou que faltava algo ali. Espantados, os médiuns presentes na mesa viram o jovem se levantar, ir ao jardim, colher uma rosa branca e depositá-la sobre a mesa. "Agora podemos continuar!", afirmou. Talvez Zélio não soubesse explicar o porquê de ter sentido necessidade de uma flor no ambiente, mas, hoje, sabe-se perfeitamente que elementos oriundos da natureza, como ervas, pedras, flores, água etc., facilitam a vibração do ambiente no sentido de promover a sintonia com os Espíritos da natureza e a consequente incorporação, que foi o que se sucedeu.

Reiniciados os trabalhos, manifestaram-se em diversos médiuns Espíritos que se diziam índios (Caboclos) e negros escravos (Pretos Velhos), os quais foram imediatamente convidados a desincorporar, advertidos de seu provável atraso espiritual. Zélio, que nunca havia tido contato com qualquer terreiro, ou mesmo centro kardecista, começou, também, a sentir a aproximação de um Espírito que, por fim, incorporou no rapaz. O presidente da mesa pediu-lhe, então, que se identificasse. Pela boca de Zélio, fez-se ouvir a resposta: "Eu sou apenas um Caboclo brasileiro". Continuando, indagou o Caboclo a razão pela qual os Espíritos que haviam incorporado pouco tempo antes tinham sido considerados atrasados e tão contundentemente repudiados, se pela diferença de cor da pele ou pela classe social com que se apresentavam. E prosseguiu:

Deus, em sua infinita bondade, estabeleceu na morte o grande nivelador universal, rico ou pobre, poderoso ou humilde, todos se tornam iguais na morte; mas vocês, homens preconceituosos, não contentes em estabelecer diferenças entre os vivos, procuram levar essas mesmas diferenças até mesmo além da barreira da morte. Por que não podem vos visitar esses humildes trabalhadores do espaço, se apesar de não haverem sido pessoas socialmente importantes na Terra, também trazem importantes mensagens do além? Por que não aos Caboclos e Pretos Velhos? Acaso não foram eles também filhos do mesmo Deus?

Seguiu-se ligeira discussão, seguida do diálogo travado entre o Caboclo e um dos médiuns presentes, que perguntou ao Espírito: "Por que o irmão fala nesses termos, pretendendo que esta mesa aceite a manifestação de Espíritos que pelo grau de cultura que tiveram, quando encarnados, são claramente atrasados? E qual seu nome, irmão?" Respondeu o Caboclo:

Se julgam atrasados esses Espíritos de pretos e índios, devo dizer que amanhã estarei em casa deste aparelho [o médium Zélio] para dar início a um culto em que esses pretos e esses índios poderão dar a sua mensagem e, assim, cumprir a missão que o plano espiritual lhes confiou. Será uma religião que falará aos humildes, simbolizando a igualdade que deve existir entre todos os irmãos, encarnados e desencarnados. E, se querem saber o meu nome, que seja este: Caboclo das Sete Encruzilhadas, porque não haverá caminhos fechados para mim! [...] Venho trazer a Umbanda, uma religião que harmonizará as famílias e que há de perdurar até o final dos séculos!

Indagado, ironicamente, se julgava que alguém assistiria ao seu culto, respondeu: "Cada colina de Niterói atuará como porta-voz, anunciando o culto que amanhã iniciarei!"

No dia seguinte, 16 de novembro de 1908, na casa de Zélio, na Rua Floriano Peixoto, 30, em Neves (Niterói), por volta das 20h, diversos membros da Federação Espírita se reuniam aguardando a manifestação do Caboclo, a fim de atestar a farsa da comunicação da véspera. Centenas de pessoas também se aglomeravam para testemunhar aquele momento que ficaria conhecido como o início oficial da religião de Umbanda no Brasil.

Às 20h, pontualmente, incorporou o Caboclo das Sete Encruzilhadas, que reafirmou:

Sou o Caboclo das Sete Encruzilhadas e trago a missão de estabelecer as bases da Umbanda, na qual Espíritos de índios e de escravos vêm cumprir determinações do Astral. E tenho esse nome porque não haverá caminhos fechados para mim ou para a religião que estou fundando!

Explicou, ainda, que a nova religião daria espaço aos Espíritos que não podiam se apresentar em centros kardecistas e que também não encontravam oportunidade de trabalho dentro das seitas africanas, já deturpadas e dirigidas quase que completamente para obras de feitiçaria. A caridade, no sentido do amor fraterno, seria a característica principal desse culto, que teria por base o Evangelho de Cristo, adotando Jesus como mestre supremo. E sobre a Umbanda, concluiu: "Todas as entidades serão ouvidas, e nós aprenderemos com aqueles Espíritos que souberem mais e ensinaremos aqueles que souberem menos, e a nenhum viraremos as costas nem diremos não, pois esta é a vontade do Pai".

Passou, a seguir, a estabelecer as diretrizes que a nova religião deveria seguir, com relação aos fundamentos básicos, às sessões, vestes e aos atendimentos. Afirmou que a Umbanda seria a religião que abraçaria todos os que estivessem necessitando de auxílio ou conforto, independentemente de raça, idade, sexo, credo ou posição social. Assim, definiu que:

- o Evangelho de Jesus seria adotado como modelo de conduta;
- as vestes seriam predominantemente brancas;
- não haveria qualquer tipo de cobrança financeira;
- não haveria sacrifício animal;
- seria mandatória a prática constante da caridade.

Após estabelecer as bases da religião, conversou em alemão, inglês, latim e diversas outras línguas, sobre temas diversos, com os presentes, que haviam trazido, propositalmente, pessoas versadas nos referidos idiomas, deixando-os assombrados com sua desenvoltura e clareza de pensamento. A seguir, fez uma série de revelações sobre o futuro da humanidade:

Este mundo de iniquidades, mais uma vez será varrido pela dor, pela ambição do homem e pelo desrespeito às leis de Deus. As mulheres perderão a honra e a vergonha, a vil moeda comprará caráteres e o próprio homem se tornará efeminado. Uma onda de sangue varrerá a Europa, e quando todos acharem que o pior já foi atingido, uma outra onda de sangue, muito pior do que a primeira, voltará a envolver a humanidade, e um único engenheiro militar, será capaz de destruir, em segundos, milhares de pessoas. O homem será vítima de sua própria máquina de destruição.

Após despedir-se, desincorporou, dando passagem ao segundo Espírito, que se apresentou como um Preto Velho, de nome Pai Antônio de Aruanda. Com o tempo, outras entidades começaram a se apresentar por meio de Zélio, ensaiando os primeiros passos que viria a ser a nova religião.

As reuniões na casa de Zélio se repetiram por várias noites seguidas, durante as quais o Caboclo das Sete Encruzilhadas era continuamente testado de diferentes maneiras pelos presentes, que ainda guardavam alguma dúvida. Paralelamente, o trabalho de caridade aumentava. Inúmeras pessoas enfermas o procuravam e, por meio da Umbanda, encontravam a cura para seus males físicos e espirituais. Alguns, considerados loucos devido às suas incorporações espontâneas, puderam finalmente resolver seus problemas...

O Caboclo das Sete Encruzilhadas fundou no mesmo ano a Tenda Espírita Nossa Senhora da Piedade, que tinha esse nome por não ser permitido, na época, o registro sob a denominação de "Umbanda". Ela foi dirigida pelo dedicado médium Zélio Fernandino de Moraes até a época de seu desencarne, com 84 anos, em 3 de setembro de 1975. Sobre a denominação de "tenda", justificava o Caboclo das Sete Encruzilhadas: "Igreja, templo, loja dão um aspecto de superioridade, enquanto Tenda lembra uma casa humilde!"

Alguns anos após a fundação da Tenda Espírita Nossa Senhora da Piedade, outros médiuns foram preparados e convidados pelo Caboclo das Sete Encruzilhadas a abrirem sete novos templos, que seriam núcleos que serviriam de base para a expansão da nova religião. Além desses templos, o Caboclo fundou também a "União Espírita de Umbanda do Brasil", em 1939.

Devido à sua inigualável atuação na consolidação da doutrina, é considerado o Caboclo das Sete Encruzilhadas o fundador e patrono da Umbanda no Brasil, e sua importância para a religião pode ser percebida em um de seus pontos cantados, que diz:

Sabiá cantou no alto da laranjeira
Para saudar a estrela da Umbanda que brilhou.
E que brilha de dia, que brilha de noite e de madrugada
Porque no terreiro baixou o Caboclo das Sete Encruzilhadas!

## A palavra "Umbanda"

É possível que a palavra "Umbanda", utilizada para designar a nova corrente religiosa oficializada pelo Caboclo das Sete Encruzilhadas, encontre parentesco linguístico na terminologia angolana "kimbanda", originada de "'mbanda", que significa "sacerdote" ou "curador". No entanto, essa correlação, muitas vezes, é criticada por alguns estudiosos, visto que, até 1917, não havia qualquer registro da palavra "Umbanda", seja em tratados africanistas ou relatos sobre Candomblé e religiosidade africana, o que dava a parecer que o vocábulo houvera sido criado pelo Caboclo no momento da fundação da nova religião.

O tema acabou se tornando foco de pesquisa ao longo do tempo. Por ocasião do primeiro Congresso de Espiritismo de Umbanda, em 1941, estudos apontaram uma possível origem dessa palavra em épocas bem mais remotas que se possa imaginar. Tais estudos afirmaram que o vocábulo "Umbanda" nada mais seria que uma corruptela dos termos "Aum-bandhã" e "U-mbanda", encontrados nos "Upanishads", textos sagrados da Índia escritos em Sânscrito, a mais antiga língua do planeta, raiz de onde foram originados todos os outros idiomas. Tais termos, nessa língua morta, significariam literalmente: "Deus ao nosso lado" ou "O lado de Deus".

Independentemente da origem do termo, que provavelmente tenha sido dos vocábulos angolanos ou hindus, interpretações aportuguesadas do vocábulo "Umbanda" também apontam para significações semelhantes, embora por caminhos diferentes. Há quem interprete tal palavra levando-se em conta a possibilidade de ser, na verdade, uma composição dos termos "um" e "banda", sendo considerado "um" o termo designativo de Deus, "o único", e "banda" o de "ao lado de", ou "o povo, o grupo de", de forma que o significado do conjunto seria algo como "ao lado de Deus", ou "o povo de Deus", ou ainda, "o povo ao lado de Deus".

## A Umbanda ecumênica e universal

A Umbanda verdadeira, a que pretende servir de fator agregador e não discriminatório, é uma religião criada, dirigida e orientada diretamente pelo Astral Superior, o que lhe garante uma propriedade inexistente em qualquer outra religião: a ausência de diretrizes, normas e postulados doutrinários criados diretamente por seres encarnados, passíveis de paixões e defeitos tipicamente humanos.

Sendo assim, julgaram os Espíritos condutores dessa nova religião que, por ser um movimento congregador, deveria a Umbanda absorver traços positivos oriundos de diferentes crenças e culturas do planeta, conferindo-lhe, dessa forma, o caráter ecumênico presente em sua doutrina. Todavia, a Umbanda não é meramente uma mistura desordenada e despersonalizada de credos distintos; possui uma ordem bem estabelecida de trabalhos e rituais que a mantém íntegra em seu propósito de auxílio à humanidade. O que para uns poderia ser traduzido por fragmentos de crenças diversas, para o plano astral corresponde aos recursos físicos usados em sua plenitude, em forma de mantras (verbo), tantras (expressão) e yantras (símbolos), capazes de atingir o inconsciente da coletividade e auxiliar no despertar para a Espiritualidade Superior. Dessa maneira, os elementos importados de outras crenças, ao invés de serem conflitantes, foram reunidos pacientemente pelos Espíritos superiores, pouco a pouco, de modo que pudessem servir de elo entre povos, culturas e religiões diversas.

Dos indígenas, herdou a Umbanda algumas práticas ritualísticas presentes no Catimbó, na Pajelança, na Encantaria, no Babassuê e em outros ritos mágicos das florestas; dos negros, ganhou as denominações dos Orixás e grande parte dos rituais; dos brancos herdou a doutrina filosófica e moral do Cristo e os ensinamentos espíritas codificados por Kardec; e dos Orientais, predominantemente relacionados ao hinduísmo e ao budismo, ganhou a presença de determinados tipos de Espíritos que os representam e transmitem a sabedoria e paciência típica desses povos.

Ainda hoje, percebe-se a existência de terreiros de Umbanda nos quais sobressaem-se características advindas de religiões específicas. Há terreiros em que se evidencia a prática da pajelança e do catimbó; outros, em que o culto aos Orixás iorubás supera qualquer tipo de atividade; outros em que há a presença marcante de estudos kardecistas; há os que lembram práticas realizadas por budistas e religiões orientais; há aqueles em que o culto a santos católicos praticamente substitui o culto aos

Orixás; e, por fim, há até mesmo os que lembram reuniões evangélicas. Tais características tão variadas, antes de serem empecilhos ao progresso da Umbanda, devem ser consideradas grandes virtudes, uma vez que, dessa forma, conseguem os terreiros falar particularmente ao coração de pessoas com opiniões e personalidades bem diferentes.

Assim, nos cultos umbandistas apresentam-se tanto os Caboclos como os Pretos Velhos, as crianças, o mestre tibetano, o sábio oriental e todas as demais representações de culturas existentes no mundo, caracterizando a união de pensamentos e a harmonização perfeita de correntes religiosas originalmente distintas.

Por ter sido fundamentada em princípios oriundos de conceitos indígenas, negros, brancos e orientais, costuma-se dizer que a Umbanda é a religião da fraternidade, do Terceiro Milênio e da união dos povos e das raças, embora seja uma religião exclusiva e tipicamente brasileira, justamente por ter surgido, com o delineamento traçado pelos Espíritos superiores, em território nacional, diferentemente de qualquer outra.

O caráter ecumênico não é, contudo, a única qualidade que porta. Por tratar de fenômenos da natureza e de Espíritos que com eles interagem, possui também a característica de religião universal, uma vez que tais fenômenos, base de atuação dos Orixás, ocorrem, indistintamente, em todos os pontos do Universo, pois, onde há criação divina, há natureza e, consequentemente, Espíritos encarregados de seu controle, manutenção e desenvolvimento.

Outro fator que lhe garante o caráter universal é o fato de basear seus princípios espirituais na comunicação com os Guias por intermédio da prática mediúnica, fenômeno que também ocorre em todos os pontos do globo, com pessoas pobres, ricas, novas, velhas e de todas as raças, sem quaisquer distinções. Em todos os lugares há médiuns que sentem os efeitos da mediunidade pouco utilizada. Em todos os lugares há, também, a comunicação com os Orixás, embora sob denominações e formas diferentes, mas configurando, de qualquer maneira, a prática universal da religião de Umbanda.

## A Umbanda no presente

Atualmente, a Umbanda enfrenta grandes desafios em sua trajetória. Não bastasse a onda de intolerância propagada por determinados setores da sociedade, proliferam-se na Internet sites e perfis de "umbandistas" que objetivam a propagação de cursos e a divulgação de informações sobre a religião, sendo, contudo, muitos deles orquestrados por pessoas sem o devido conhecimento a respeito da doutrina, dificultando a compreensão e o entendimento da religião por parte de neófitos e do público leigo.

Não obstante tudo isso, muitas vezes os absurdos divulgados nas páginas virtuais ganham espaço na vida real, e falsos umbandistas vão a público fazer declarações que em nada tem a ver com a doutrina de Umbanda; municiando de informações errôneas as seitas evangélicas que, de posse de grande poder financeiro, tomam espaço em tevês, jornais e estações radiofônicas para prejudicar a imagem da Umbanda e de seus seguidores.

A consequência é a formação de uma consciência e cultura anti-Umbanda. Ouve-se frequentemente frases do tipo "Quem entra nisso nunca vai pra frente", "Isso é coisa de pobre e ignorante", "É coisa do diabo", "Vai contra as leis de Deus", e outras no mesmo estilo. E, por incrível que pareça, ainda hoje, dos próprios seguidores da Umbanda também são escutadas frases que em nada traduzem o verdadeiro sentimento proporcionado pela doutrina, como "Vou ao terreiro, mas às vezes também vou à Igreja, pois preciso me encontrar com Deus"; ou "Adoro a Umbanda; a batucada, as bebidas, as danças e os Guias fortes", onde se subentende por "Guia forte" aquele que grita muito, gesticula, bebe excessivamente, sacode o médium e promete coisas inatingíveis ou que o próprio merecimento do consulente o impede de obter.

Adicionalmente, existe um sem-número de terreiros que, ao invés de praticar a Umbanda simples e pura, tenta adaptá-la a ritos de outras crenças ou saídos meramente da imaginação de seu dirigente. Faltam-lhes conhecimento, discernimento e humildade para retrocederem ante suas próprias falhas. De fato, seus rituais e "fundamentos" mais parecem uma sucessão desordenada de "qualquer coisa" que uma doutrina íntegra, sólida e exclusivamente voltada à prática do bem. Uma pessoa um pouco mais esclarecida ou alguém que sinceramente esteja em busca de uma religião que forneça amparo, conforto e elucidações doutrinárias, ao visitar um terreiro dessa estirpe, certamente não hesitará em concordar com os que se contrapõem à difusão da Umbanda.

Um outro fator que atualmente contribui para a imagem da Umbanda estar tão maculada é a associação que a grande maioria das pessoas faz entre a religião umbandista e os ganhos materiais. Tal crença encontra respaldo mesmo em meios umbandistas, nos quais é alimentada nos médiuns e consulentes a certeza de que o trabalho espiritual deverá sempre render progresso material, o que, obviamente, não constitui a verdade. Quem nisso crê esquece que, para o progresso financeiro, muitos fatores contribuem, como o karma, o esforço pessoal, o merecimento, a missão, dentre outros. Assim, os iludidos, uma vez constatando não serem atendidos seus pedidos materiais na íntegra, saem dos terreiros se queixando e injuriando a já tão mal falada Umbanda. "Os Guias não podem retirar todas as pedras do vosso caminho; apenas vos ajudam a passar por elas com maior serenidade e confiança", nos diz uma Cabocla amiga.

Contudo, se no Brasil a Umbanda passa por desafios severos, em países contíguos se espalha e cresce mais ou menos de forma ordenada. Na Argentina, o número de terreiros aumenta a olhos vistos a cada ano; no Uruguai, segundo pesquisas, no final do século XX a Umbanda já era a religião que mais crescia, a tal ponto que a festa de Iemanjá se tornou a mais popular do país, atraindo para as praias centenas de milhares de praticantes (*Folha de S. Paulo*, 1999). Há terreiros instalados nos Estados Unidos, na Europa e até no Japão, numa clara demonstração da universalidade da Umbanda, que só é prejudicada quando pessoas de má índole vilipendiam sua imagem com atos pouco adequados às reais práticas umbandistas.

Todavia, se por um lado há os maus umbandistas, por outro há aqueles que lutam fervorosamente por manter íntegra a imagem de sua religião e a prática de sua fé. Lutam incansavelmente, amparados por seus Guias e Protetores, certos de que, de si próprios, depende o futuro da Umbanda e que sua religião só sobreviverá se lutarem para que a verdade prevaleça sobre a impostura, pois, caso contrário, estará fadada a Umbanda verdadeira a escassear ante os ataques externos e até mesmo os internos que sofre diariamente.

# A Umbanda no futuro

798 – O Espiritismo se tornará crença comum, ou ficará sendo partilhado, como crença, apenas por algumas pessoas?
"Certamente que se tornará crença geral e marcará nova era na história da humanidade, porque está na natureza e chegou o tempo em que ocupará lugar entre os conhecimentos humanos. Terá, no entanto, que sustentar grandes lutas, mais contra o interesse, do que contra a convicção, porquanto não há como dissimular a existência de pessoas interessadas em combatê-lo, umas por amor-próprio, outras por causas inteiramente materiais. Porém, como virão a ficar insulados, seus contraditores se sentirão forçados a pensar como os demais, sob pena de se tornarem ridículos" (*O livro dos Espíritos*).

Apesar do quadro difícil pelo qual atravessa a Umbanda nos dias de hoje, seu futuro, certamente, será bastante diferente, pois tudo pelo que passa hoje, com certeza, era esperado pelo Astral Superior e foi considerado no seu planejamento quando da fundação da nova religião pelo Caboclo das Sete Encruzilhadas. Assim, a lógica nos leva a repelir pensamentos que levem a conclusões ruins sobre o futuro umbandista, uma vez que não teriam os Espíritos superiores criado algo fadado à destruição ou à contínua marginalização social.

O Astral Superior não tem pressa de que a legitimidade da Umbanda seja reconhecida por todos. Os Espíritos sabem que as pessoas só aprendem o que estiverem prontas para aprender. De nada adianta impor conhecimentos mais aprofundados a quem ainda não aprendeu a base do assunto. Sabem que o homem sempre evolui, cada um a seu tempo, mas permanentemente caminhando para o conhecimento e adiantamento espiritual. Dessa forma, esperam pacientemente, visto que conhecem os limites de cada ser humano e o que se pode esperar de cada encarnado na atual fase em que se encontra.

Não importa que os dias atuais não elevem, ainda, a Umbanda ao coração e entendimento da grande maioria. O trabalho dos Espíritos superiores é de persistência e paciência. Com a evolução, cada um dos que se encontram encarnados atualmente procurará em suas sucessivas reencarnações religiões cada vez mais espiritualizadas, livres de preconceitos, tabus tolos e rituais excessivamente materialistas. Todos, sem exceção, a seu tempo, conhecerão a filosofia de grandes mestres como Jesus, conhecerão também a doutrina kardecista e aprenderão sobre o caráter eterno do Espírito. O próximo passo será conhecer a Umbanda, que traz à humanidade conhecimentos complementares à doutrina codificada por Kardec.

A Umbanda, por si só, é eterna, pois enquanto houver qualquer forma de energia espalhada pelo Universo, lá haverá um Espírito da natureza e um Orixá para controlá-la, independentemente de outros quererem ou não! O Astral Superior sabe disso, por isso não tem pressa. O homem, por sua vez, também tem toda a eternidade para evoluir, e o que são cinquenta, cem ou quinhentos anos perto do infinito?

Obviamente, quem faz o nosso caminho, somos nós mesmos, uma vez que temos livre-arbítrio, condição essencial à evolução, de forma que a questão primordial não é se a Umbanda vai ou não chegar a séculos vindouros, porque isso é certo, mas de que forma chegará e quando estará livre de mistificações e imposturas. A Umbanda nasceu para ser a religião do futuro, da fraternidade universal, visto que, além de reunir o homem à natureza e a Deus, une o homem ao próprio homem pela sua doutrina ecumênica e de fácil entendimento.

O umbandista consciente de hoje sabe que seu papel é fundamental. O que fizer agora refletirá na imagem que a Umbanda terá amanhã, por isso se esforça por seguir as orientações de seus Guias e por melhorar, dia a dia, sua conduta moral e íntima, de forma que, daqui a um bom tempo, possa, talvez, ser lembrado pelos umbandistas do futuro como hoje o são os primeiros cristãos, que passaram por atribulações e, muitas vezes, viram sua fé deturpada e mal compreendida. Mesmo assim, não desanimaram e conseguiram construir, a cada gota de suor, a crença em Cristo que hoje se espalha pelo mundo.

## A identidade da Umbanda

A Umbanda é uma religião múltipla e, diferentemente da maioria das religiões, possui muitas formas, muitos modos de ser praticada, fato este facilmente comprovável por qualquer um que frequente terreiros há algum tempo. É difícil – se não impossível – encontrar duas casas que sejam idênticas ou que pelo menos funcionem de forma muito semelhante. Se você é umbandista, ou se você já frequentou terreiros de Umbanda, você deve ter percebido que não há terreiros iguais. Pode até haver terreiros parecidos. Às vezes, as diferenças são tão gritantes que nem parece que estamos falando da mesma religião.

Tais diferenças, normalmente, não se concentram sobre conceitos morais e filosóficos, pois é quase unânime a ideia de que o fundamento doutrinário umbandista deve ser embasado em leis de amor e caridade, muito embora, por serem conceitos subjetivos, possam ser encarados e praticados de forma distinta por pessoas diferentes. Observa-se, assim, que o maior ponto de divergência entre terreiros situa-se não nos conceitos, mas nos rituais realizados durante os trabalhos. Como para todo efeito há uma causa capaz de o ter originado, alguns pontos podem ser estudados para que melhor se entenda o processo de diversificação das correntes umbandistas. Em resumo, existem três razões que justificam as diferenças entre os terreiros:

- razões históricas;
- influências regionais;
- cultura espiritual do seu dirigente.

Vamos começar a explicar pelas razões históricas que justificam essas diferenças. Para começar a entendê-las, é preciso relembrar os caminhos da Umbanda, como ela se formou e se desenvolveu até chegar aqui.

Apesar de a Umbanda ter sido trazida ao plano material, oficialmente, pelo Caboclo das Sete Encruzilhadas em 1908, nem todos os terreiros advêm dos núcleos fundados por essa entidade. Como dito anteriormente, na verdade, centenas de sociedades umbandistas existiam antes mesmo da virada do século XX, pois o Astral Superior já ensaiava os primeiros passos da nova religião. Alguns desses terreiros foram fundados por antigos praticantes de Candomblé e Nação que, guiados por seus orientadores espirituais, modificaram os rituais que praticavam e deram início a um novo culto, mas não sem manter algumas tendências de sua antiga religião, o que é perfeitamente compreensível em se falando de cultura e entendimento pessoal. Outros, completamente inexperientes, mas com bom coração, foram convidados diretamente pelos Guias em manifestações mediúnicas e fenômenos como materialização, vidência, audição e incorporação.

Assim, um a um, diversos médiuns daquele período anterior a Zélio de Moraes, em diversos pontos do Brasil, iniciaram, cada qual, seu próprio culto, ainda sem nome, mas com alguma semelhança entre si. Todavia, devido à precariedade dos meios de comunicação da época e da extensão do território nacional, a grande maioria nem chegou a tomar conhecimento que outros seguiam caminhos parecidos aos seus. Evidentemente, sem contato, sem intercâmbio de informações, cada dirigente de núcleo passou a imprimir no seu culto traços de sua própria personalidade e entendimento acerca das manifestações espirituais, consistindo, assim, o primeiro e mais antigo fator que ainda contribui para a diversificação dos rituais.

É interessante observar que, se traços do que viria a ser a Umbanda já existiam antes de 1908, foi a partir de Zélio Fernandino de Moraes que a Umbanda começou a ganhar roupagem de organização doutrinária, sendo por intermédio de seu caboclo que, pela primeira vez, uma entidade ditou normas que definiriam as bases dessa religião, definindo as cinco regras doutrinárias anteriormente citadas. Em 1918, o Caboclo das Sete Encruzilhadas ordenou a criação de sete novos templos de Umbanda, fazendo com que a Umbanda, como definida por ele, começasse a se espalhar.

Então, se antes do referido Caboclo não havia organização, a partir dele a Umbanda ganhou uma cara, uma veste doutrinária, o que chamamos de Umbanda Tradicional ou Umbanda do Caboclo das Sete Encruzilhadas.

O ritual dos terreiros vindos de suas orientações sempre foi simples. Nunca foram permitidos sacrifícios de animais. Não utilizavam atabaques ou quaisquer outros objetos e adereços. Os atabaques começaram a ser usados com o passar do tempo por algumas das Tendas fundadas sob sua orientação, mas a Tenda Nossa Senhora da Piedade não os utiliza em seu ritual até hoje. As guias usadas eram apenas as determinadas pelas entidades que se manifestavam. Na preparação dos médiuns havia banhos de ervas e ritual do amaci, isto é, a lavagem de cabeça, momento no qual os filhos de Umbanda fazem a ligação com a vibração de seus Guias.

Em 1924, Benjamim Figueiredo fundou a Tenda Mirim, imprimindo nela alguns aspectos próprios, orientados pelo Caboclo Mirim. Introduziu pela primeira vez a Escola de Formação Iniciática do 1º ao 7º grau, usando a terminologia da língua Nheengatu (língua nativa de grande parte dos índios brasileiros). Surgiram, então, em seu terreiro, os graus de Bojá-Mirim, Bojá, Bojá-Guaçu, Abaré-Mirim, Abaré, Abaré-Guaçu e Morubixaba.

As características do trabalho doutrinário do Caboclo Mirim têm algumas peculiaridades, e é possível perceber um certo afastamento do africanismo no uso da linguagem, no uso do sacrifício ritual com animais, recolhimentos, obrigações e camarinhas. Há também o enxugamento do ritual e da quantidade de apetrechos em comparação aos utilizados em terreiros populares, até então chamados de "macumbas cariocas", reduzindo-se a variedade de roupas, indumentárias específicas das entidades, o uso exagerado de guias no pescoço, o excesso de imagens no altar etc. Introduziu também a necessidade de constante estudo doutrinário baseado, em grande parte, em duas fontes de informação: a doutrina espírita e a Teosofia; e aboliu a realização de trabalhos específicos somente de Exu, dentre outros aspectos.

Essa Umbanda tem hoje o Primado de Umbanda[5] no Rio de Janeiro, com um grande centro de divulgação da doutrina do Caboclo Mirim, além de ser considerada por muitos como precursora da chamada Umbanda Esotérica fundada por W. W. da Matta e Silva em 1938, com a inauguração da Tenda de Umbanda Oriental por seu Preto Velho, Pai Guiné. A Umbanda Esotérica introduziu na Umbanda conceitos de outras tradições místicas e esotéricas, como a Teosofia, o estudo do arqueômetro, a Astrologia, a Cabala, os Vedas hindus etc.

A partir de 1996, em São Paulo, Rubens Saraceni, orientado principalmente por Pai Benedito de Aruanda – e por outras entidades – deu início ao que viria a ser conhecido mais tarde como "Umbanda Sagrada". Essa vertente baseia-se no conceito de "Tronos Sagrados", os quais seriam ocupados por duplas de Orixás atuando sobre polos negativos e positivos ou ativos e passivos, concentrando ou diluindo forças como "conhecimento", "geração", "amor" e outras. Esse modelo de Umbanda se expandiu rapidamente em São Paulo, com base nas dezenas de livros publicados por Saraceni e nas centenas de cursos de magia ensinados dentro da Umbanda Sagrada.

---

5 https://www.primadodeumbanda.com.br/

Além dessas correntes doutrinárias, a partir do meio do século XX, surgiu o chamado Omolokô, que teve um de seus maiores expoentes em Tata Tancredo da Silva Pinto. Omolokô é uma palavra iorubá que significa: Omo = "filho"; e Oko = "fazenda", em referência à zona rural onde esse culto, devido à intensa repressão policial que havia naquela época, era realizado. O Omolokô tem uma aproximação grande com as tradições das nações africanistas, em rituais, cânticos e até na sacralização animal. No Omolokô, tanto se manifestam entidades características da Umbanda como os inkices, considerados, *grosso modo*, como um correspondente bantu para o Orixá nagô.

Ainda podemos apontar uma tendência umbandista que tenta se aproximar das tradições africanas: a chamada Umbanda Traçada, vulgarmente conhecida como Umbandomblé. Caracteriza-se por praticar os rituais do Candomblé, porém fazendo também as giras de Umbanda com todas as entidades desse panteão, inclusive Exu.

Afora todas essas escolas de Umbanda, existe também a chamada Umbanda Popular, que se aproxima bastante do africanismo e adota rituais como camarinha, obrigações, saídas de santo etc. Essas são as razões históricas que justificam as diferenças entre terreiros.

Como podemos ver, com tantas correntes diferentes dentro da Umbanda, isso, por si só, justificaria haver tantos terreiros com rituais e práticas distintas, mas não é só isso. Como exposto anteriormente, há ainda as influências regionais que, quase sempre, interferem sobre a cultura, a musicalidade, a comida e, mais especificamente, sobre o modo de entender e tratar os Orixás.

Terreiros que surgem em um ponto do Brasil cercado por determinadas configurações religiosas, inevitavelmente, ganham o "sotaque espiritual" daquela região. Por exemplo, no Maranhão, é comum haver terreiros umbandistas que também trabalham com Encantados oriundos do Tambor de Mina e da Encantaria; na Bahia, essa espécie de sincretismo ocorre, mais frequentemente, com terreiros de nação Ketu; terreiros surgidos no Sul podem ter influências do Batuque, que é outra corrente doutrinária existente naquela região; terreiros de Umbanda surgidos em São Paulo, mesmo que não descendam dos terreiros de Rubens Saraceni, apresentem algumas influências suas; e assim por diante, sendo, portanto, um processo natural e plenamente compreensível.

A cultura espiritual do dirigente também influencia bastante: se ele já passou pelo Candomblé, se ele veio do Espiritismo kardecista, se ele tem alguma visão particular da espiritualidade, se ele é leitor costumaz de obras espiritualistas de determinada corrente doutrinária de Umbanda etc. Enfim, há várias razões que moldam os terreiros diferentes como são.

Diante disso, com tantos modelos de Umbanda, seria possível afirmar que há algum que seja mais correto que o outro? Particularmente, preferimos dar voz às palavras de Pai Manoel Lopes, dirigente do Núcleo de Estudos Espirituais Mata Verde, em São Paulo. Ele diz que "a Umbanda não é um ponto, mas, sim, uma rede com inúmeros pontos". Imaginem, então, uma rede como a da figura abaixo, e cada terreiro de Umbanda como um dos nós (ou pontos) dessa rede.

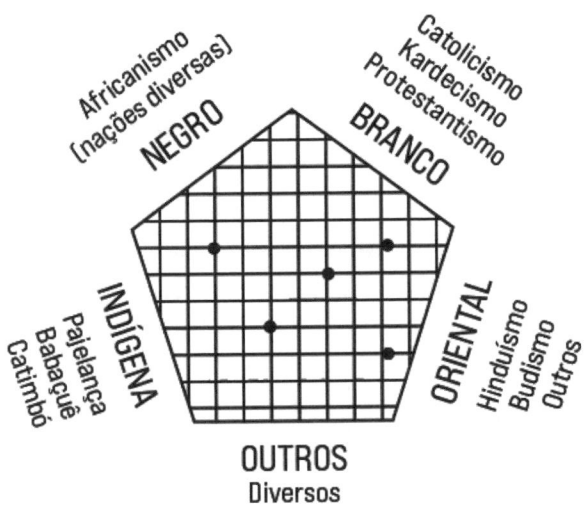

Percebam que, segundo esse desenho, há nós mais próximos das bordas e nós mais afastados delas. Cada nó – ou terreiro –, independentemente de sua posição, sofre influência de todas as tradições religiosas situadas nas bordas, variando, contudo, a intensidade dessas influências. Terreiros representados por nós próximos à borda "africanismo" recebem influências de todas as matrizes religiosas, mas têm grande influência de tradições africanas. Outros terreiros que estejam mais perto do "kardecismo" poderão também realizar trabalhos com Orixás, mas, certamente, adotarão leituras de Evangelho, preces para desencarnados, sessões de desobsessão etc. Fica fácil, assim, entender a multiplicidade de ritos e práticas constantes na religião e, mais que isso: fica fácil entender que a *Umbanda é una em sua diversidade* e que é justamente essa diversidade um dos maiores atrativos da religião, visto que, mesmo que determinada pessoa não goste das práticas constantes em um determinado terreiro, se procurar bem, sempre encontrará outro com o qual se afinize; afinal, apesar de diferentes, todos estão dentro da grande *rede* chamada Umbanda.

Os exemplos mais comuns das influências das diferentes tradições são:

• influências africanas: obrigações com comidas, camarinhas, trabalhos com Orixás, realização de ebós e de jogo de búzios, uso de termos iorubás, imagens de Orixás africanos, atabaque, xequerê, adjá;

• influências europeias: imagens católicas, respeito ao calendário católico (quaresma, dias de santos), leitura do Evangelho, estudo kardecista, adoção de canções espíritas;

• influências indígenas: rituais com fumaça, aproximação ao Catimbó e à Jurema, uso de beberagens, rituais xamânicos, uso de termos indígenas;

• influências orientais: introdução de mantras, cromoterapia, estudo de chacras, conceitos hindus, teosofistas etc.

Dito isso, pode parecer que a Umbanda seja uma religião em que "tudo vale". Não é bem assim. Apesar de permitir essa diversidade tão grande, há fatores que, em nossa opinião, determinam se o terreiro é de Umbanda ou não, e esses fatores são aqueles que foram determinados pelo Caboclo das Sete Encruzilhadas no momento de sua fundação, em 15 de novembro de 1908. São eles:

• o Evangelho de Jesus seria adotado como modelo de conduta;

• as vestes predominantemente brancas;

• não haver qualquer tipo de cobrança financeira;

• não haver sacrifício animal;

• ser mandatória a prática constante da caridade.

Sendo assim, o terreiro pode ter atabaque, pode não ter atabaque, pode usar guias coloridas no pescoço, pode nem usar guia nenhuma, pode entoar mantras, pode ler o Evangelho, pode jogar búzios, pode não jogar nada, pode ter imagens católicas, pode não ter imagem nenhuma, pode isso, pode aquilo... mas não pode ferir qualquer dos cinco itens acima destacados. Se ferir um desses itens, no momento em que o estiver ferindo, estará deixando de ser Umbanda (o que não quer dizer que não possa voltar a ser no momento seguinte).

A falta do entendimento dessa *unicidade na diversidade* é a responsável pela maior parte dos conflitos conscienciais dos umbandistas, que não compreendem o porquê de terreiros tão diferentes serem todos chamados de Umbanda. Daí para achar que "um está mais certo que outro" é um pulo; quando, na verdade, pode ser que nenhum deles esteja errado, sendo apenas representantes de pontos diferentes na grande rede que é a Umbanda, ou, em outras palavras, perfis diferentes de uma mesma face.

Que cada um, portanto, escolha aquele perfil com o qual melhor se identificar, o que melhor responder aos seus anseios e questionamentos, mas que não desista enquanto não o encontrar. Ele certamente existe, basta ser encontrado dentro dessa grande rede.

Falando em perfil, podemos afirmar que é justamente ele o responsável pela decepção de alguns médiuns em relação ao terreiro que frequentam. Não por culpa do terreiro, e sim por conta de o médium passar a frequentar aquela casa tendo, de antemão, uma visão pré-formada do perfil que espera encontrar. Passado algum tempo, ao descobrir que o perfil não corresponde exatamente ao esperado, o frequentador se ilude (de uma ilusão criada por ele mesmo) e se afasta. E tem que ser assim mesmo! Não que o frequentador tenha que formar uma ideia antecipada sobre o terreiro que frequentará, mas cada um tem que procurar o perfil que mais lhe satisfaz. Só assim há sentido em se frequentar qualquer casa de religião.

Contudo, apesar das diferenças aparentes, todo templo de Umbanda é como uma escola, em que os frequentadores aprendem a conviver e a se relacionar com as forças da natureza. Paralelamente a isso, a Umbanda sustenta-se sobre quatro pilares: arte, filosofia, ciência e religião. Há arte nos cantos, nas danças e na percussão; há filosofia nos ensinamentos e modelos de conduta ensinados pelos Guias; há ciência no uso das ervas e no estudo da transmissão de energias; e há religião na própria matriz espiritual da doutrina.

Além dos pilares, comuns a todos os terreiros, a Umbanda também pode ser identificada pelos seus aspectos dominantes – que são percebidos na maioria dos terreiros – e pelos seus fundamentos básicos, que são:

- ritual, variando pela origem;
- vestes, em geral, brancas;
- altar com imagens católicas, Pretos Velhos e Caboclos;
- sessões espiritualistas, formando agrupamentos em pé, em salões ou terreiro;
- desenvolvimento normal em corrente;
- bases: africanismo, Espiritismo, amerindismo, Catolicismo, ocultismo;
- serviço social constante nos terreiros;
- finalidade de cura material e espiritual;
- magia branca;
- batiza, consagra e casa.

A prática umbandista fundamenta-se:

- na existência de um Deus único, incognoscível, criador, onipresente, origem de todas as vibrações;
- na manifestação trina do princípio criador, dentro da visão naturalista e espiritualista;
- na existência de Jesus, o Cristo, a quem chamamos Oxalá, modelo de perfeição e conduta que buscamos alcançar;
- na existência de vibrações no Universo que denominamos Orixás e que chefiam falanges de Espíritos;
- na existência de entidades espirituais que se encaixam nessas vibrações;
- na existência de planos espirituais de evolução;
- na crença de Guias espirituais, mensageiros dos Orixás, ainda em evolução, pois ainda se acham em planos médios;
- na existência do Espírito, sobrevivendo ao corpo físico do homem, em caminho de evolução e buscando o aperfeiçoamento;
- na crença da reencarnação e da lei cármica de causa e efeito;
- na prática da mediunidade sob as mais diferentes apresentações, tipos e modalidades;

• na afirmação de que as religiões constituem os diversos caminhos de evolução espiritual que conduzem a Deus;

• no amor, manifestado como caridade, na palavra e na ação;

• na prática da caridade material e espiritual como meio de evolução;

• na necessidade do ritual como elemento disciplinador dos trabalhos;

• na crença de que o homem vive num campo de vibrações que influem em sua vida e que essas vibrações podem ser manipuladas, quer para seu próprio bem, como fazemos, ou para seu próprio mal, como combatemos.

Além dos aspectos dominantes e de seus fundamentos, a Umbanda caracteriza-se por ser uma religião de fácil identificação popular, principalmente pelos itens descritos a seguir:

• seu ritual é simples e direto. O médium se adapta facilmente à prática umbandista;

• a comunicação com o plano astral é simples e direta. O consulente pode conversar diretamente com a entidade espiritual por intermédio de seu cavalo[6], sem problemas e com muita simplicidade, podendo tratar de assuntos cotidianos, esporádicos, banais ou complexos, de forma clara e numa linguagem de fácil compreensão;

• imediatismo. O consulente tem a oportunidade de, se caso for possível, resolver seus problemas a curto prazo;

• sincretismo religioso. Se não é a forma mais coerente de propagação da doutrina umbandista, pelo menos é, o sincretismo, uma fonte de segurança psicológica para aqueles que, recém-saídos da Igreja, ainda encontram dificuldades em confiar em novas orientações religiosas;

• o caráter místico simples e poético, com figuras presentes no cotidiano popular, como o índio, o negro escravo, a gente simples do povo, o matuto e o peão, atinge diretamente o sentimento do povo;

• a presença de instrumentos de percussão que marcam o ritmo torna o culto vibrante e estimula a sintonia mental dos participantes;

• a facilidade de entrar em contato com a religião para se fazer a cerimônia religiosa contribui para sua fácil difusão.

---

6 Forma como muitos Guias denominam seus médiuns, em alusão à sua posição, enquanto incorporados, figurativamente análoga à montaria.

## A Umbanda e o Espiritismo

Umbanda é Espiritismo? Umbandista é espírita? Até que ponto o Espiritismo influencia a Umbanda? O que há em comum? Qual a relação entre a Umbanda e o Espiritismo? Essas não são questões tão fáceis de serem respondidas porque há várias visões e facetas sobre o mesmo tema. No entanto, segundo nosso entendimento, da mesma forma que Umbanda não é Candomblé ou Nação, Umbanda também não é Espiritismo, embora tal doutrina seja uma das bases da formação umbandista.

A doutrina codificada por Allan Kardec trata do processo mediúnico e da relação entre a matéria e o mundo espiritual ocupado pelos Espíritos desencarnados, não se referindo, senão vagamente, ao mundo dos Espíritos que trabalham com a energias e forças da natureza. Assim, devido à ignorância ocasionada pela falta de informação, condena certas práticas comuns em terreiros, como os rituais, o fumo, a bebida e, até mesmo, o modo extremamente humanizado com o qual os Guias de Umbanda normalmente se apresentam.

No princípio, era comum que os umbandistas utilizassem o termo "espírita" para se autodefinirem e a expressão "Centro Espírita" para identificarem seus templos, mesmo porque, àquela época, não era permitido o registro legal dos terreiros sob outra denominação. Ainda hoje, muitos assim o fazem. Todavia, ao passo em que a instrução espiritual vai adentrando aos terreiros e seus frequentadores passam a compreender as diferenças entre ambas as doutrinas, cada vez menos se ouve tal identificação, que está sendo, progressivamente, substituída pelo termo "umbandista", tanto para designar os que professam a fé na Umbanda como para denominar os templos, que passaram a adotar a expressão "Centro de Umbanda" ou "Centro Umbandista" no lugar da palavra "Espírita", o que é, de fato, muito bom para a estabilização da nossa religião.

Aliás, deve-se ao próprio Espiritismo kardecista a necessidade dessa distinção, pois muitos espíritas fazem questão de evidenciá-la a todo instante, como se a Umbanda fosse uma doutrina menos evoluída ou frequentada por pessoas menos esclarecidas.

A despeito do afirmado publicamente pelo Espírito Emmanuel de que a Umbanda constitui parte da doutrina espírita[7] e da solene declaração da Federação Espírita Brasileira (FEB) concedendo aos umbandistas o "privilégio" de se chamarem espíritas[8], para muitos seguidores do Espiritismo kardecista, ou, como preferem, os "verdadeiros espíritas", a Umbanda pratica "espiritualismo", e não "Espiritismo". Sua orgulhosa visão do mundo espiritual os faz crer serem os mais qualificados para opinar sobre a realidade da vida dos Espíritos, embora afirmem, constantemente, admitir e respeitar todas as opiniões sobre a Espiritualidade. Contudo, creem que os umbandistas são como irmãos menos esclarecidos, necessitados de orientação e de elucidação quanto às práticas que realizam, assim como que seus Orixás e Guias necessitam, por sua vez, de encaminhamento para que deixem os "vícios" do fumo, da bebida e da prática ritualística, fatores que não conseguem e não desejam compreender.

Allan Kardec, ao codificar a doutrina, deixou claro que nem tudo, ainda, poderia ser explicado a contento, devido à incapacidade de entendimento do ser humano à época, mas que, a seu turno, novas explicações seriam fornecidas. Hoje, o Espiritismo atual, tal qual a Igreja Católica dos tempos de Kardec, nega-se a estudar séria e imparcialmente os novos fenômenos que lhes chegam às faces, como o movimento umbandista, seus Orixás e suas práticas ritualísticas. Quando o movimento Espírita tiver a mesma visão que Emmanuel, verá que há muito mais a ser conhecido além do que está codificado no pentateuco espírita[9] e que também merece ser estudado e compreendido, pois *não conflita* com o que foi estabelecido por Kardec, mas, sim, o complementa!

Aliás, o próprio Kardec falava isso. Como já citamos, há várias questões em *O livro dos Espíritos* que prenunciam que novas instruções surgiriam mais tarde e que complementariam os ensinamentos que estavam

---

7 O Espírito Emmanuel diz que "[...] simbolizemos o Espiritismo como sendo um Estado. Ora, o Estado é constituído de diversas Províncias ou de outros Distritos. Encontramos em Umbanda uma Província do Espiritismo [...]" (*Reformador*, 1953, p. 11).

8 Declaração publicada pela FEB: "[...] todo umbandista é espírita, porque aceita a manifestação dos Espíritos, mas nem todo espírita é umbandista, porque nem todo espírita aceita as práticas de Umbanda" (*Reformador*, 1953, p. 9).

9 Pentateuco espírita: conjunto das cinco obras codificadas por Kardec e que são reconhecidas pela FEB como a base da doutrina espírita (*O livro dos Espíritos*, *O Evangelho segundo o Espiritismo*, *A Gênese*, *O céu e o inferno* e *O livro dos médiuns*).

sendo codificados e, além disso, que essas instruções se refeririam à forma como os Espíritos atuam sobre a natureza.

Em outras palavras, os amigos espirituais, à época da codificação, falavam a Kardec que havia Espíritos empenhados no comando das forças da natureza. Espíritos estes que, hoje, a Umbanda apresenta como falangeiros dos Orixás e as próprias forças dos Orixás. Sendo assim, o próprio conceito de Guia e Orixá de Umbanda estava implícito na codificação, só que os Espíritos, naquela época, não tinham como trazer esse conhecimento à tona, uma vez que estavam fundamentando uma nova religião, que necessitava primeiro concretizar suas bases para só depois ter novos ensinamentos acrescentados.

Emmanuel tem essa visão! Ele entende que a Umbanda é uma parte ainda não estudada pelo Espiritismo tradicional, que a rejeita somente porque não está claramente explicitada no pentateuco, mas que, futuramente, sim, será compreendida como uma parte, uma província desse grande estado que é o Espiritismo. Contudo, não obstante a visão de Emmanuel e a declaração da FEB de que umbandistas poderiam se declarar espíritas, ainda hoje, no meio espírita, a Umbanda não é classificada como Espiritismo, e sim como "espiritualismo".

Então, quando afirmamos que é difícil a questão de "se a Umbanda é ou não Espiritismo", é justamente porque há, pelo menos, essas duas visões antagônicas: para Emmanuel, é Espiritismo; para a FEB atual (e não a FEB de 1953), que é quem dita como deve ser entendida a doutrina espírita, é espiritualismo. Na nossa opinião, embora respeitemos e concordemos com Emmanuel e saibamos que tudo é uma questão de tempo e de lucidez espiritual para que rótulos sejam quebrados e para que a Espiritualidade seja mais bem compreendida, ficamos, por hora, com a outra visão, a de que *Umbanda e Espiritismo não são a mesma coisa, e um não está dentro do outro*, mas, sim, que o Espiritismo foi uma das bases doutrinárias que formou a Umbanda, assim como tantas outras, como o Catolicismo, o amerindismo, o xamanismo, os cultos africanos e orientais.

Entretanto, independentemente de nossa posição ou da posição de Emmanuel, e do nível de influência do Espiritismo sobre cada terreiro de Umbanda especificamente, é importante lembrar que a Umbanda tem muita relação com o Espiritismo e com o que foi codificado por Kardec.

Aliás, a própria base de ambas as doutrinas é a mesma, que é a utilização da mediunidade para comunicação com os Espíritos. Assim, uma vez que lidam com Espíritos, ambas também acreditam nas mesmas bases doutrinárias, que são, entre outras:

- a eternidade do Espírito;
- a evolução constante dos Espíritos;
- a reencarnação;
- o carma;
- a prática da caridade como meio de evolução da consciência;
- a necessidade da reforma íntima para poupar sofrimentos futuros;
- a existência de vidas passadas e futuras;
- a possibilidade de obsessões;
- a adoção do Evangelho de Jesus.

Por essas similaridades, é muito comum vermos umbandistas interessados em estudar o Espiritismo e muitos espíritas interessados em conhecer a Umbanda, embora haja os mais radicais: os umbandistas que dizem que o Espiritismo não deve ser estudado e os espíritas que dizem que a Umbanda não deve ser estudada.

Há, inclusive, correntes umbandistas avessas a estudar qualquer coisa do Espiritismo na Umbanda por acreditar que essa seria uma tentativa de "embranquecimento" dela. Contudo, a Umbanda, vale lembrar, não é negra, não é indígena, não é orientalista nem branca. A Umbanda é *espiritual*, portanto, entende que Espírito não tem sexo, classe social nem etnia. Espírito é Espírito! E a questão étnica é somente uma condição transitória do Espírito em determinada encarnação. Hoje é índio, amanhã será negro, branco, asiático... e vice-versa.

De maneira geral, quanto à questão do relacionamento entre espíritas e umbandistas, excetuando-se os radicalismos, percebe-se que há interesse mútuo em se conhecer ambas as doutrinas. Há muitos espíritas que se interessam pela Umbanda, e muitos umbandistas que se interessam por estudar o Espiritismo, justamente, porque há muitos pontos em comum. Isso nos lembra aqueles parentes de uma mesma família que gostariam de ter maior convivência. Aliás, na opinião de Emmanuel, trata-se mesmo de uma única família, na qual ambas as partes ainda não se deram ao trabalho de se unirem, complementando-se mutuamente.

Aliás, esclarecendo um pouco mais, como dissemos, as doutrinas moral e filosófica da Umbanda não contradizem em absolutamente nada a codificação de Kardec, e sim a complementam, trazendo orientações sobre questões energéticas, interação do ser humano com as energias da natureza, atuação divina sobre a natureza e forças vibratórias dos elementos (fogo, terra, água e ar) que podem ser manipuladas pelos Espíritos.

Aí, alguns espíritas poderiam falar: "como a Umbanda não contradiz o Espiritismo se ela utiliza rituais, fumos e bebidas?" Ora, é claro que há uma explicação racional para tudo isso; e, aliás, a racionalidade era algo sempre apregoado por Kardec. O fato de algumas pessoas não terem ainda se debruçado sobre o estudo das razões para uso desses ritos não quer dizer que eles não tenham sua razão de ser. É bom relembrar que os próprios Espíritos diziam que futuramente viriam novas explicações.

Enfim, excetuando o ritual, a Umbanda tem semelhança filosófica e doutrinária com o Espiritismo. Além disso, há ainda uma relação a mais, simplesmente porque a certidão de nascimento da Umbanda foi "lavrada" em um centro espírita; afinal, como exposto anteriormente, a Umbanda foi anunciada oficialmente pela Espiritualidade dentro da Federação Espírita de Niterói. Foi justamente ali que o Caboclo das Sete Encruzilhadas incorporou e anunciou a necessidade da fundação de uma nova religião devido à reatividade espírita às instruções dos Caboclos e dos Pretos Velhos.

## A Umbanda e o Candomblé

Prestemos atenção em algumas frases ditas por aí:

"Obá, Ewá, Logunedé e Oxumarê não existem na Umbanda!"
"Na Umbanda não pode haver filhos de Exu!"
"Na Umbanda não há filhos de Oxalá porque Oxalá não baixa na Umbanda!"
"Homem não pode ser filho de Ewá, de Obá ou de Nanã!"
"Ninguém pode ser filho de Nanã com Ogum!"
"Na Umbanda não pode haver jogo de búzios!"
"Mulher não pode tocar atabaque!"

Preferimos substituir todas elas pela famosa frase de autoria de Alexandre Cumino, que diz: "a Umbanda não explica o Candomblé, e o Candomblé não explica a Umbanda!" Essa frase é tão verdadeira e diz tanta verdade que dá vontade de iniciar todos os textos com ela, visto que ela explica e desfaz muitas confusões e contradições que acontecem quando umbandistas tentam entender a Umbanda tomando por base a ótica do Candomblé e quando candomblecistas querem explicar a Umbanda pelo que conhecem de suas próprias verdades.

Umbanda é Umbanda, e Candomblé é Candomblé! Embora Jesus seja o mesmo, o evangélico não tem o direito – nem condições – de dizer se a forma como o católico o cultua está correta ou não, e vice-versa! Embora tenhamos os mesmos Orixás, o candomblecista também não tem condições de dizer o que está certo ou não na Umbanda, nem o umbandista tem de dar "pitaco" no Candomblé! O evangélico acha que é o único que sabe como cultuar Deus e que não há outra maneira que lhe agrade mais e que seja mais correta que aquela que aprendeu em sua igreja; mas tem que guardar essa convicção para si, para praticá-la em seu templo! Não tem o direito nem a competência de julgar se o mesmo Deus está satisfeito ou não com a forma como o católico o cultua, por exemplo.

Da mesma forma o candomblecista! Ele sabe como se cultua Orixás *em sua* religião, mas não tem o direito de julgar se a forma como são cultuados e entendidos em outras religiões – na Umbanda, por exemplo – está correta ou não! As verdades nessas crenças são diferentes, e cada um deve cuidar da sua, lembrando sempre que, embora haja semelhanças, a Umbanda e o Candomblé são religiões muito diferentes, com conceitos e fundamentos diferentes e que acreditam em coisas que podem até ser parecidas, mas que, na prática, *não são*. Portanto, por falta de capacidade, autoridade e competência para tal, uma não pode interferir, julgar ou explicar o que acontece na outra, como disse Alexandre Cumino!

Toda essa explicação é necessária porque muitos umbandistas se preocupam quando escutam frases como as citadas no início deste texto e, especificamente, em relação aos seus Orixás serem ou não, realmente, aqueles identificados por seu pai ou sua mãe de terreiro; e isso porque, em algum momento, esse mesmo médium de Umbanda foi conversar com alguém de Candomblé, e esse alguém lhe disse que tal Orixá seria impossível, porque "só no Candomblé pode ser cultuado", ou porque "não possui filhos na Umbanda", ou porque "não possui filhos daquele sexo", ou ainda porque "não combina com o segundo Orixá também atribuído ao médium", e mais um monte de porquês. Pronto: dúvidas na cabeça!

*Para tudo!* Esses conceitos podem ser verdadeiros – e são – *lá* no Candomblé! Lá, uma pessoa não pode ser filha daquele Orixá porque é homem, ou não pode ser filha daqueles dois Orixás porque eles não combinam entre si etc. Mas isso é lá! E lá é uma outra religião! Como dissemos, o evangélico também tem suas concepções, entendimentos e convicções sobre o que é certo em relação a Deus e não admite que esse mesmo Deus possa ser entendido e cultuado de outra forma, em outra religião, e que essa outra maneira também possa estar correta. De modo semelhante, infelizmente, muitos candomblecistas têm dificuldade de entender que os mesmos Orixás que cultuam em seus barracões possam ser entendidos e cultuados na Umbanda de modo bastante diferente, com outros conceitos, inclusive!

O evangélico radical é capaz de dizer: "só há um Deus verdadeiro, o único caminho que leva a Ele é o que a minha religião ensina e a forma correta de cultuá-lo é como a minha igreja faz!" Da mesma forma, candomblecistas radicais tendem a dizer: "Somente no Candomblé pode haver determinado Orixá, pois ele só existe na cabeça de alguém se forem feitos determinados rituais e usadas folhas que só no Candomblé se usa!" Alguns chegam mesmo a dizer que "na Umbanda não existe *nenhum* Orixá, mas somente *eguns*!" Será que fica difícil de perceber que ambas as visões são semelhantes, mudando apenas a religião?

Para confundir ainda mais a cabeça do médium umbandista, há candomblecistas que, por já terem sido da Umbanda, acham-se em condições de apontar se aquilo está certo ou errado nos seus rituais, mesmo que o tempo em que lá passaram tenha sido pequeno ou tenha acontecido há muitos anos, quando havia maior ignorância e menos estudo por parte dos umbandistas em geral e, por conseguinte, que não corresponda mais ao que hoje é entendido como correto dentro da Umbanda.

Vamos refletir um pouco mais? O atual evangélico que já foi candomblecista nunca entendeu completamente a proposta do Candomblé e nunca se identificou verdadeiramente com essa religião, tanto que resolveu mudar; por isso, dificilmente, esse evangélico tem como opinar com propriedade sobre o Candomblé (embora ele ache que tenha). Da mesma forma, o candomblecista que foi umbandista converteu-se ao Candomblé porque se identificou mais com ele do que com a Umbanda. E isso, talvez, porque não a tenha entendido corretamente ou compreendido a fundo sua proposta! Se questionado, o evangélico ex-candomblecista afirmará com plena convicção que conhece bem o que é o Candomblé e poderá resolver sair por aí explicando-o pelo que acha que entende. Se também questionado, o candomblecista ex-umbandista também poderá jurar que conhece a fundo o que é Umbanda e sentir-se apto a opinar sobre ela.

No entanto, será que tanto o ex-candomblecista quanto o ex-umbandista entenderam realmente o que são essas religiões? Ao invés de o evangélico falar sobre o que é o Candomblé, e do candomblecista falar sobre o que é Umbanda, não seria melhor perguntarmos diretamente a seguidores atuais dessas religiões? Quem está mais apto a explicar o que é o Candomblé: o evangélico ex-candomblecista ou o candomblecista real, de fato e de coração? E em relação à Umbanda, não seria a mesma coisa? Por que perguntar, então, a um ex-umbandista, que não tenha acompanhado de dentro todas as metamorfoses e o desenvolvimento pelos quais a Umbanda passou nas últimas décadas?

Umbanda e Candomblé *não* são a mesma coisa, *não* são variações da mesma religião e *não* são religiões complementares. São religiões *diferentes!* Já ouvimos de alguns candomblecistas a afirmação de que a Umbanda seria como o "ensino médio" e o Candomblé como a "universidade", dando uma ideia de que a Umbanda não seria completa por si só, de que os ensinamentos do Candomblé seriam mais avançados que os da Umbanda, ou mesmo mais abrangentes que os dela. Dando a impressão, também, de que a conversão de uma pessoa da Umbanda para o Candomblé seria um fator natural para o umbandista que desejasse maior conhecimento e que, por esse mesmo motivo, o conhecimento do Candomblé seria mais profundo que o da Umbanda. O erro disso tudo é acreditar que o conhecimento do Candomblé seja complementar ao que é ensinado na Umbanda. Não, *não é!*

O que é ensinado no Candomblé, definitivamente, não interessa à Umbanda nem interfere sobre ela. Assim como o que acontece na Umbanda não deve interessar ao candomblecista. Os caminhos são diferentes, por isso não se pode dizer que aquilo que o Candomblé ensina é mais profundo ou mais raso do aquilo que a Umbanda ensina. Não há como comparar religiões diferentes!

A Umbanda enfrenta, *internamente*, seus próprios grandes desafios, visto que cada terreiro de Umbanda entende a religião de uma maneira própria. A situação complica mais quando, como se não bastassem os desentendimentos internos, pessoas de outras religiões colocam mais lenha na fogueira, ao suscitarem dúvidas em umbandistas, tendo por base a visão de sua própria crença. E parte da culpa dessa situação vem dos próprios umbandistas. Não vemos católicos perguntando a evangélicos sobre como se deve cultuar a Deus e louvar a Jesus, porque não interessa aos católicos o que os evangélicos entendem como correto, ainda que se trate do mesmo Deus! Também não vemos espíritas perguntando a umbandistas sobre como incorporar melhor os Espíritos; mas vemos com constância umbandistas procurando candomblecistas e sites de Candomblé para obterem informações sobre Orixás e rituais, como se tudo fosse a mesma coisa, como se Umbanda e Candomblé fossem variações da mesma religião, consentindo aos candomblecistas a autorização para opinarem sobre sua Umbanda e de a interpretarem segundo as convicções de sua Nação, podendo gerar grandes dúvidas na cabeça do médium umbandista que ainda não conhece a fundo sua religião.

No entanto, como nosso objetivo é esclarecer, voltemos àquelas sete frases com que iniciamos este texto. Essas são algumas frases que refletem a visão do Candomblé sobre a forma como as coisas teriam que acontecer na Umbanda. Existem muitas outras frases desse tipo! E pode até ser que algum terreiro de Umbanda compartilhe de algumas dessas ideias, uma vez que a própria Umbanda é diversa em conceitos e entendimentos.

Em nossa visão doutrinária, por exemplo, de acordo com a singularidade de cada médium e com maiores explicações que, infelizmente, não caberão neste texto, tudo aquilo citado lá no início, como impossível de acontecer segundo a ótica candomblecista, é considerado viável na Umbanda *sim!* E não somente nós, mas muitas outras escolas umbandistas assim também consideram, aliás a maioria! Na Umbanda, para quem não sabe, há várias escolas diferentes, e cada uma delas com sua própria visão. E isso é aceitável, pois, embora os entendimentos possam até diferir em alguns aspectos, são entendimentos nascidos e desenvolvidos *dentro* da mesma religião, e não importados de outra, sendo, por isso, legítimos! É a própria Umbanda crescendo, se desenvolvendo e procurando se entender!

Temos escolas maravilhosas e que fazem excelentes trabalhos, como a própria Umbanda Tradicional, o Primado de Umbanda, a Umbanda Esotérica, Umbanda Astrológica, Umbanda Sagrada, Umbanda da Magia Divina, Umbanda Crística, Umbanda Omolocô etc. Todas são Umbandas! Com tantas escolas e com essa abundância de informações geradas no próprio seio umbandista, não é preciso – nem inteligente – que qualquer médium de Umbanda vá buscar no Candomblé explicações e orientações para nossos rituais. Isso sem contar que, no nosso dia a dia, além de cada dirigente umbandista cheio de conhecimento para repassar, há, ainda, fontes maravilhosas de sabedoria ao nosso alcance, que são nossos Guias e amparadores.

Falta, portanto, ao umbandista ser mais umbandista! Entender o Candomblé como uma outra religião, com quem partilhamos alguns conceitos, mas de quem somos fundamentalmente diferentes! Falta ao umbandista – e também ao candomblecista – parar de entender o Candomblé como um "irmão mais velho", mais experiente, que detém mais conhecimentos e que deve ser consultado em caso de dúvidas! Aliás, dúvidas de umbandistas devem ser sanadas dentro da própria Umbanda, assim como as do evangélico devem ser resolvidas pelo seu pastor! O respeito que deve existir entre Umbanda e Candomblé é como o respeito que deve existir entre irmãos, sim, mas só isso, sem a conotação de quem sabe mais, de quem dita regras ou de quem conhece mais a fundo o que é Orixá, visto que ambas as religiões são donas de suas próprias verdades, e o conhecimento de uma não interfere sobre o da outra! Cada uma tem seus próprios métodos, entendimentos e formas de trabalho, sendo completas por si só e independentes, autônomas e 100% capazes.

Aliás, precisamos chamar a atenção também para esse detalhe. Muitas pessoas dizem que saíram da Umbanda e foram para o Candomblé porque sua situação espiritual assim exigia, porque tinham que cuidar de tal Orixá no Candomblé etc. O interessante é que nunca ouvi um católico dizer que foi para a igreja evangélica porque precisou de "algo mais forte", ou de um budista que foi para o hinduísmo porque precisava de algo "mais de raiz". E sabe por quê? Porque isso *não existe!* Religião é coisa de foro íntimo, e cada um deve procurar o lugar em que se sinta bem, em que se sinta encontrando com Deus, sem que qualquer outra pessoa ou entidade o force a outro caminho. Isso se chama *livre-arbítrio*, uma lei criada por Deus e que não pode ser desprezada ou violada nem por sacerdotes, nem por entidades, nem por ninguém!

O que existe, portanto, não é a necessidade de uma pessoa sair de uma religião para outra, mas, sim, a necessidade de procurar estar em contato com o Criador *onde se sinta bem*, onde encontre paz para o coração, para que possa, de fato, receber ali, integralmente, o auxílio espiritual durante aqueles momentos de exercício religioso. Agora, da mesma forma que se o católico for consultar o evangélico sobre o que deve fazer de sua vida espiritual, receberá, provavelmente, a resposta que deve se converter ao pentecostalismo, é possível que, ao se consultar alguém de Candomblé, se escute conselhos semelhantes, revestidos da explicação de que o Orixá assim quer. Infelizmente, isso também acontece em alguns terreiros de Umbanda, que tentam converter as pessoas gerando medo.

Resumindo, sejamos, portanto, mais umbandistas! Busquemos o conhecimento em nossas próprias raízes, na escola umbandista a que o templo pertence, no nosso Caboclo e no que o Preto Velho ensina! Fazendo dessa forma, não teremos informações importadas de outras crenças para dentro de nossas casas como se fossem verdades absolutas, ditadas por quem nem da mesma religião é!

Umbanda é Umbanda, e Candomblé é Candomblé! Ambas as religiões são lindas e detêm uma gama de conhecimentos maravilhosa. Esses conhecimentos, porém, são próprios de cada uma, e são eles que as tornam belas, especiais e as diferenciam uma da outra. O problema é quando uma tenta explicar a outra com a visão de fora, segundo sua própria ótica e entendimento. Isso não dá certo! Nunca deu! Alexandre Cumino tinha razão!

# ORIXÁS

# CAPÍTULO 2

## Zâmbi

1 – Que é Deus?

"Deus é a inteligência suprema, causa primária de todas as coisas". [...]

4 – Onde se pode encontrar a prova da existência de Deus?

"Num axioma que aplicais às vossas ciências. Não há efeito sem causa. Procurai a causa de tudo o que não é obra do homem e a vossa razão responderá". [...]

13 – Quando dizemos que Deus é eterno, infinito, imutável, imaterial, único, onipotente, soberanamente justo e bom, temos ideia completa de seus atributos?

"Do vosso ponto de vista, sim, porque credes abranger tudo. Sabei, porém, que há coisas que estão acima da inteligência do homem mais inteligente, as quais a vossa linguagem, restrita às vossas ideias e sensações, não tem meios de exprimir. A razão, com efeito, vos diz que Deus deve possuir em grau supremo essas perfeições, porquanto, se uma lhe faltasse, ou não fosse infinita, já ele não seria superior a tudo, não seria, por conseguinte, Deus. Para estar acima de todas as coisas, Deus tem que se achar isento de qualquer vicissitude e de qualquer das imperfeições que a imaginação possa conceber" (*O livro dos Espíritos*).

As perguntas acima, de *O livro dos Espíritos*, respondem a questionamentos básicos que fazemos desde que começamos a nos questionar sobre nossa própria origem e a existência de tudo o que há: "Deus existe? "Como posso ter certeza da existência de Deus?" E mais: "quem poderia ter sido o criador do céu, da terra, das estrelas e de tudo o que existe?"

Na verdade, não é muito difícil de responder a essas perguntas não! Basta nos lembrarmos da Lei de Causa e Efeito, que diz que "toda causa gera um efeito, e todo efeito é gerado por uma causa!" Se procurarmos a "causa" de tudo o que não foi criado pelo homem, vamos chegar em alguma inteligência primária. Aliás, os próprios Espíritos nos esclarecem isso ao dizerem que "Deus é a inteligência suprema, a causa primária de todas as coisas".

Apesar de termos começado nossas reflexões com perguntas sobre a existência de Deus, a maior parte das pessoas já possui, em seu íntimo, essa certeza, independentemente de religião. Isso se deve a um sentimento natural que temos e que é resultado das nossas lembranças espirituais, pois, como Espíritos eternos que somos, temos em nossa memória inconsciente o conhecimento da existência do Criador.

Às vezes, as pessoas, enquanto encarnadas, até duvidam da existência de Deus; mas não por "não querer acreditar", e sim porque não conseguem compreender o porquê de Deus permitir que determinadas coisas sejam como são, ou então por Deus não atender aos seus pedidos.

O fato é que, apesar de a maioria de nós já ter um sentimento nato de que Deus existe, cada um tem sua visão pessoal sobre Deus. Aliás, não apenas cada um de nós, mas o entendimento de "o que é Deus" também varia de acordo com a sociedade e com a época, porque, como Deus é invisível e está no nosso campo das ideias, o idealizamos da forma como conseguimos; e a forma como conseguimos tem muito a ver com a forma como nos enxergamos ou de acordo com o que podemos ver.

Assim, se analisarmos os povos mais antigos, veremos que a visão de Deus era bem simples. Encontrava-se Deus manifestado em todos os lugares. Cada recanto ou fenômeno da natureza era interpretado como manifestação divina. Deus era o raio, o trovão, os fenômenos da natureza. Para as primeiras civilizações, era o bastante! O homem, então, evoluiu, e a evolução de nosso intelecto não apenas possibilitou novos conhecimentos, favorecendo a humanidade em infinitos aspectos, como também contribuiu para o nosso afastamento da simplicidade e, consequentemente, de nossas convicções teológicas originais.

Começamos a moldar a personalidade de Deus de acordo com o próprio comportamento humano, imputando-lhe paixões como vingança, ódio, proteção de uns em detrimento de outros ("Deus prefere tal povo") etc. Criamos doutrinas e leis, passando a regulamentar o modo de se cultuar Deus e a ditar normas comportamentais para a sociedade religiosa. Quem não se enquadrasse em tais normas seria considerado herege, infiel ou bárbaro. A ligação simples e natural com a divindade passou a ficar comprometida. Se antes a essência de Deus era facilmente encontrada em uma árvore, um rio ou uma pedra, agora se situava em um lugar distante e inacessível, denominado céu ou paraíso e de localização vaga, intangível e imprecisa, ou seja, "Deus ficou distante".

Como estes, outros conceitos sobre a personalidade divina foram discutidos e adotados pelas sociedades ao longo dos séculos, variando de acordo com a política e cultura vigentes, com a região e com o grau de conhecimento científico dos povos. Algumas civilizações antigas, por exemplo, acreditavam que Deus havia criado o Universo e os seres vivos, abandonando-os, a seguir, à própria sorte, sem se importar com o destino de suas criaturas. Outros povos encaravam Deus como a um pai repressor, vingativo e austero, vaidoso a tal ponto que, se não fosse adorado e temido o tempo inteiro, seria capaz de punir nações e de condenar seus próprios filhos ao padecimento na condenação eterna.

Com o tempo, muitas outras teorias expandiram-se ao redor do globo versando sobre qual seria a real personalidade do Criador; são tão numerosas quanto o número de religiões, seitas ou crenças que criamos. Para legitimá-las, escrevemos inúmeros livros sagrados, colocando neles as verdades em que acreditamos. Criamos a Teologia[1] e passamos a tentar convencer os outros de que o que cremos é mais real e verdadeiro que o que os outros creem.

Para se ter uma ideia acerca da quantidade de livros considerados sagrados por seus seguidores, exemplificamos alguns deles:

• *Popol Bugg* – é o primeiro dentre os livros sagrados, considerado o "pai" de seus sucessores. É citado em alguns documentos antiquíssimos;

• *Ramaiana* – de Rama, descrevendo a Grande Epopeia;

• *Zend Avesta* – é o livro sagrado dos persas, tendo sido elaborado por Zoroastro;

---

1 A Teologia representa o esforço do homem em atribuir a Deus personalidade e características, assim como teorias a respeito dos seus negócios, planos, desejos e vontades e as apropriações de tudo isso para o ofício de mediadores entre o "Todo" e o povo (Ricardo Sasaki, *Folha de S. Paulo*).

- *Sabedoria órfica* – possui os fundamentos iniciáticos gregos;
- *Tábua de esmeralda* – é o livro sagrado utilizado pelos egípcios, criado por Hermes;
- *Livro dos mortos* – livro sagrado também utilizado pelos egípcios;
- *Livro dos princípios* – contém, para os hindus, a Teogonia Divina ou a Sabedoria Total. Elaborado por Viasa Veda;
- *Bhagavad Gita* – criado por Krishna, é conhecido como o supremo livro da antiguidade, sublime cântico da imortalidade ou livro das sete interpretações. Utilizado pelos povos hindus;
- *Santo Evangelho de Buda* – resume toda a doutrina de todos os Budas;
- *Código de Manu* – foi escrito por Manu, progênie de Brahman. Estudiosos calculam que tenha sido escrito entre os anos 1300 e 800 a.C.;
- *Versos Áureos de Pitágoras* – utilizado por seguidores da filosofia pitagórica;
- *Talmud* – criado por rabinos israelitas, contradizendo Moisés, os profetas e sua lei moral. Considerado o livro da traição;
- *Alcorão* – reúne os desígnios de Deus para a humanidade segundo os muçulmanos;
- *Bíblia* – Velho Testamento – contém as Leis de Deus transmitidas aos patriarcas hebreus (dentre eles Moisés) e promete a vinda de um Messias ao povo judeu;
- *Bíblia* – Novo Testamento – narra a vida de Cristo, considerado o Messias prometido no Velho Testamento;
- *O Evangelho segundo o Espiritismo* – uma releitura do Novo Testamento, sob a ótica espírita codificada por Allan Kardec.

A existência das várias obras ditas "sagradas", na maioria das vezes, gera interpretações distintas sobre o "ser de Deus" e sua personalidade, tendo sido ao longo dos séculos as razões de várias guerras e manifestações de intolerância com os que pensam diferente. Isso acontece porque os religiosos, normalmente, têm dificuldade de entender que os "livros sagrados" foram escritos por pessoas como nós, passíveis de falhas e sujeitas às suas próprias convicções e ilusões, por isso muitos estão repletos de imprecisões históricas e geográficas e passagens em que fica explícita a ignorância de seus próprios escritores acerca de teorias básicas da Física e da Química.

Os estudiosos da *Bíblia*, por exemplo, com frequência, são surpreendidos por avalanches de novas descobertas científicas que botam em xeque suas afirmações equivocadas. Alguns tentam, então, adaptar as novas descobertas aos seus próprios conceitos, enquanto outros, simplesmente, negam a ciência. "É coisa do diabo!", dizem uns, ou "É coisa de ateu!", completam outros.

Com a publicação de *O Evangelho segundo o Espiritismo*, na segunda metade do século XIX, por Allan Kardec, as escrituras bíblicas foram relidas e reinterpretadas sob a ótica dos Espíritos. Por esse motivo, Kardec foi perseguido e teve livros queimados em praça pública. Ainda hoje, a doutrina espírita – codificada por ele – sofre perseguições impulsionadas pela resistência humana em aderir ao novo, em trocar a crença pelo saber. A Umbanda, por sua vez, por ter sido formalmente apresentada ao planeta em época posterior ao surgimento do Espiritismo kardecista, sofre ainda mais com a resistência de pessoas que não conhecem sua doutrina, mas que possuem preconceitos inquebrantáveis e que a julgam – sem conhecê-la – como "contrária às leis de Deus".

O fato é que os fiéis e estudiosos das religiões, longe de buscarem uma visão universalista e racional sobre Deus, ainda acreditam que a sua, e somente a sua, crença tenha sido constituída por revelação divina, assim como que somente o livro sagrado de sua fé tenha sido escrito necessariamente em momento de graça, inspirado pelo Espírito de Deus. Se, todavia, os homens não fossem tão orgulhosos e intolerantes e não tivessem tanta ambição de serem os donos da verdade, experiências poderiam ser compartilhadas e conhecimentos acerca do Criador poderiam ser intercambiados entre as diversas correntes religiosas, atingindo, assim, um conhecimento menos passional, mais universalista, racional e, consequentemente, mais próximo da verdadeira descrição do ser de Deus.

Deus nos deu uma grande ferramenta para ajudar a entendê-lo melhor, que é a nossa capacidade de discernimento racional. É pela análise racional, da lógica, que podemos chegar a melhores conclusões sobre Ele, partindo da análise de um atributo divino admitido comumente pela grande maioria das crenças existentes: a perfeição! É a partir daí, desse ponto de partida, lugar comum de todas as doutrinas religiosas, que podemos analisar melhor a personalidade de Deus.

## A personalidade divina

Por ser o homem um ser de conhecimento finito, não se deve agir de forma pretensiosa, supondo-se poder conhecer na totalidade o pensamento, a vontade e personalidade do ser infinito, mas pode-se utilizar a base comum a todas as crenças para se tentar traçar um raciocínio ponderado e alcançar alguma conclusão válida.

Uma vez que a concepção universal afirma ser a perfeição o principal atributo de Deus, não pode Ele, então, ter defeitos que nós, suas criaturas, temos! Entende-se por perfeição a ausência de qualquer defeito. Uma falha, por menor que fosse, já tiraria seu caráter de ser perfeito. Um Deus imperfeito, obviamente, pelo conceito básico a Ele atribuído, não seria Deus, porque pressuporia a possibilidade de alguém ser mais perfeito que Ele. E se isso acontecesse, esse seria o verdadeiro Deus! Uma análise simples e lógica apenas sobre a virtude *perfeição* já declinaria por terra muitas suposições acerca da personalidade divina ora difundida. Qualquer tipo de paixão (ódio, preguiça, revolta, obsessão, vingança, vaidade etc.) a se sobrepor à razão e ao amor revelaria uma brecha de caráter e uma mácula de imperfeição na personalidade de Deus.

Dessa forma, a título de ilustração, ações como "Deus se irar", "Deus preferir", "Deus se vingar", "Deus vai punir", definitivamente, não correspondem realmente à personalidade divina, porque são falhas de caráter, são paixões. Nós temos paixões, mas Deus não! Além dessas, características anteriormente citadas, como as de pai repressor, austero e vingativo que muitos Lhe atribuem também não condizem com o que se espera do Criador; combinam, por outro lado, tão somente, com a aplicação de um dos mais poderosos e eficazes métodos de dominação utilizado durante toda a história por governantes e instituições religiosas: o medo!

Comparemos Deus a um pai com todos os atributos necessários à perfeição. Não se admite, pela lógica, que um pai sem quaisquer defeitos ou paixões sinta prazer em castigar o filho que errou; utilize-se de qualquer meio para forçar o filho ao caminho que supõe correto e que não acolha seu filho, por mais errado que possa ter estado, após um arrependido e fervoroso pedido de perdão.

O pai perfeito é, sobretudo, bom! Chama a atenção de seu filho com a intenção de mostrar-lhe o certo e o errado, não para humilhá-lo ou vê-lo sofrer. Não se compraz na sua dor, embora, caso suponha útil ao aprendizado, não o afaste dos espinhos que, por sua própria teimosia e ignorância, tenha plantado em seu caminho, a fim de que, ao término da travessia, tenha de fato aprendido, ainda que pelo sofrimento, o caminho da retidão espiritual. Se o filho torna a cair em erro, avisa-o, quantas vezes forem necessárias, do engano que está cometendo, mas não o obriga a mudar de rumo, pois respeita seu livre-arbítrio e espera que, ao perceber o erro, retorne por sua própria vontade, sendo, então, laureado com honras e méritos proporcionais às dificuldades que tiver encontrado no retorno. Enquanto o filho estiver longe da retidão, vela por ele sem que ele perceba, para não intervir na sua vontade e diminuir suas chances de aprendizado.

Além dessa característica principal – a perfeição –, outros atributos divinos nos são apresentados pela reflexão lógica acerca da personalidade do Criador:

• *eternidade e atemporalidade* – o Criador nunca teve um início, pois, se assim fosse, teria surgido, forçosamente do "nada" ou teria sido criado por outro ser. Ora, o "nada" não possui inteligência nem cria qualquer coisa, pois simplesmente é a negação da existência; se Deus tivesse sido criado por outrem, este último é que deveria ser considerado o verdadeiro Deus a ser analisado. Deus é atemporal por situar-se fora dos conceitos humanos de tempo e dele não depender para existir, uma vez que o próprio tempo não existia antes de Deus dar início à Criação;

• *imutabilidade* – uma vez que todo o conhecimento é de domínio do Criador, não pode Ele pensar e agir de determinada forma em um instante e de outra no instante seguinte. Mudamos nossa opinião quando aprendemos algo novo ou quando uma situação nos traz novas reflexões, mas tendo Deus o conhecimento pleno de tudo o que existe, existiu e existirá, nada para Ele pode ser novo ou surpreendente; nada pode alterar sua opinião. Além do mais, se Deus fosse mutável, instável também seriam todas as leis que regem o Universo e toda a Criação;

• *imaterialidade* – se Deus fosse matéria, estaria sujeito às transformações a que ela está sujeita, não sendo, portanto, imutável. Deus é, outrossim, de natureza superior à nossa capacidade de compreensão, totalmente imaterial, o que não quer dizer que não possa se expressar dessa forma quando assim julgar conveniente;

• *unicidade* – se houvesse mais de um Deus, não seriam o Universo e a Criação obras perfeitas e unas. Haveria em algum ponto discrepância de ordenações e conflitos generalizados nas leis físicas que regem a matéria;

• *onipotência* – se tudo é obra de Deus, então Ele tem poder sobre tudo o que criou. Se não tivesse, além da geração do caos, pressupor-se-ia a possibilidade de alguém vir a estender seu domínio sobre o que não estivesse sob Seu poder e tornar-se mais poderoso que o Criador;

• *onipresença* – sua natureza imaterial e onipotente garante que esteja presente em todos os cantos de sua criação, simultaneamente;

• *onisciência* – característica oriunda diretamente de sua onipresença;

• *justiça e bondade soberanas* – se Deus é tão sábio e perfeito, não pode ser Ele parcial ou com falhas de caráter. Necessariamente tem que ser equânime e pleno de bondade. E é de sua justiça e bondade soberanas que vêm todas as leis que regulam a evolução dos Espíritos, como, por exemplo, a Lei de Causa e Efeito, a Lei das Reencarnações etc.

E aí vem a pergunta: a forma como entendemos Deus hoje é correta? Não! Podemos dizer que é mais correta que a forma como víamos no passado, porque evoluímos, mudamos nossa forma de entender as coisas. No entanto, apesar de ser mais correta que no passado, ainda está muito aquém do que Ele realmente é. Só que não temos condições, por enquanto, de entendê-lo de uma outra maneira.

Deus colocou em cada um dos seus filhos a bússola indicadora do caminho da perfeição, a única estrada que a Ele conduz. Trata-se de um guardião atento e sempre disposto a indicar a melhor forma de se lidar com os problemas do dia a dia. Chama-se consciência! Entretanto, dada nossa atual imperfeição, muitas vezes tentamos fazer calar esse pequeno interlocutor amigo, sufocando suas opiniões ou desprezando suas palavras, principalmente quando trazem mensagens que intimidam as nossas paixões ou exigem esforço um pouco maior de nossa parte. Além da consciência própria, Deus, muitas vezes, também se utiliza da consciência de outros Espíritos na figura de amigos, sacerdotes e mesmo desconhecidos para tentar nos mostrar o melhor caminho a ser seguido.

## Nomes de Deus

Deus é conhecido por muitos nomes; tão variados quanto o número de nações e línguas do planeta, não importando, na verdade, o modo como seja designado. Da mesma forma que o pai perfeito, Ele não impõe limites de tratamento ao seu filho. Alá, Jeová, Krishna, Tupã, Dios, Zâmbi (banto), Olorum ou Olodumare (iorubá), ou simplesmente Deus. Não importa! Trata-se do mesmo ser, do mesmo criador! Ouve-se, ainda nos dias atuais, expressões como "o meu Deus é Jeová, e não Olorum!" Tais expressões refletem a resistência e a aversão a culturas diferentes, uma vez que o que muda é apenas o nome, mas não a entidade! O Deus é o mesmo. Expressões como "o meu Deus" são puramente fundamentadas em culturas de segregação e partidarismo e nunca em uma consciência real de fraternidade e espiritualidade.

Na Umbanda, geralmente trata-se Deus por "Zâmbi", originado de "Nzambi" que, em linguagem banto, significa literalmente "a força originária de todas as coisas, de todas as energias, a suprema bondade e perfeição".

## A trindade

Não apenas o tradicionalismo cristão atribui uma personalidade triúna ao ser de Deus na forma da Santíssima Trindade (Pai, Filho e Espírito Santo). Diversas outras filosofias e correntes religiosas também o fazem, embora, obviamente, não sob a mesma ótica. Religiões hinduístas, por exemplo, de modo semelhante, acreditam na "Sagrada Trimurti", manifestação divina sob as formas de Shiva, Vishnu e Brahman; os tupis-guaranis adoravam Tupã, um Deus único supremo, mas acreditavam na existência de uma Trindade Manifestadora do Poder Divino – Guaracy, Yacy e Rudá –, que simbolizava o poder gerante, o poder gestante e o poder gerado.

A Umbanda, por sua vez, aceita o entendimento de Deus (Zâmbi) como a união mística e onipresente, onisciente e onipotente de três personalidades em uma, nas pessoas de Obatalá, Oxalá e Oduduwa, às quais, convencionalmente, são atribuídas funções que fazem lembrar tanto o entendimento cristão quanto o dos índios tupis e, ainda, conceitos transmitidos em lendas africanas.[2] Aceita-se, assim, em linhas gerais, que quando há o desejo criador, a vontade de gerar, manifesta-se a primeira pessoa (Obatalá); quando há, efetivamente, a criação, manifesta-se a segunda (Oxalá); e quando ocorre a manutenção e o desenvolvimento do que fora gerado, surge a terceira (Oduduwa).

Em muitos pontos, as lendas africanas não são suficientemente claras. Acredita-se que a complexidade do conceito de um ser triúno, composto por três personalidades distintas e ao mesmo tempo sendo a mesma entidade, possa ter contribuído para que alguns conceitos se fundissem e originassem algumas controvérsias quanto à individualidade de cada uma dessas personagens, denominadas – a depender da nação em que eram cultuadas – de Olodumare, Ifá, Orumilá, Olofin e Olorum.

Algumas correntes não fazem distinção entre as figuras de Olodumare e Olorum; outras também acreditam que entre Orumilá e Olofin não há diferenças. Tais controvérsias são puramente compreensíveis e aceitáveis, quando se analisa as culturas ancestrais, e não chegam a afetar o conceito tríplice do ser divino, uma vez que podem ocorrer confusões quanto à denominação de cada uma das pessoas da trindade, mas não quanto à importância e função. A forma muda, mas a essência permanece a mesma.

À parte as considerações expostas, tradicionalmente subdivide-se a personalidade do ser de Deus – também chamado de Zâmbi, Olorum, Olofin ou Olodumare – em Obatalá (1ª pessoa), Oxalá ou Orixalá (2ª pessoa) e Oduduwa ou Orumilá (3ª pessoa). Contudo, reiteramos, pouco importa o nome, prevalecendo, sobretudo, a importância das funções desempenhadas por cada uma das pessoas da Trindade.

---

2 Note, leitor, que a Umbanda consolida em sua doutrina concepções oriundas das raças branca, indígena e negra, confirmando sua tendência universalista.

## Deuses e Orixás: uma pitada de reflexão!

Você já parou para pensar como devia ser difícil para os povos da antiguidade conseguirem entender Deus como uma figura única, onipresente, onipotente e onisciente? Esse conceito, afinal, é muito mais abstrato – e, portanto, de difícil entendimento – que outros baseados naquilo que se consegue enxergar. E o que os povos antigos conseguiam ver e perceber era somente o que acontecia a sua volta: o rio que corria placidamente, os ciclos das chuvas que traziam prosperidade ou desgraça, o movimento do mar, os perigos das florestas, o fogo trazido pelo relâmpago, as doenças que dizimavam as aldeias etc. Dessa forma, era nos fenômenos da natureza que conseguiam entender a existência de Deus; mas não de apenas um Deus, e sim de tantos quantos fossem os fenômenos que pudessem observar, afinal era mais fácil entender que cada fenômeno era provocado por uma determinada inteligência que compreender que *tudo* estaria sob o controle de um único Deus todo-poderoso.

Sendo assim, a maioria dos povos antigos considerava a existência de uma certa quantidade de deuses, variando entre 15 e 60, dependendo de cada cultura. Era assim entre os gregos, os romanos, os povos nórdicos, os egípcios, os nativos havaianos, os aborígenes da Austrália e os indígenas do Brasil. Já para os povos africanos, havia cerca de 600 divindades. Alguns chegam a falar em 4.000. Para os indianos, o número aumenta um pouquinho. Sobe para 330 milhões (sim, é isso mesmo! Não está escrito errado, não!). O que determinava a quantidade de deuses de cada cultura era sua capacidade de observar as relações humanas ou os fenômenos da natureza e de atribuir para cada um deles uma personalidade divina que os governasse. Povos mais observadores ou mais místicos, como o indiano, por exemplo, baseavam suas crenças em panteões mais numerosos, ao contrário de outros com menor capacidade criativa.

Ademais, embora possa haver, em diferentes culturas, deuses que atuem sobre o mesmo elemento da natureza (mar, matas, rios...) ou sobre os mesmos tipos de relações humanas (caça, guerra, amor...), há dois pontos que os distinguem claramente: sua forma e sua origem mítica.

Quanto à sua forma ou aparência, *cada cultura cria seus deuses à sua imagem e semelhança*. Assim, deuses nórdicos são altos, loiros ou ruivos, de olhos azuis e possuem nomes construídos sobre antigos idiomas vikings. Deuses hindus possuem aparência semelhante às etnias indianas, e seus nomes são pronunciados em devanágari, língua oriunda do sânscrito. Deuses dos nossos índios brasileiros aparentam fisionomia indígena e possuem nomes em nheengatu (ou tupi antigo), assim como as divindades africanas são todas negras e seus nomes são em iorubá, fon, banto ou outro idioma daquele continente.

Em relação à sua origem mítica, ao construir a figura de seus deuses, cada povo criou lendas próprias, visando justificar sua existência. Os deuses do Japão antigo nasceram com base em dois imperadores ancestrais: o homem Izanagi e a mulher Izanami; os deuses havaianos nasceram da deusa vulcânica Pelé; os deuses gregos, de Gaia e Urano; e os africanos, da união de Oxalá com Iemanjá ou de ancestrais humanos que foram divinizados devido a um grande feito ou a um rompante emocional excessivo. Enfim: mitos! Alguns deles puramente imateriais, outros misturando lendas a possíveis ancestrais humanos, como o mito japonês do casal de imperadores e os mitos africanos que divinizaram antepassados teoricamente reais. Mitos criados por povos diversos, com a única finalidade de criar um passado, uma história que explicasse à comunidade as qualidades, os poderes e os arquétipos de cada divindade e que servisse, também, para justificar sua existência no futuro, fazendo-os serem entendidos como reais pelos seus descendentes.

Então, se temos panteões de deuses criados à nossa imagem e semelhança e cercados de mitos para justificar sua existência, o que há de real em tudo isso? O que não é criação da mente humana? Verdadeiramente, o que há de real e que não foi inventado pelos antigos é o fato de que *há um único Deus, e Ele atua sobre todas as relações humanas e sobre todo e qualquer fenômeno da natureza, irradiando constantemente, sobre tudo o que existe, suas vibrações de amor e seu poder criativo!* Isso é tudo! Essa é a única verdade consistente.

E como podemos ter certeza de que os mitos não podem ser reais e de que só existe um único Deus? Em primeiro lugar, se houvesse mais de um Deus e, por conseguinte, várias inteligências todo-poderosas agindo de acordo com sua própria vontade, em algum momento haveria conflito de interesses e, pelas disputas geradas, haveria o caos e a destruição de todo o Universo.

Ah, mas e se todos obedecessem a uma única inteligência, a um "Deus maior", que determinasse como as coisas têm que acontecer? Nesse caso, esse seria o Deus verdadeiro, e voltaríamos ao princípio de que há somente um Deus todo-poderoso.

Por que um ancestral não poderia ter sido divinizado em um momento de grande intensidade emocional, como dizem os mitos e as lendas (itans)? Simples: uma vez que a evolução de todos os Espíritos é lenta e progressiva, não há, portanto, lógica nem possibilidade de alguém se tornar divino devido a um rompante de cólera, de tristeza ou de paixão, como contam as lendas dos Orixás. Seria injustiça com todos os Espíritos que, ao longo de encarnações e encarnações, têm que aprender a lutar contra suas paixões, sofrendo e buscando o paulatino aperfeiçoamento espiritual. Seria um contrassenso às leis do carma e de evolução. E mais, se isso acontecesse, seria o atestado de que Deus seria injusto. E se Deus fosse injusto, não seria perfeito; e não sendo perfeito, não seria Deus. Simples assim!

Desse modo, poderia alguém perguntar, "então, Orixá não existe?" Quem disse que não existe? No entanto, é bom que se distinga: existe o *Orixá mítico*, aquele gerado da criatividade dos antigos e cujas origens e existência são fundamentadas em lendas ancestrais, tais como quaisquer outras lendas de outras culturas que também tenham criado suas próprias divindades, e existe o *Orixá real*, personalidade *imanente* de Deus.

A palavra "imanente" significa: "que faz parte de maneira inseparável da essência de um ser ou de um objeto; inerente". Isso significa que o *Orixá imanente* de Deus é *parte dele*, de um *único* Deus, mas que pode ser percebido de formas diferentes conforme suas várias formas de atuação.

Quando acontece um trovão, embora seja manifestação do poder do Deus único, o percebemos (Deus), naquele momento, como o criador daquele trovão ou, em outras palavras, como o "Senhor do Trovão", e o denominamos, na Umbanda – por nossa tradição religiosa, herdada, em parte, das tradições africanas – de Xangô. Quando observamos o mar, estamos observando a atuação ainda do mesmo Deus, mas agora o percebemos como a força regente dos oceanos, a qual denominamos Iemanjá, e assim por diante.

Costumamos dizer, para facilitar o entendimento, que esse conceito é o mesmo que usamos em nossa vida cotidiana. Embora você seja uma única pessoa, com uma única personalidade, você causa impressões diferentes em quem o rodeia, dependendo do que estiver fazendo. Quando está em família, você é o "Fulano Família", cujo comportamento é mais descontraído, despojado e tranquilo; quando está no trabalho, você é o "Fulano Trabalho", que se comporta diferente do primeiro, com maior concentração e menos excessos, porque as circunstâncias assim exigem. Se vai a um velório, manifesta sua personalidade "Fulano Velório", com outro comportamento, diferente dos dois anteriores.

Enfim, embora cada um de nós seja único e tenha uma única personalidade, quando realizamos determinadas atividades nos adequamos às suas necessidades e agimos de forma dedicada a elas. Assim também é Deus. Embora seja único, seu poder se expressa diferentemente em cada ação que manifesta na natureza ou na regência das atividades humanas.

Se, desconsiderando o que é mito, restam apenas os Orixás que são "partes" de Deus, quem é que recebemos em nossas giras de Umbanda? Bom, sabendo que o *Orixá real* é uma irradiação divina porque é parte inerente de Deus, fica fácil discernir que *ninguém* incorpora Orixá, porque ninguém pode receber Deus, por mais que acredite nisso! Quem recebemos são Espíritos em alto grau de evolução que se adéquam às vibrações daquela irradiação e a representam, compondo um personagem arquetípico cuja forma de apresentação, dança, comportamento e modo de trabalho correspondem ao que esperamos daquela manifestação.

Exemplificando de outra forma: as atividades humanas de ser persistente, brigar, lutar por um ideal e guerrear, como quaisquer outras atividades, são também regidas por Deus, que irradia sobre nós, no momento em que as realizamos, uma vibração específica que estimula esses sentimentos de impulso, persistência e luta. A essa vibração, chamamos "Ogum".

Quando estamos em uma gira de Umbanda buscando o contato com o Orixá Ogum, entramos em sintonia direta com essa irradiação divina, e determinados Espíritos habilitados em representá-la e transmiti-la se aproximam de nós, para, dentre outras coisas, nos facilitar a absorção dessas vibrações. Quando os incorporamos, o comportamento que desenvolvem é aquele que, arquetipicamente, reflete o comportamento próprio do guerreiro, gesticulando como se portassem uma espada, caminhando com passos seguros, bradando destemidamente e apresentando-se, inclusive, aos médiuns videntes, com essa caracterização perispiritual.

Esses Espíritos chamamos também de Oguns, embora saibamos que são apenas seus *falangeiros*, ou seja, Espíritos que pertencem à falange – ou grupo – de trabalhadores espirituais que atuam dentro da vibração divina (irradiada de Deus) denominada Ogum. Isso também se aplica a qualquer outro Orixá. Espíritos elevados os representam, trazendo até nós as vibrações divinas correspondentes e facilitando sua absorção pelos nossos chacras enquanto estão incorporados.

Cabe aqui lembrar que não nos interessa contestar a fé de ninguém; afinal, cada um entende conforme sua consciência consegue alcançar. Os povos antigos só conseguiam acreditar em forças divinas se elas fossem explicadas e justificadas por intermédio dos mitos. Ainda hoje, há muitas pessoas e religiões que também necessitam manter a crença nas lendas.

Nos templos de Umbanda, contudo, de regra geral, há um crescente movimento em prol da reinterpretação de alguns conceitos, procurando dar-lhes entendimento mais racional e menos mítico, como percebido em algumas escolas umbandistas, a exemplo da "Umbanda Esotérica", de Matta e Silva, e do que prega a "Umbanda Divina", em que procuramos desmistificar alguns conceitos, abordando-os, tanto quanto possível, sob a ótica da razão. Essa mesma razão nos lembra que:

• uma vez que a evolução de todos os Espíritos é lenta e progressiva, não há, portanto, lógica nem possibilidade de alguém se tornar divino devido a um rompante de cólera, de tristeza ou de paixão, como contam as lendas dos Orixás. Seria injustiça com todos os Espíritos que, ao longo de encarnações e encarnações, aprendem a lutar contra suas paixões, buscando o paulatino aperfeiçoamento espiritual. Seria um contrassenso às leis do carma e de evolução;

• nenhum ser realmente divino pode possuir paixões como vaidade, orgulho, ira etc., como atestam as lendas africanas dos Orixás. Se algum ser divino possuísse uma paixão que fosse, seria, por isso, imperfeito e, sendo imperfeito, não poderia ser divino! A existência de uma única imperfeição em um "Deus" pressuporia a possibilidade de haver alguém que não a tivesse e que pudesse ser, portanto, mais perfeito que Ele. Havendo alguém assim, esse é que seria o verdadeiro Deus;

• não há a possibilidade da existência de vários deuses, pois seria impossível haver múltiplas inteligências todo-poderosas a governarem o mundo e o Universo, movidas por suas próprias vontades, sem uma direção superior. Caso assim fosse, em algum momento haveria desacordo de ideias e conflitos titânicos, e o caos estaria instalado, destruindo todo o Cosmos. Havendo uma direção superior, quem a exercesse passaria a ser o real todo-poderoso e, por conseguinte, o verdadeiro e único Deus;

• seres divinos não podem ser antropomorfizados, porque Deus não possui raça, etnia nem forma humana. Se possuísse, demonstraria predileção por determinado povo, o que seria incondizente com os conceitos de justiça, equanimidade e perfeição. Não sendo justo e perfeito, não seria Deus;

• não é possível a incorporação mediúnica de Deus ou de deuses, por uma simples questão de lógica: nosso organismo perispiritual, nossa mente e nosso campo vibratório não suportariam nem se sintonizariam com uma consciência de magnitude infinita.

Com base em análises simples como essas, em que a justiça, a bondade e a perfeição divinas *não são* colocadas de lado em prol da crença cega em mitos do passado, é que em nossa visão doutrinária:

• existe apenas um único Deus;

• este único Deus atua sobre tudo e sobre todos constantemente, irradiando suas vibrações de amor e poder;

• a cada tipo de vibração irradiada de Deus, podemos dar um nome específico que a identifique;

• na Umbanda, essas vibrações são chamadas de "Orixás" e recebem nomes de antigas divindades africanas, mas poderíamos, caso quiséssemos, denominá-las com outras nomenclaturas;

• ninguém incorpora diretamente essas vibrações (ou Orixás) pelo simples fato de que ninguém recebe Deus;

• dentro dos terreiros, essas vibrações divinas (ou Orixás) são representadas por Espíritos de maior evolução que, ao se aproximarem, facilitam-nos a absorção dessas irradiações. Tais Espíritos são chamados de falangeiros dessas vibrações ou desses Orixás;

• os falangeiros se comportam, trabalham, dançam e atuam de forma característica, como esperamos de quem possua o arquétipo próprio daquele Orixá;

• em algumas ocasiões, os falangeiros se apresentam simplesmente como falangeiros, mas podem se identificar como Caboclos ou mesmo como Orixás;

• todos os trabalhos energéticos realizados na Umbanda visam facilitar a captação de alguma vibração divina (Orixá) ou o descarrego de forças negativas, buscando o equilíbrio do médium.

Em suma, os Orixás são imanências divinas, partes integrantes do aspecto criador de Deus correlacionadas a cada elemento existente na natureza e aos seres humanos. Controlam vibrações e energias da natureza e, em alguns casos, mais de um tipo delas.

Por serem "partes imanentes" do Criador, *não são* "deuses" nem tampouco Espíritos, mas faces diferentes do mesmo Deus. São, portanto, vibrações divinas que – nos terreiros – são representadas por Espíritos de grande alcance consciencial que atuam em legiões e falanges de trabalho dentro de cada uma dessas vibrações.

Encerramos este subcapítulo com uma necessária reflexão: a verdade existe; mas todos ainda estamos distantes de compreendê-la em sua plenitude. Até lá, vamos nos despindo, aos poucos, dos pequenos enganos que a disfarçam. Contudo, independentemente de querermos ou não e de aceitarmos ou não, a verdade está lá na nossa frente, e só a enxergaremos quando usarmos a razão e quando a quisermos enxergar!

## Origem dos Orixás com as formas e os nomes conhecidos atualmente

Como vimos, o conhecimento arquetípico das forças da natureza e dos seres que as dominam não é exclusividade ou privilégio das sociedades africanas. Alguns povos do passado já os conheciam e, na maioria das vezes, os veneravam sob o título de deuses. Imputavam-lhes paixões tipicamente humanas e achavam que os "deuses" dispunham-se constantemente a satisfazer todo e qualquer tipo de desejos, por mais torpes que fossem, em resposta ao culto em seu nome. Criavam lendas e histórias capazes de explicar o caráter passional que atribuíam a cada uma dessas entidades. Gregos, romanos, escandinavos, indianos, maias, astecas e africanos, de modo geral, foram alguns dos povos que mantiveram contato com os Espíritos da natureza. Uns de maneira mais espiritualizada, outros de modo mais materialista e egocentrista.

No Brasil, a liturgia e o culto aos Orixás, bem como sua aparência e seu temperamento, foram herdados do conhecimento dos negros que chegaram ao país na condição de escravos. Dos negros também assimilamos os nomes, as oferendas e algumas indumentárias. Se o Brasil tivesse sido colonizado pelos nórdicos, o culto aos Espíritos da natureza certamente se daria de forma completamente diferente, a começar pelo nome (Orixá é palavra iorubá), embora os Espíritos de falangeiros pudessem ser os mesmos. Nesse caso, ao invés de Oxalá, se cultuaria Odin, por exemplo.

Na própria África, o culto aos Orixás sofria variações de nação para nação. Alguns Orixás eram conhecidos em determinada região e totalmente desconhecidos em outras. Havia Orixás conhecidos em uma nação por um nome e em outra nação por outro. Muitas nações foram trazidas para o Brasil na época da escravidão, e com elas veio o conhecimento, a cultura do seu povo e os rituais de culto aos Orixás. As principais nações que migraram para terras brasileiras foram:

- Nagô ou iorubá (Ketu, Ijexá, Oyó, Abeokutá, Ebá e Benin);
- Jeje ou Dahomeanos (Mina, Fanti-Axanti, Mahin e outros);
- Malês ou Mossurubi;
- Angola;
- Congo;
- Cabinda;
- Moçambique.

Destes, três categorias ou nações se destacaram:
- povos fons ou Nação Jeje;
- povos iorubás ou Nação Nagô;
- povos bantos ou Nação Angola.

A palavra "Orixá" é de origem ketu, ou seja, iorubá. Na nação de Angola, as divindades semelhantes aos Orixás são conhecidas por "Inkices", e na nação de Jeje por "Voduns". Para melhor compreensão, nesta obra, foram adotados, de modo geral, o termo "Orixá" e suas respectivas denominações iorubás (mais conhecidas).

## Povos fons ou nação Jeje

A palavra "jeje" tem origem no vocábulo iorubá "adjeje", que significa estrangeiro, forasteiro. Na verdade, não existe e nunca existiu nenhuma nação Jeje, em termos políticos, pois jeje era o nome dado de forma pejorativa pelos iorubás aos povos fons que habitavam o leste (povos Mahins), o sul (povos Saluvá ou Savalu, onde se cultuava Nanã), o oeste (povos do Abomei) e o norte (povos Axantis) da região do Dahomé (Dan = Serpente Sagrada, Homé = Terra de; Dahomé = Terra da Serpente Sagrada). Enumeravam-se em muitas tribos e idiomas, como: Axantis, Minas, Gans, Agonis, Popós, Crus etc. que cultuavam, todavia, de regra geral, os mesmos Voduns.

Os primeiros negros jeje chegados ao Brasil entraram por São Luís do Maranhão e de São Luís desceram para Salvador, Bahia, e de lá para Cachoeira de São Félix (Bahia). Mais tarde migraram para o Amazonas e, bem depois, para o Rio de Janeiro. Em 1796, foi fundado no Maranhão o culto Mina Jeje pelos negros fons vindos de Abomei, a então capital de Dahomé, atual República Popular de Benin. A família real fon trouxe consigo, além do culto aos Voduns, o culto à Dan, a Serpente Sagrada. Uma grande Nochê ou Sacerdotisa do culto Mina-Jeje foi Mãe Andresa, última princesa de linhagem direta fon que nasceu em 1850 e morreu em 1954, com 104 anos de vida.

A maioria dos Voduns jeje originou-se de Ajudá, vindo, porém, seu culto desenvolver-se apenas ao chegar à região do Dahomé. O culto da serpente Dang-bi, ou simplesmente Dan, é um exemplo. Nasceu em Ajudá, foi trasladado para o Dahomé, desenvolveu-se, atravessando o Atlântico e chegando até as Antilhas e ao Norte do Brasil. Muitos conceitos referentes a Voduns não chegaram a se fundir com os Orixás dos iorubás, acabando por desaparecer totalmente. Os Voduns Jeje que chegaram aos dias de hoje se dividem em três grandes blocos: os que caracterizam a terra (Voduns Caviunos), os que caracterizam a superfície da terra (Voduns Heviosso) e os que caracterizam as águas (Voduns Aziris).

Os que caracterizam a terra – Voduns Caviunos – têm origem no povo Jeje Mahin, e são os Voduns Azanssun (Omolu), Nanã, Becém (Oxumarê), Aguê (Ossâin) e Loko (Tempo ou Iroco). O Vodum Loko estabelece a união entre os Voduns Caviunos (da terra) e os Voduns Heviosso (da nata da terra), uma vez que, apesar de pertencerem a terra também têm ligação com os astros por serem representados pela árvore sagrada – gameleira branca –, que possui raízes profundas, mas se estende para o céu. Seus filhos são chamados "lokoses".

São Voduns da família Heviosso os Voduns Mawu-Lissá (Oxalá), Sogbô (Xangô), Badé, Averekete (Vodum do trovão, filho de Aguê e Anaite) e Ayzain, o protetor da Azan, que em dialeto jeje significa "esteira".

Os Voduns da terceira família, Aziri, correspondem às iabás da cultura iorubá, tendo a sua regência nas águas. Pertencem a essa família os Voduns Aziri Tobosse (Iemanjá), Aziri Tolá (Oxum) e Anaite.

## Povos iorubás ou nação Nagô

O culto dos Orixás pelos povos iorubás ou nagôs remonta de muitos séculos, talvez sendo um dos mais antigos cultos religiosos de toda história. Tem por objetivo principal o equilíbrio entre o ser humano e as entidades denominadas Orixás. A religião de Orixá tem por base ensinamentos que são passados de geração a geração de forma oral. Basicamente, o culto iorubá baseia-se na crença em:

- Olorum – Senhor Supremo ou Deus todo-poderoso;
- Olodumare – Senhor do Destino;
- Orumilá – Orixá da sabedoria (Senhor do Oráculo de Ifá);
- Orixá – responsável pela comunicação entre Olodumare e os homens;
- Egungun – Espíritos dos ancestrais, os mortos.

Quando, ainda na África, os iorubás guerrearam com os povos jejes e perderam a batalha, foram feitos seus escravos e vendidos para o Brasil. Já em terras brasileiras, foram apelidados pelos negros fons (jejes), que aqui também se encontravam escravizados, de "anagôs", que na língua fon significa "piolhentos" e "sujos", dentre outros adjetivos. A palavra com o tempo se modificou e ficou nàgó e passou a ser aceita pelos povos iorubás no Brasil, para definir suas origens e uma forma de culto.

Na verdade, assim como com os povos jejes, não existe nenhuma nação política denominada nàgó. No Brasil, a palavra "nàgó" passou a denominar os Candomblés também de Xamba da região Norte, mais conhecido como Xangô do Nordeste. Os Candomblés da Bahia e do Rio de Janeiro passaram a ser chamados de Nação Ketu com raízes iorubás. No entanto, existem variações de Nações, por exemplo, Candomblé da Nação Efan e Candomblé da Nação Ijexá. Efan é uma cidade da região de Ilexá próxima a Osobô e ao Rio Oxum. Ijexá não é uma nação política, e sim o nome dado às pessoas que nascem ou vivem na região de Ilexá. O que caracteriza a Nação Ijexá no Brasil é a posição que desfruta Oxum como a rainha dessa nação.

A maior parte do conhecimento acerca dos Orixás iorubás e suas características são conhecidas graças aos "itans", lendas que narram os enigmas que envolvem os Orixás, justificam determinados rituais e que auxiliam a vida do ser humano pelos exemplos contidos em suas narrativas.

Para os iorubás, a origem dos Orixás remonta à própria criação do mundo, e o itan que narra essa passagem conta também como eles teriam surgido; pois, quando Olorum, senhor do Infinito, criou o Universo com seu ófu-rufú, mimó, ou hálito sagrado, criou junto uma enorme quantidade de seres imateriais que povoaram o Universo. Esses seres seriam, segundo os iorubás, os próprios Orixás que foram dotados de grandes poderes sobre os elementos da natureza. Em verdade, os Orixás são emanações vindas de Olorum, com domínio sobre os quatro elementos: fogo, água, terra e ar, e ainda dominando os reinos vegetal e animal, com representações dos aspectos masculino e feminino, ou seja, para todos os fenômenos e acidentes naturais existe um Orixá regente.

Pelo processo de constituição física e diante das leis de afinidades, cada ser humano, segundo suas crenças, possui um ou mais Orixás como protetores de sua vida, a eles sendo destinados formas diversas de culto. Quando se fala de Orixá dentro da cultura iorubá, fala-se de uma força pura, geradora de uma série de fatores predominantes na vida de uma pessoa e na natureza.

Os iorubás evocam a presença dos seus Orixás por meio de uma série de palavras, chamadas saudações, que lembram, geralmente, passagens de seus itans ou características próprias. O quadro, a seguir, apresenta algumas delas.

| Orixá | Saudação | Significado |
|---|---|---|
| Exu | Kóbà Lároyè | Aquele que é muito falante |
| Ogum | Pàtakorí | Exterminador, cortador de cabeça |
| | Ogunhê | Olá, Ogum |
| Oxóssi | Ará Unse Kòke Ode | Guardador do corpo e caçador |
| Xangô | Kawó-Kábièsílé | Venham ver o Rei descer sobre a terra |
| Oxum | Orà Yè Yé Ofyderímàn | Salve, mãezinha doce, muito doce |
| Iansã/Oyá | Èpàrèi | Venha, meu servo |
| Obá | Obá Xirêe | Rainha da festa |
| Ewá | Ri Ro Ewá | Corra, Ewá! |
| Omolu e Obaluaiê | Atótóo | Silêncio |
| Iemanjá | Èru Ìyá | Senhora do cavalo marinho |
| | Odó Ìyá | Senhora das águas |
| Oxumarê | Arrum Bobo | Senhor de águas supremas |
| Nanã | Sálùbá | Pantaneira |
| Oxalá | Esè Epa Bàbá | Você faz, obrigado Pai |

## Povos bantos ou Nação Angola

O culto difundido pelos negros bantos ou da Nação de Angola, como é chamado o culto no Brasil, tem grande destaque na comunidade afro-brasileira, porém menor que o ocupado pelos cultos de origem jeje e iorubá. Esses povos, chamados bantos devido à língua que falavam, seguiam a tradição religiosa de lugares como: Casanje, Munjolo, Cabin-da, Luanda, entre outros, com uma liturgia particular e muito diferencia-da das demais.

Os iorubás (ou nagôs) – instalados originalmente na Bahia – e os je-jes (ou fons ou dahomeanos) foram as nações que mais se difundiram em solo brasileiro, mesclando seus conhecimentos entre si e com as outras nações de menor expressão. A maioria dos Orixás que se conhece hoje tem origem em uma dessas duas culturas.

- Oxalá – presente em ambas as culturas;
- Nanã Buruquê – dahomé;
- Oxumarê ou Dan – dahomé;
- Omolu e Obaluaiê ou Xapanã – dahomé;
- Iroco ou Loko ou Tempo ou Catende – dahomé;
- Iemanjá – iorubá;
- Iansã – iorubá;
- Oxum – iorubá;
- Obá – iorubá;
- Ewá – iorubá;
- Logunedé – iorubá;
- Xangô – iorubá;
- Ogum – iorubá;
- Oxóssi – iorubá;
- Ossâin – iorubá;
- Ibeji (Beijada) – iorubá;
- Exu – iorubá.

Todos os Orixás de origem dahomeana originaram-se – segundo a crença jeje – da união de Oxalá com Nanã Buruquê, enquanto os de ori-gem iorubá são resultado da união de Oxalá com Iemanjá, sendo exceção, todavia, Logunedé, originado da união direta das energias de Oxóssi e Oxum.

Com o passar do tempo, Orixás de uma nação foram assimilados por outras nações, algumas vezes permanecendo com o mesmo nome, mas, na maioria, mudando-os completamente, como abaixo descrito segundo as Nações Ketu (iorubá ou nagô), Jeje (fons ou dahomeanos) e Angola:

| Iorubá (Orixás) | Jeje (Voduns) | | Angola (Inkices) |
|---|---|---|---|
| | Jeje Mahin | Mina Jeje | |
| Exu | Elegbá | Legba | Bombogiro |
| Ogum | Gu | Toy Doçu | Nkosi-Mucumbe |
| Oxóssi | Otolú | Toy Azaká | Mutaka Lambo |
| Omolu | Azanssun | Acossi-Sakpatá | Cavungo |
| Xangô | Sogbô | Badé/Xadantã | Nizazi ou Luango |
| Ossâin | Águe | Aguê | Katende |
| Oyá ou Iansã | Guelede-Agan ou Vodun-Jó | Nochê Sogbô | Matamba ou Kaingo |
| Oxum | Aziri-Tolá | Naveorualina/ Navezuarin | Dandalunda |
| Iemanjá | Aziri-Tobosse | Abê Manjá | Samba Kalunga ou Kukuetu |
| Oxumarê | Becém | Boçukó/Boçalabê/ Dan/Dangbê | Angoro ou Ongolo |
| Oxalá | Lissá | Toy Lissá/Toy Arronoviçavá | Lemba |

## Esse Orixá não é de Umbanda...

Nesse ponto, relembramos – uma vez mais – a frase do sacerdote umbandista Alexandre Cumino que, além de sensacional, vai servir para continuar a dar o tom da nossa conversa. Diz ele: "A Umbanda não explica o Candomblé, assim como o Candomblé não explica a Umbanda!" Essa é uma frase simples, mas de grande significado. Como explicado anteriormente, ela quer dizer que uma religião *não tem autoridade nem competência* para falar o que é certo ou errado na outra, pois são religiões diferentes e com entendimentos diferentes, às vezes até sobre pontos *aparentemente* semelhantes.

Quando uma religião pretende interpretar o que acontece dentro de outra, usando, para isso, somente o que ela própria entende sobre determinado conceito, normalmente acontece a "miopia espiritual", que é a dificuldade de alcançar a visão que a outra religião tem sobre aquilo e de como tal conceito é entendido dentro daquele contexto litúrgico. Isso acontece, por exemplo, com alguns segmentos evangélicos que acham que detêm o *único* e *verdadeiro* entendimento sobre Deus. Baseados nessa certeza, ao olharem para outras religiões, não conseguem enxergar que o mesmo Deus possa também estar sendo nelas cultuado, porém com outra visão, com outro entendimento, de outra forma. Acham-se, portanto, os únicos capazes de lidar com a divindade, de entendê-la e de explicá-la. Como consequência, julgam-se *com autoridade e com competência* para decidir se a outra religião é capaz ou não de cultuar o verdadeiro Deus – e, normalmente, acham que não.

Semelhantemente, quando o assunto é "mediunidade" ou "Espíritos de luz", muitos espíritas kardecistas tentam imprimir sua interpretação – a kardequiana – ao que acontece na Umbanda, segundo sua própria ótica, seu próprio entendimento. Desse modo, concluem ser desnecessário o uso de rituais para a atuação mediúnica e imprópria a utilização de fumos e bebidas pelos nossos Guias espirituais. Na verdade, eles tentam "significar" o que acontece no terreiro de acordo com sua própria visão sobre aqueles conceitos e, obviamente, encontram dificuldades, visto que aqueles conceitos não possuem o mesmo significado na Umbanda e no Espiritismo kardecista.

Isso acontece também com conceitos utilizados pela Umbanda que, originalmente, eram presentes nas religiões das nações africanas, como o próprio conceito de "Orixá". Da mesma forma que os espíritas kardecistas tentam entender a mediunidade na Umbanda segundo sua própria ótica, muitos candomblecistas tentam imprimir à Umbanda o que eles próprios entendem como Orixá, e aí julgam-se capacitados a opinar se, no terreiro umbandista, há realmente incorporação de Orixá, se podem ser realizados estes ou aqueles ritos, se aquele Orixá pode ser cultuado ou não, se pode haver filho de determinado Orixá etc.

Esses candomblecistas caem no mesmo erro dos evangélicos citados mais acima, que acreditam que só existe uma forma de cultuar seu Deus e que somente eles detêm o conhecimento do que pode ou não pode ser feito para cultuá-lo. Esquecem-se que a Umbanda é uma *outra religião*, possui *outro* entendimento, portanto o conceito de Orixá foi ressignificado, não sendo mais idêntico ao do Candomblé. Dessa forma, só quem tem *competência* e *autoridade* para julgar o que é certo ou errado em relação ao tema é o próprio umbandista, pois só ele enxerga aquele conceito de dentro, com aquela visão, como a religião o entende e pratica. Da mesma forma, só o católico tem competência e autoridade para julgar se a forma como Deus está sendo cultuado em sua paróquia está ou não de acordo com o que prega a liturgia romana; e somente o evangélico pode dizer se a forma como outro crente pratica sua fé está ou não de acordo com o que sua congregação entende de Deus.

Em relação a Orixá, propriamente, vamos começar a destrinchar o entendimento, mas com o cuidado de deixar claro que estamos falando de umbandista para umbandista e que pessoas de outras crenças podem ter – e certamente têm – visões diferentes sobre esse mesmo tema. Tais visões estarão de acordo com o que a religião delas entende e são, portanto, aplicáveis e coerentes somente dentro dos seus templos e na realização de seus rituais, mas não representam a visão umbandista, sendo assim, não interferem no nosso entendimento.

Embora haja certo consenso em relação ao significado da palavra "Orixá" como "o dono do Ori", o conceito que ela representa, contudo, não possui, para nós, o mesmo sentido que possui em outras religiões ditas "de matriz africana". Lá, "Orixá" é entendido como um ser divino ou um ancestral que foi divinizado devido a um grande feito ou a um rompante emocional excessivo (acesso de fúria, amor etc.) e que, uma vez divinizado, passou a atuar sobre a natureza, tomando seus filhos pelo transe, quando invocado pelos chamados de determinados cânticos, rezas etc.

No entanto, falando do Orixá como visto pela Umbanda (e este texto se dirige a umbandistas, é bom realçar), temos que lembrar que acreditamos na evolução lenta e progressiva dos Espíritos, por meio de inúmeras reencarnações, caminhando sempre em direção à perfeição e libertando-se progressivamente de suas paixões e de seus apegos. Por essa razão, na Umbanda, não há o entendimento de que um grande acesso de fúria ou uma grande paixão possa tornar alguém divino. Nós, umbandistas, entendemos o Orixá como uma vibração "imanente" de Deus, que pertence a Ele e Dele se irradia sobre toda a Criação, de forma não personificada, não antropomórfica, que atua sobre os elementos da natureza e sobre a humanidade. Essa vibração é *representada* dentro das "giras de Umbanda" por Espíritos de grande nível evolutivo, que utilizam seu nome (o nome de "Orixá" dado àquela vibração), trabalham com suas energias, dançam e se apresentam dentro da sua forma arquetípica, que se identificam ora como seus "falangeiros" (ou representantes, mensageiros), ora como o próprio "Orixá tal".

Todos nós recebemos as influências de todas as vibrações irradiadas de Deus, pois, afinal, Ele as irradia amorosa e constantemente sobre toda a Criação. No entanto, devido à nossa personalidade, nosso jeito de ser e de encarar a vida, nossas preferências, qualidades e nossos defeitos, nossa essência e nossa individualidade, cada um de nós possui certa afinidade, em grau maior ou menor, com esta ou aquela vibração divina ou, em outras palavras, com este ou aquele Orixá. As vibrações com que temos maior afinidade ou sintonia são naturalmente captadas por nossos chacras – principalmente pelo coronário – em maior abundância que outras, sendo absorvidas em quantidade e intensidade maiores e exercendo sobre nós maior influência. Devido a isso, somos considerados "filhos" daquele Orixá.

Pessoas naturalmente guerreiras, inquietas, têm grande relação com a vibração divina chamada "Ogum"; pessoas maternais, com "Iemanjá"; justiceiras, com "Xangô"; e assim por diante. Logo, não temos determinada personalidade porque somos filhos daquele Orixá (aliás, isso seria uma ofensa ao livre-arbítrio), mas, pelo contrário, somos filhos daquele Orixá porque temos grande ligação com aquelas vibrações especificamente, em razão do nosso jeito de ser e de todas as características que identificam a nossa individualidade.

Esse conjunto de comportamentos que identifica a individualidade é denominado "arquétipo". Somos bilhões de seres encarnados no planeta atualmente, e nenhum é igual ao outro. No entanto, poderíamos subdividir toda a população mundial em grupos de pessoas com personalidades semelhantes (ou com muita coisa em comum). Cada grupo desses seria representado por um arquétipo e teria grande afinidade com determinada vibração divina ou Orixá. Assim, quantos grupos de arquétipos diferentes poderíamos formar? Milhares, centenas, dezenas ou apenas alguns, dependendo dos critérios estabelecidos. No conjunto dos filhos de um terreiro, por exemplo, a quantidade seria correspondente à quantidade de vibrações divinas ali conhecidas ou, em outras palavras, dos Orixás ali cultuados.

Lá na África existiam mais de seiscentos Orixás; aqui no Brasil, gira em torno de dezesseis conhecidos. Há terreiros de Umbanda que se sentem à vontade em trabalhar só com sete, outros com doze, outros com quatorze. Não importa! Se conhecêssemos duzentos, poderíamos utilizar duzentos arquétipos diferentes, duzentas vibrações divinas diferentes, duzentos Orixás diferentes; mas se conhecemos somente dez, utilizamos somente dez Orixás e agrupamos nossos filhos dentro dos arquétipos desses dez conhecidos.

No princípio da Umbanda, após sua oficialização pelas mãos do Caboclo das Sete Encruzilhadas, por falta de conhecimento ou mesmo por necessidade de ir devagar para firmar consistentemente as bases da religião, poucos Orixás eram cultuados; basicamente alguns de origem iorubá, como Ogum, Oxóssi, Iansã, Iemanjá, Oxum, Xangô e Oxalá, com arquétipos mais fáceis de serem entendidos que os dos voduns de origem jeje, por exemplo. Em momento posterior, Nanã também foi assimilada na Umbanda, abrindo os caminhos para a "importação" de outras figuras do panteão daomeano (jeje), que iriam, nas décadas seguintes, ser mais bem compreendidas e absorvidas pelos terreiros umbandistas.

Até meados da década de 1960, por exemplo, Omolu era tido como um Orixá negativo, e muitos umbandistas tinham medo até de falar seu nome; as pessoas tinham dúvidas se poderia ser considerado e cultuado na Umbanda. Hoje, ninguém mais discute isso, mas acreditem: na primeira metade do século XX, ele não fazia parte dos rituais umbandistas, tanto que no livro de Leal de Souza, chamado *O Espiritismo, a magia e as Sete Linhas de Umbanda*, publicado em 1933, assim como Nanã, Omolu nem mesmo foi pronunciado, da mesma forma que também não foi citado nos registros do 1º Congresso Brasileiro do Espiritismo de Umbanda, em 1941.

Depois de Omolu/Obaluaiê, o próximo a começar a ser admitido na Umbanda foi Oxumarê, mas somente a partir de meados da década de 1970 e, mais fortemente, a partir de 1990, embora, inicialmente, tenha sido muito confundido com as qualidades de Oxum. Até hoje, ainda não é unanimemente aceito pela totalidade dos terreiros umbandistas.

Nesse processo natural de crescimento do conhecimento, cada vez mais a Umbanda vai expandindo seus horizontes. Se, no princípio, somente os Orixás iorubás mais conhecidos eram cultuados, vindo depois alguns de origem jeje, como Nanã, Omolu e Oxumarê, hoje, outros Orixás começam também a ser conhecidos e absorvidos pelas correntes umbandistas, como Ewá, Obá, Logunedé, Ossâin e Iroco. E não há mal nenhum nisso! São apenas outras vibrações divinas, outros arquétipos, antes não identificados ou conhecidos pelos umbandistas. Só isso!

Contudo, nesse processo positivo de ampliação de conhecimentos, enquanto a "inclusão" de um Orixá não for completamente realizada, passando ele a ser legitimado como parte integrante da Umbanda – como já aconteceu com Nanã e com Omolu –, haverá ainda muitas dúvidas tanto por parte dos próprios umbandistas como de pessoas de outras correntes. Isso acontece hoje, por exemplo, com Oxumarê, cuja "importação", embora iniciada no século passado, ainda não está plenamente concluída, havendo ainda muitos templos de Umbanda que não o cultuam e que acabam encaminhando para tratamento em terreiros de Candomblé os filhos desse Orixá, com a explicação de que "seu santo é de nação".

Durante essa fase transitória, é comum também haver contestações de pessoas de outras correntes religiosas que não entendem a presença desse Orixá na Umbanda: "Esse Orixá é de Candomblé!"; "É impossível ser cuidado na Umbanda!"; "Ele só existe onde se usa tal folha!"; "É inadmissível que haja terreiros de Umbanda que o queiram cultuar!" Essas frases são escutadas com constância durante esse período de transição, como provavelmente também se falava de Omolu na época em que não era unanimemente admitido na gira umbandista. Na verdade – guardem o que vou dizer – *não existe Orixá de Umbanda ou de Candomblé!* Orixá é manifestação divina! É força da natureza! É vibração de Deus! Não é propriedade desta ou daquela religião! O que existe é falta de conhecimento sobre essas vibrações e os arquétipos correspondentes! Somente isso!

É perfeitamente compreensível que toda mudança tenha que vencer barreiras até se tornar de ampla aceitação. E não foi por outro motivo que Omolu demorou tanto para ser admitido na Umbanda. Oxumarê está ainda em fase de transição, e outros, como Ewá, Obá, Logunedé, Ossâin e Iroco, ainda levarão muitos anos – talvez décadas – para serem completamente absorvidos.

A Umbanda é uma religião dinâmica! Ela muda, cresce e se adapta conforme a necessidade e a possibilidade. Em suas bases está sua vocação universalista, congregando elementos originalmente pertencentes a outras tradições religiosas. Ao absorvê-los, atribui-lhes novos significados, de forma que os elementos importados do Catolicismo não possuem – na Umbanda – a mesma leitura que o católico entende na igreja; elementos oriundos do Espiritismo não são entendidos da mesma forma que nos centros espíritas, e elementos importados das nações africanas também são ressignificados, adaptados às práticas e ao entendimento do povo umbandista.

Olhar de fora, simplesmente com a visão de outra religião e querer determinar se este ou aquele Orixá pode ou não ser cultuado na Umbanda é agir, como já dissemos, de forma semelhante a alguns evangélicos que se sentem "proprietários de Deus" e que juram de pés juntos que é impossível Deus estar presente em religiões que não fazem o que eles fazem e como eles fazem! Aí, sendo assim, temos que concordar com o amigo Alexandre Cumino e sugerir que ninguém tente explicar o que não entende, sob o risco de ter a visão limitada pelo preconceito ou, em outras palavras, pela tal da "miopia espiritual".

## Orixás de energias simples, Orixás de energias mistas e Orixás em irradiação

Tendo explicado que, na visão umbandista, o conceito de Orixá é muito diferente que em outras religiões e que, para a Umbanda, Orixá é irradiação imanente de Deus, atuante sobre toda a natureza e sobre os relacionamentos humanos, fica mais fácil compreender que a força dos Orixás se estende sobre toda a criação em forma de energia, havendo tantos tipos de energias quanto são os tipos de elementos criados por Zâmbi.

Na natureza coexistem diversos elementos, como a água dos rios, a água dos mares, as folhas, a terra, o fogo, o ar etc., possuindo cada um deles sua própria e intrínseca energia pessoal. Normalmente, cada Orixá comanda um desses elementos pelo controle dessa sua energia íntima. Entretanto, a natureza não é estática; os elementos constantemente se misturam, formando novos compostos e novas energias.

Exemplificando por meio de cores (que também são formas de energia), lembramos que todas as cores existentes são obtidas pela combinação de no máximo três cores básicas, que são o amarelo, o vermelho e o azul. Querendo se obter o laranja, misturamos o amarelo e o vermelho; o violeta é fruto da mistura do azul e do vermelho; o verde, do azul e do amarelo. Variando-se a quantidade de cada uma dessas cores básicas ou delas resultantes, obtemos, ainda, outras cores e tonalidades que se conhece. Com os Orixás ocorre fato parecido, pois também são energia irradiada de Deus!

Como na obra divina tudo é perfeito, para cada combinação energética que se crie há um Orixá capaz de manipulá-la, a fim de manter o equilíbrio natural. As energias de Oxum, por exemplo, são ligadas à água do rio, por isso o Orixá Oxum pode controlar esse elemento. Iansã pode controlar a chuva, porque suas energias são condizentes com a da água da chuva. Quando as águas da chuva se misturam às do rio, nem Oxum nem Iansã são capazes de controlá-las com perfeição, pois agora não são, de fato, nem uma nem outra, mas, sim, duas juntas, numa nova qualidade de energia que foi gerada. Aparece, então, um terceiro Orixá, união das energias de Oxum e Iansã, denominado Oxum-Opará (ou Apará ou Pará), este, sim, com conhecimento e poder para controlar essa nova energia formada.

Orixás como Oxum-Opará são chamados "Orixás mistos" ou, em alguns terreiros, Orixás cruzados ou traçados, justamente por possuírem, em sua própria formação, energias típicas de um ou mais Orixás simples (Orixás que comandam apenas um elemento da natureza).

Alguns terreiros sustentam a ideia de que os Orixás cruzados só devem ser cuidados em terreiros de Candomblé; daí a expressão: "o Orixá tal é de nação", ou "aquele Orixá é de Candomblé". Na verdade, não existe Orixá que seja estritamente de Umbanda, Nação ou Candomblé. O Orixá é pessoal. Possui ligação com a energia própria de cada médium. O que há, realmente, é a falta de conhecimento de muitos dirigentes, que, para não tornarem pública sua ignorância, passam adiante o tratamento de Orixás por eles desconhecidos com a desculpa de que tais entidades não "pertencem" à Umbanda.

O conhecimento de quais Orixás são compostos por energias simples e quais os que são integrados por misturas energéticas quase sempre é ferramenta de grande valia no tratamento das entidades e na construção de sua ligação com o médium; pois, via de regra, Orixás que possuem mais de um tipo de energia em sua composição energética apresentam, simultaneamente, características de tratamento, personalidade e afinidades vibracionais semelhantes às dos Orixás simples que controlam tais energias. Oxum-Opará possui características de Oxum e Iansã; Ogum Xoroquê, de Ogum e Exu; Logunedé, de Oxum e Oxóssi, e assim por diante.

Além dos Orixás simples e mistos, há ainda os que sofrem influência de outros Orixás sem que ocorra mistura energética. Chamamos de "Orixás em irradiação". Um Ogum que trabalhe no mar, como Ogum Sete Ondas, sofre influências das energias de Iemanjá, pois ambos trabalham em conjunto. Dizemos que esse Ogum está na irradiação de Iemanjá. O mesmo ocorre com Ogum Rompe Mato e Oxóssi, Ogum Iara e Oxum etc.

Oportunamente traçaremos comentários muito mais aprofundados sobre cada Orixá, sua função e suas particularidades.

## Sincretismo

Quando os negros, ainda nos tempos obscuros da escravidão, começaram a cultuar seus Orixás, passaram a sofrer pressões dos senhores dos engenhos e da própria Igreja Católica para que abdicassem da sua fé em prol da crença nos santos católicos. Para escaparem dos castigos a eles impostos pela sua conduta espiritual, desenvolveram um artifício lógico capaz de ludibriar seus inquisidores. Para cada Orixá cultuado, associavam um santo da Igreja. Normalmente a associação não acontecia ao acaso. A um Orixá masculino guerreiro, associavam um santo com características semelhantes. A um Orixá feminino e idoso, por exemplo, um santo católico nas mesmas condições também era associado, e assim por diante. Construíam seus altares com imagens dos santos em lugar bem visível e, muitas vezes, enterrados abaixo destes mantinham os fundamentos e as firmezas de seus Orixás. Quem os visse em meio a sua prática religiosa acharia que estavam dançando e cantando em louvor aos santos católicos, quando, na verdade, estavam desenvolvendo seus trabalhos mediúnicos e interagindo com as energias da natureza.

A essa "mistura" de identidades culturais chama-se sincretismo, o qual é o responsável, até hoje, pela presença de imagens de santos católicos em altares umbandistas. Reconhece-se, entretanto, a dificuldade de muitos praticantes da Umbanda em dissociarem a figura de seu Orixá da do santo católico. É difícil fazer crer que Santa Bárbara nunca foi Iansã e São Jorge nunca foi Ogum a pessoas que, desde pequenas, culturalmente, têm sido bombardeadas com informações como essas dentro dos próprios terreiros que frequentam.

Entretanto, se o sincretismo não ajuda, também não atrapalha tanto. Se o médium se sente mais seguro acreditando que está recebendo "São Jerônimo", e isso o faz ser melhor e se preocupar em vencer suas paixões, que continue assim, embora não seja esta uma situação verdadeira. O Orixá não tem forma e não se importa se o chamamos de João, José, ou se o consideramos branco, negro ou índio. O que importa é o trabalho que ele pode desenvolver por intermédio daquele médium, no controle de suas energias e no auxílio a outras pessoas.

A prática umbandista preconiza a fundamentação de duas bases de trabalho: a interação com as energias da natureza por meio da prática mediúnica e a filosofia moral promovedora do adiantamento do Espírito. A primeira obtém-se do contato com os Orixás e com suas salutares influências sobre os nossos corpos físico e astral. A segunda vem de ensinamentos construtivos passados pelos Orixás por seus falangeiros ou ainda tomados emprestados de filosofias e religiões que pregam a Lei de Amor. Ou seja, para a Umbanda, não importa se a lição de caridade e amor vem da boca de um Orixá, das palavras de Jesus ou dos ensinamentos de Buda. É nesse ponto que a Umbanda vem levantar a bandeira do universalismo e, a exemplo do próprio Cristo quando questionou sobre sua mãe e seus irmãos, vem também perguntar "Quem poderia representar o meu Oxalá entre os encarnados? Jesus, Buda, Krishna, Lao-Tsé? Em verdade, qualquer um que tenha trazido ao conhecimento do mundo grandiosas mensagens de amor, de caridade, de fé em Deus e as tiver praticado, esse poderá representar legitimamente o meu Oxalá!"

Se a Umbanda tivesse sido originada no Japão, provavelmente o sincretismo de Oxalá encontraria reflexos na figura de Buda. Se tivesse surgido na Índia, em Krishna, e assim por diante. Em todos os casos, Oxalá teria uma representação compatível com os conceitos de moral, bondade e luz que se atribui a esse Orixá. Todos os grandes avatares que a humanidade conheceu trouxeram basicamente os mesmos ensinamentos morais e filosóficos, diferenciando-se apenas quanto às expressões utilizadas para facilitar a compreensão de seu povo. Não importa se Oxalá é sincretizado com Jesus, Buda ou outro grande mestre, porque, na verdade, Oxalá não é nenhum deles – é apenas a força, imanente de Deus, geradora de tudo o que existe –, mas sua vontade e sua lei de amor e caridade são manifestas em todos os que as ensinam e praticam.

Vejamos a seguir a relação dos Orixás e dos santos católicos a eles associados.

| | |
|---|---|
| Oxalá | Jesus Cristo |
| Simiromba | São Francisco de Assis |
| Iemanjá | Nossa Senhora dos Navegantes, da Glória, das Graças etc. |
| Oxum | Nossa Senhora da Conceição, das Dores etc. |
| Oxumarê | São Bartolomeu |
| Iansã | Santa Bárbara, Santa Rita de Cássia, Santa Clara etc. |
| Nanã Buruquê | Santa Ana |
| Ogum | São Jorge, Santo Antônio, São Sebastião (na Bahia) |
| Oxóssi | São Sebastião, São Jorge (na Bahia) |
| Omolu | São Lázaro |
| Obaluaiê | São Roque |
| Ibeji | São Cosme e São Damião |
| Xangô | São Jerônimo, São Pedro, São José, São João, São Judas Tadeu etc. |
| Obá | Santa Joana D'Arc |
| Ewá | Santa Luzia |

Alguns Orixás não possuem correspondência a santos da Igreja, como Iroco, Baiâni, Okô e Logunedé (este, algumas vezes, aparece sincretizado com São Miguel Arcanjo, mas não é regra).

# Por que sou filho desse Orixá?

Uma das primeiras coisas que todo umbandista deseja saber é sobre quais seriam os seus Orixás. A partir desse questionamento, o porquê de tê-los como vibrações principais e quais seriam as características básicas da personalidade de seus filhos. Sendo assim, vamos explicar como tais questões são vistas dentro da Umbanda Divina.

Para começar, há muitas formas de se saber quais os Orixás da pessoa, e cada terreiro tem a sua. Alguns utilizam os búzios; em outros, o Guia do dirigente é quem diz. Há terreiros de Umbanda que jogam obi. Há ainda os que utilizam numerologia, e os que deixam que o próprio Guia do médium diga.

Sem entrar no mérito dos demais métodos diversificados empregados em cada corrente, é importante ressaltar que se deve ter certa cautela com os casos em que o próprio Guia do médium diz de quem ele é filho. Não que o Guia não possa dizer, mas, sim, porque ninguém está livre de, em determinado momento, ter uma ação anímica. E o médium, eventualmente, tendo cismado que é filho de determinado Orixá, poderá acabar deixando seu psiquismo interferir na comunicação do Guia e indicar para si mesmo o Orixá de sua veneração, sem que este seja realmente sua vibração original.

Enfim, depois de o médium entrar para um terreiro – ou, em alguns casos, antes mesmo –, haverá um momento em que de uma ou de outra forma ele ficará sabendo quem são seus Orixás. Depois de saber, vem a segunda parte, que é a tentativa do médium em se autoanalisar para tentar encontrar – em si – esta ou aquela característica predominante na personalidade dos demais filhos de seu Orixá, buscando, com isso, identificar as possíveis justificativas para tê-lo em sua coroa.

Devido a esse tipo de situação, é importante compreender o porquê de determinada pessoa ser filha deste ou daquele Orixá. Para responder a essa questão, há variadas respostas, desde as mais simples e místicas até as mais complexas e – por que não dizer – racionais. Dentre as correntes espiritualistas que creem na mais simplista das respostas, a explicação normalmente é: "sou deste Orixá porque sou", sem maiores explicações.

Contudo, se lembrarmos que na Criação Divina nada é por acaso, então não é possível que haja algo que aconteça puramente de forma fortuita! Deus é perfeito, e suas leis também! Einstein dizia que "Deus não joga dados". Acreditar em algo como "sou porque sou" seria acreditar que as coisas podem acontecer de qualquer maneira, sem explicações lógicas ou racionais. Sem motivo.

Se perguntássemos, lá na África, o porquê de alguém ser filho de tal Orixá, a resposta que ouviríamos seria "é porque ele me escolheu!" Resposta simples, sucinta, que dispensa qualquer novo questionamento. Simples assim! No entanto, como sabemos que o Orixá, na verdade, é uma *imanência* divina, parte do Criador, a nossa própria lógica não pode aceitar uma explicação tão simplória; afinal, se Deus escolhesse alguém para dispensar tratamento especial – por qualquer motivo que fosse –, estaria demonstrando predileção por uns em detrimento de outros, o que evidenciaria, no mínimo, a existência de paixão e falta de equanimidade, contrariando um de seus atributos básicos que é a perfeição, sendo, por isso, *impossível!* Portanto, se não é por escolha, outro motivo há para que você seja filho de determinado Orixá, que é o que vamos explicar a partir de agora.

Todos nós somos o resultado das experiências que vivemos e de tudo o que aprendemos durante não apenas esta encarnação, mas em todas, desde o momento em que fomos criados até hoje! É baseado nessas vivências que, atualmente, temos preferências, hábitos, forma de pensar, desejos predominantes e todas as características que determinam nossa individualidade. É por isso, também, que não há duas pessoas que sejam 100% iguais, ainda que tenham sido geradas pelos mesmos pais e criadas da mesma maneira.

Enfim, somos *indivíduos*! O conjunto formado por nossos pensamentos e sentimentos mais constantes é que traduz a nossa identidade e gera, também, ao nosso redor, um campo vibratório que reflete – pela liberação das energias que produzimos – os padrões predominantes do que pensamos e sentimos. É claro que a configuração desse campo vibratório não é estática; ela muda a todo minuto, pois estamos sempre tendo reflexões e emoções diferentes. No entanto, a maior parte dessas mudanças é apenas superficial, porque, sendo, em outras palavras, o reflexo de nossa *personalidade*, mesmo com essas alterações momentâneas, a parte

93

"mais profunda" do nosso campo vibratório é mais ou menos constante e não chega a ser alterada drástica e definitivamente, uma vez que, durante uma única encarnação não acontecem mudanças tão radicais a ponto de modificar completamente a estrutura psicológica e emocional de alguém, estrutura essa construída ao longo de milênios.

Além de refletir por meio de vibrações a nossa personalidade mais concreta, o campo vibratório também facilita a atração ou a repulsão de energias. Isso porque ele é gerado a partir das energias que produzimos, e no mundo espiritual as energias se movimentam constantemente, atraindo-se ou repelindo-se de acordo com suas características. Funciona assim: energias semelhantes se atraem e energias diferentes se repelem! Bem simples!

Se pudéssemos colocar em uma escala, diríamos que nossa personalidade nos condiciona a pensar e sentir segundo os mesmos padrões talvez por 70 a 90% de todo o tempo. Nos outros 10 a 30%, experimentamos variações de pensamentos e sentimentos, mas que, ainda assim, também seguem determinadas proporções, havendo aqueles mais recorrentes e outros que temos mais raramente. Dessa forma, sendo o resultado de nossas ideias e emoções mais constantes, nosso campo vibratório, predominantemente, atrai e repele, na maior parte das vezes, os mesmos tipos de energias.

Poderíamos, então, exemplificar com uma pessoa hipotética que apresentasse em cerca de 70% de seu comportamento uma personalidade agitada, valente, guerreira e destemida, mas ela não é sempre assim; ninguém se comporta 100% do tempo da mesma forma! Há outras características que aparecem na nossa personalidade e que também ajudam a compor nosso campo vibratório. Na pessoa hipotética, suponhamos que a segunda característica predominante em seu modo de ser, e que corresponderia a cerca de – digamos – 20% de seu comportamento, pudesse ser o dom de ser maternal, familiar e pacífica, e que os outros 10% seriam constituídos por alternâncias, dentre as quais, se quiséssemos, ainda poderíamos identificar as mais e as menos recorrentes.

Pronto! Descrevemos o perfil dessa pessoa! Como o campo vibratório ao nosso redor é reflexo da personalidade e ele atrai energias semelhantes, a pessoa do exemplo tem, naturalmente, a capacidade de se ligar com facilidade à vibração irradiada de Deus – também chamada "Orixá"

– que possui similaridade com seu comportamento principal, que, nesse caso, é de valentia, obstinação e luta, e a qual chamamos "Ogum". Em segundo lugar, visto que seu comportamento secundário é ser maternal e familiar, seu campo vibratório atrairá a vibração divina que possui esse arquétipo, e que nós chamamos de "Iemanjá". Resumindo, a pessoa do exemplo é alguém que, na maior parte do tempo, se comporta com o arquétipo do guerreiro, por isso atrai para si as vibrações de Ogum, e, secundariamente, se comporta com o arquétipo da mãe, razão pela qual atrai, embora em menor intensidade, as vibrações de Iemanjá. Essas duas vibrações são essenciais em sua vida, pois são elas que refletem a maior parte de sua personalidade, sendo 70% a primeira e 20% a segunda. Por isso, dizemos que essa pessoa tem como primeiro Orixá Ogum e como segundo Orixá Iemanjá, e serão esses Orixás (ou vibrações divinas) que lhe acompanharão na maior parte do tempo de sua vida, para lhe trazer equilíbrio e bem-estar.

Com essa explicação, fica extinta a culpa que muitos atribuem aos seus Orixás pelo seu próprio comportamento. Tem gente que diz: "sou dessa forma mesmo, porque sou filho de tal Orixá!" Essa visão é arcaica e errada, é herança daquele pensamento equivocado de que "o Orixá me escolheu". De fato, se o Orixá tivesse escolhido aquela pessoa, ela não teria culpa pelo seu comportamento, pelo seu gênio e pelas paixões que possui e não poderia sofrer as ações cármicas de seus atos, porque seu modo de ser lhe teria sido imposto "de cima para baixo", sem que ela pudesse escolher. Agora, sabedores que *ninguém é como é porque é filho de tal Orixá, mas, ao contrário, somos filhos de tal Orixá porque temos determinadas características*, devemos mudar nossa noção de responsabilidade sobre nós mesmos e sobre nosso proceder.

Dentre as vibrações divinas que chamamos "Orixás", existem aquelas de caráter mais ativo e outras mais passivas. Normalmente, essas características são conceituadas em arquétipos masculinos e femininos, respectivamente; mas isso não é regra. Há Orixás femininas que possuem um nível maior de atividade, como Obá, por exemplo, e masculinos um pouco mais passivos, como Oxalufã. Entre nós, Espíritos encarnados, isso também acontece. Um homem pode ter, predominantemente, personalidade emotiva, pacífica, social, familiar; enquanto uma mulher pode ser mais obstinada, inquieta, guerreira e até autoritária. Como é justamente a personalidade da pessoa que definirá seu campo vibratório e, por conseguinte, as energias que mais atrairá para si (ou, em outras palavras, seu Orixá), independentemente de seu sexo, seu primeiro Orixá poderá ser masculino (conceituado normalmente como mais ativo) ou feminino (conceituado normalmente como mais passivo).

O normal – mas que também não é regra – é que parte de nossa personalidade seja mais ativa e parte mais passiva (o "Yin" e o "Yang" do taoísmo), de forma que, independentemente da ordem, se é primeiro ou segundo Orixá, todos tenhamos como dois Orixás principais um masculino (ou mais ativo) e um feminino (ou mais passivo). Contudo, nem sempre isso acontece. Há pessoas que são extremamente ativas, que não alternam, predominantemente, momentos de atividade com passividade, como seria mais natural. Pessoas assim poderão ter Orixás masculinos tanto em primeiro como em segundo lugar, simultaneamente. Outras são pacíficas, ternas, emotivas ou calmas demais e poderão ter dois Orixás femininos como principais em sua coroa.

Dessas últimas explicações, retiramos dois importantes ensinamentos: o primeiro é que, independentemente do sexo da pessoa, seu primeiro Orixá poderá ser feminino ou masculino, e o segundo é que uma mesma pessoa poderá ter dois Orixás masculinos ou dois femininos como principais. Essas situações não são as mais naturais de acontecer, mas podem ocorrer.

Se os Orixás com quem nos sintonizamos são reflexo da nossa personalidade, quantos Orixás podemos ter? Na verdade, como dito lá no início do texto, nossa personalidade real não muda a todo momento, mas, mesmo assim, eventualmente, pode apresentar padrões diferentes do habitual. O nosso padrão principal, e que corresponde de 70 a 90% de nosso perfil, possui similaridade com nosso primeiro Orixá; o segundo padrão predominante, de 10 a 30%, com o segundo; depois disso é possível termos outro que corresponda a 10% de nosso perfil, um outro a 5, ou a 2% ou, ainda, vários outros fragmentos mínimos de padrões comportamentais diferentes compondo nossa personalidade.

Obviamente, essas pequenas parcelas de nós não fazem muita diferença nem em nosso cotidiano nem no nosso modo de ser, mas, mesmo assim, ajudam a compor as vibrações presentes em nosso campo vibratório. Em razão disso, atraem energias similares e nos sintonizam com irradiações divinas correspondentes, nos conferindo a ligação com um terceiro, um quarto e até com outros Orixás, subsequentemente, variando desde o arquétipo mais recorrente até o menos presente em nosso Eu.

Por tudo o que foi explicado, está claro que nossos Orixás, do primeiro ao último e nessa sequência, possuem relação conosco devido à nossa personalidade, ao nosso jeito de ser e às energias e vibrações que, por causa disso, fabricamos. No entanto, isso não é tudo! Somos seres em evolução e estamos sempre aprendendo algo ou necessitando aprender. Isso quer dizer que, embora tenhamos um perfil mais ou menos definido (e que não mudará em apenas esta encarnação), ele não será assim para sempre, e nossa personalidade pode estar justamente em uma fase de transição para um outro padrão de comportamento relativamente novo para nós, com o qual ainda não estamos completamente afinizados e com o qual ainda não nos entendemos muito bem; ou pode estar sendo desafiada, pelas circunstâncias cármicas desta encarnação, a desenvolver esse novo arquétipo.

Vamos por partes para entender melhor! Imagine uma pessoa de personalidade naturalmente pacífica, cujos primeiros Orixás sejam, nesta ordem: Oxalufã e Iemanjá. Imagine também que ela venha desenvolvendo, gradualmente, um comportamento um pouco mais ativo, devido às experiências passadas nas últimas encarnações; ou que ela ainda não tenha iniciado essa mudança, mas que necessite desenvolver esse tipo de comportamento devido às suas necessidades cármicas, que produzirão situações nesta encarnação que lhe requererão *atividade* para solucionar.

Pois bem! Tendo iniciado (ou não) a construção do perfil mais ativo, o que importa é que esse é um tipo de comportamento novo, diferente da sua personalidade naturalmente construída ao longo de milênios e que, durante a fase de reconhecimento, poderá ainda causar momentos de instabilidade emocional e psicológica, alternando, por exemplo, picos de agressividade descontrolada, causados pelo perfil de atividade em construção, com períodos de grande apatia, gerados pela sua própria natureza pacífica tentando compensar o descontrole anterior. Para minimizar os efeitos negativos dessa transição psicológica, uma outra vibração divina – e de caráter mais ativo que Oxalufã e Iemanjá – deve ser induzida sobre seu campo vibratório, fluindo por meio do mesmo "canal" pelo qual flui uma das vibrações de um de seus Orixás principais, para que possa acessar diretamente sua psique.

Para que possa usar o mesmo canal utilizado pela vibração de Oxalufã ou de Iemanjá, essa terceira vibração deverá ter certa afinidade com uma dessas duas e, ainda assim, possuir uma característica de maior atividade, para que possa suprir as necessidades de equilíbrio daquela pessoa. Uma possibilidade bem factível é que essa terceira vibração fosse a de Oxaguiã, que poderia ser irradiada no mesmo canal pelo qual é irradiada a vibração de Oxalufã, visto que ambos são variações da mesma vibração (Oxalá), embora a primeira (Oxaguiã) seja bem mais ativa que a outra, facilitando o controle daquelas energias de agitação ainda desajustadas. No caso desse exemplo, dizemos que Oxaguiã é o *adjuntó* (ou juntó, ou adjunto) de Oxalufã, pois utiliza o mesmo canal vibratório que ele para trazer equilíbrio ao seu filho, embora não seja – ainda – uma vibração naturalmente gerada por aquela pessoa.

Cada Orixá de uma pessoa pode ter ou não um outro Orixá como adjuntó. Tudo vai depender das necessidades vibratórias de seu filho e do quanto suas vibrações naturais lhes sejam suficientes ou não. Há casos em que um único Orixá possui até mais de um adjuntó, também pelos mesmos motivos. Sendo assim, a configuração de um Ori, segundo nossa visão doutrinária, fica assim: em primeiro lugar, há o primeiro Orixá (masculino ou feminino), que pode possuir ou não um adjuntó (também masculino ou feminino); em segundo lugar, o segundo Orixá, também com ou sem adjuntó; e assim por diante, e o mesmo se repetindo para o terceiro, quarto e quinto Orixás.

O "adjuntó", portanto, é um "Orixá auxiliar" de um dos Orixás principais do médium, induzido sobre ele para auxiliá-lo a manter-se equilibrado, facilitando-lhe o desenvolvimento de características que ainda não lhe sejam naturais ou atenuando seus excessos e descontroles momentâneos. Alguns terreiros usam a palavra "adjuntó" para identificar o que chamamos de "segundo Orixá". Nem uma nem outra forma estão erradas. Trata-se apenas da mesma palavra utilizada para identificar coisas diferentes. É somente uma questão de nomenclatura.

Há ainda outra condição que pode fazer surgir certa ligação entre alguém e um Orixá, que é a condição *familiar*. Acontece quando, por afinidade, uma pessoa tem facilidade de desenvolver um canal vibratório entre si e um Orixá de um de seus ancestrais. Casos como esse chamamos de "herança espiritual", mas isso não é muito comum e não pode ser confundido com os casos em que filhos possuem Orixás semelhantes aos dos seus pais. Quando isso acontece é somente indicação de que os campos vibratórios de pais e filhos são semelhantes, e isso é muito lógico, porque Espíritos se atraem e nascem na mesma família por afinidade de pensamentos e sentimentos.

Enfim, é importante que você saiba que *precisa* manter boa ligação vibratória com seus Orixás, visando ao seu próprio bem-estar. Quando essa ligação está parcial ou totalmente bloqueada, há o chamado "descontrole energético", e eles não conseguirão mais o auxiliar. Ressaltamos, portanto, que os Orixás *nunca* são culpados pelo nosso sofrimento; mas a falta deles, sim, pode nos trazer grandes problemas. Quando estamos doentes espirituais, eles são a nossa cura! Você pode ainda nem saber quem são os seus, mas eles conhecem o filho que têm e estão sempre pronto a ajudar.

## O nome e a qualidade do meu Orixá

Descobrir quem são seus Orixás é uma das maiores expectativas de todo médium. E quais são os nomes possíveis? O que eles representam? Quais Orixás podem ser identificados na Umbanda?

Para começar, é bom lembrar que o Orixá é parte de Deus, é irradiação divina, e que o nome, na verdade, fomos nós, encarnados, que criamos. Em outras culturas, a mesma vibração que chamamos de Xangô é chamada de Heviossô, de Badé ou mesmo de Thor; todas são correspondentes ao mesmo Senhor do Trovão! Logo, não é o nome que define a vibração; ela preexiste a este e continua a existir independentemente da forma pela qual a chamamos. Na Umbanda, por tradição, utilizamos os nomes dos Orixás iorubás para denominar a maior parte das vibrações divinas, mas poderíamos denominá-las de outra forma, com nomes originados da mitologia grega, por exemplo, e elas continuariam sendo as mesmas.

Das culturas africanas, herdamos o conhecimento de cerca de dezesseis denominações diferentes de Orixás e de mais de uma centena de subdenominações, que alguns entendem como "qualidades" dos dezesseis Orixás principais e que remetem a momentos específicos de suas lendas ou atribuem novas características ao arquétipo original.

Oxum, por exemplo, é um dos dezesseis Orixás principais e possui um arquétipo bem definido, que remete à doçura, sensualidade etc. No entanto, suas subdenominações – ou qualidades – acrescentam a essas características outros atributos mais específicos: Oxum Opará, além de possuir as características primárias de Oxum, também é guerreira; Oxum Abalô é idosa; Oxum Karê é espevitada; Oxum Ijimu é feiticeira; e assim por diante. No Candomblé é importante conhecer bem todas essas qualificações, pois, para cada uma delas, há elementos diferentes a serem acrescentados ao assentamento do Orixá. Como na Umbanda os fundamentos são bastante diferentes do Candomblé e não utilizamos os mesmos elementos materiais, não há essa necessidade. Por isso, embora haja exceções, não é preciso, de regra geral, identificar nem informar ao médium se ele é filho de "Oyá Bagan", "Oyá Funan" ou "Oyá Topé", por exemplo, mas somente de "Iansã", uma vez que, seja qual for a qualidade de sua Oyá, será tratada exatamente da mesma forma que todas as outras dentro do terreiro de Umbanda.

Por esse motivo, muitos nomes que são utilizados no Candomblé não são conhecidos pelos médiuns umbandistas, nem precisam ser! Em contrapartida, há certas denominações para identificar vibrações de Orixás que são adotadas somente na Umbanda e não são usadas no Candomblé. O exemplo mais comum é a denominação de "sereia". No Candomblé não existe a sereia. Lá existem qualidades do Orixá Iemanjá, como "Yemowô", "Iyamassê", "Assessu" e outras. Na Umbanda, usamos a palavra "sereia" para designar um tipo específico de falangeiras do Orixá Iemanjá ou do Orixá Oxum, cujo local de regência seja bem no fundo do mar ou do rio, ou cuja forma de apresentação perispiritual remeta a clarividência a essa figura meio peixe, meio mulher.

Outro nome particularmente utilizado na Umbanda é "tarimã", adotado para identificar também falangeiros de Iemanjá, mas que se apresentam como tritões ou sereias do sexo masculino. No entanto, é bom lembrar que a questão de denominação é apenas uma convenção humana, pois o que importa mesmo é a vibração divina correspondente.

A mesma pessoa que no terreiro de Umbanda foi identificada como "filha de Sereia do Rio", por exemplo, lá no Candomblé será identificada como filha de uma das qualidades de Oxum, assim como aquela que foi identificada como "filha de Sereia do Mar" ou "filha de Tarimã", lá no Candomblé será enquadrada como filha de uma das qualidades do Orixá Iemanjá, de maneira que, seja pela identificação em uma ou em outra religião, ambas estarão corretas. É questão de nomenclatura apenas.

Esclarecida a questão da denominação, outro ponto que é importante discutir é a questão de "quais Orixás podem ser identificados na Umbanda". E a resposta para essa questão é muito simples: como o conceito de Orixá tem relação com o conceito de *arquétipo* e com a vibração divina correspondente, lembrando que a quantidade de arquétipos possíveis e de vibrações irradiadas de Deus são infinitas, então dentro de um terreiro de Umbanda podem ser cultuados tantos Orixás quanto forem os arquétipos e as irradiações divinas conhecidas pelo seu dirigente. Há terreiros de Umbanda que se sentem à vontade trabalhando apenas com sete, outros com doze, outros com quatorze ou dezesseis. Se houvesse conhecimento para tal, poderiam ser cultuados os mais de 600 que eram cultuados na África ou os mais de 300 milhões da Índia, embora lá os mesmos arquétipos e as forças da natureza sejam identificados com nomes hindus e classificados como "deuses".

Um dos Orixás – ou irradiações divinas – que mais causam dúvidas é o Orixá Exu. Esta é aquela irradiação de Deus que atua sobre a comunicação, o comércio, os caminhos e o início de qualquer atividade humana. É o primeiro passo para qualquer coisa, por isso que "sem Exu não se faz nada", como diz o dito popular. Muita gente acredita que só possa haver filho de Exu no Candomblé. No entanto, como com qualquer outro, ninguém muda de Orixá porque está no Candomblé, na Umbanda ou no Budismo. O Orixá é o mesmo em qualquer religião, o que muda é a forma como é tratado.

No Candomblé, assim como os outros Orixás, o Orixá Exu também tem várias qualidades, que recebem nomes como "Eleru", "Bara", "Okoto", "Gnubagiro" e muitos outros. Na Umbanda, o Orixá Exu é representado pelos "Exus entidades", que são Espíritos falangeiros dessa força divina, que manipulam essas vibrações e que possuem nomes como Tranca-Ruas, Maria Padilha, Tiriri etc.

Como o Orixá de ninguém muda de acordo com a religião em que ela estiver, se a pessoa for realmente filha do Orixá Exu, continuará sendo em qualquer lugar que resolver frequentar. Se estiver no Candomblé, além de ser identificada como filha desse Orixá, será também indicada sua qualidade, e ele será devidamente cuidado conforme os fundamentos daquela religião. Se estiver na Umbanda, será identificado, simplesmente, que seu Orixá é Exu, sem indicação de qualidades; e o representante dessa força em seu "ori" será seu "Exu entidade", como o Exu Caveira ou o Tranca-Ruas, por exemplo, de forma semelhante à como acontece com a pessoa que é filha de Oxóssi e tem seu Orixá representado na Umbanda pelo seu Caboclo; ou como aquele que é filho de Ogum e, na Umbanda, seu Orixá é representado por um falangeiro com nome de "Ogum Beira-Mar", "Ogum Sete Espadas", "Ogum Iara" etc., diferentemente das qualidades do Orixá Ogum encontradas no Candomblé, como "Ogum Onirê", "Ogum Olodê" ou "Ogum Wari", por exemplo.

Outro Orixá que gera muitas controvérsias é Oxalá. Muitos umbandistas acham que não pode haver filhos desse Orixá na Umbanda, pois como no sincretismo Oxalá é Jesus, alguns acreditam que ninguém poderá, jamais, recebê-lo no terreiro! Contudo, a verdade é que Oxalá, assim como qualquer outro Orixá, é força irradiada de Deus e que, nesse caso específico, rege toda a natureza e a atividade de *criação*, expandindo os sentimentos de amor incondicional e fé. Devido a essas características, é *sincretizado* com Jesus, mas, como qualquer outro Orixá, é também representado no terreiro de Umbanda por falangeiros, que são Espíritos em alto grau de evolução que manipulam as energias irradiadas dessa vibração divina.

Aliás, conforme explicamos anteriormente, sendo os Orixás *imanências* de Deus, ou seja, personalidades inerentes do Criador, fica claro que ninguém os incorpora, visto que ninguém pode receber o próprio Deus (embora muitos achem assim). Quem recebemos, representando essas forças divinas, são Espíritos em grau de evolução bastante avançado e que possuem o conhecimento e a capacidade de manipular as energias irradiadas dessas vibrações. Para tanto, assumem, inclusive, os arquétipos a elas correspondentes e comportam-se, quando incorporados, como guerreiro, caçador, criança ou da forma que melhor representar o que entendemos daquele Orixá.

Em muitos terreiros de Umbanda, independentemente de qual Orixá representem, todos esses Espíritos falangeiros recebem o "pré-nome" de "Caboclo". Nesses casos, você encontra o "Caboclo Oxóssi Rompe Mato", falangeiro do Orixá Oxóssi, o "Caboclo Ogum Beira-Mar", falangeiro do Orixá Ogum, o "Caboclo Xangô Sete Pedreiras", falangeiro do Orixá Xangô, a "Cabocla Iansã", falangeira do Orixá Iansã, a "Cabocla Oxum", falangeira do Orixá Oxum, e assim por diante.

Em outros terreiros, como nos núcleos de A Centelha Divina[3], a palavra "Caboclo" é mantida somente para designar os falangeiros de Oxóssi e Ossâin, Orixás das matas. Assim, em terreiros como o nosso, os mesmos falangeiros citados anteriormente são conhecidos por "Caboclo Rompe Mato", "Ogum Beira-Mar", "Xangô Sete Pedreiras", "Iansã" e "Oxum", esses últimos sem o apelido de "Caboclo", para não confundir com os falangeiros das matas, de Oxóssi e Ossâin.

Seguindo esse entendimento, se seu Orixá é conhecido no Candomblé por "Ogum Wari" – qualidade de Ogum que acompanha Oxum – ou se você na Umbanda denomina essa vibração de "Ogum Iara" – Ogum que os rios –, ou ainda se o chama de "Caboclo Ogum Iara", nada disso importa! O importante é entender que *todos* os Espíritos que recebemos são *falangeiros*, e não deuses, e que, pertencendo a uma mesma falange de Espíritos, apresentam-se com o mesmo arquétipo, trabalham sob a mesma irradiação divina chamada Orixá "tal", regem o mesmo elemento da natureza e atuam sobre os mesmos tipos de relações sociais. Além de tudo, como se não bastasse, ainda cuidam de nós carinhosamente, como os pais cuidam dos seus filhos, mesmo quando, pela nossa ignorância, damos mais valor ao seu nome que à sua essência.

---

3 "A Centelha Divina não é um templo nem uma instituição espiritualista, mas uma organização que congrega templos de uma mesma origem e linhagem espiritual, estabelecendo uma série de normativas que definem a forma de culto umbandista, de realização dos trabalhos, de método de transmissão de conhecimentos e de desenvolvimento mediúnico de seus frequentadores e baseia-se na Doutrina dos Sete Raios, criada a partir da analogia entre a Criação Divina e o espectro visível humano, identificado pelas sete cores do arco-íris. A Centelha é uma missão umbandista com foco no universalismo. Seu objetivo não é ser apenas mais uma organização de Umbanda, mas primar pela aplicação constante do trinômio 'espiritualidade, caridade e discernimento'" (A Centelha Divina, 2023).

# OS SETE RAIOS DIVINOS

## As Sete Linhas e os Sete Raios Divinos

Nas unidades de ensino brasileiras, os alunos são agrupados em turmas de acordo com seu nível de conhecimento, indo das classes de alfabetização à pós-graduação. Fazemos dessa maneira porque entendemos ser a melhor, mas poderíamos, em uma escola fictícia, criar outros tipos de classificação, como, por exemplo, que levasse em consideração somente as idades ou as atividades preferidas de cada um ou, até mesmo – improvável, mas possível –, que considerasse somente a altura dos estudantes. Nossa forma de classificação, sendo apenas mais uma dentre as várias possibilidades de organização, poderia ser considerada melhor ou pior que as outras; mas não poderíamos dizer que qualquer uma delas fosse errada, visto que os alunos, independentemente do método empregado, continuariam a ser ensinados e a estudar!

O mesmo acontece com os nossos Orixás! Eles são e sempre serão irradiações divinas! Estão presentes na natureza, vibrando sobre tudo e todos, coexistindo uns com os outros, simultânea e eternamente. No entanto, como nós, humanos, temos dificuldade de entender alguns conceitos mais amplos, nossa mente procura criar classificações, organogramas, subdivisões e métodos afins, para nos facilitar a compreensão. Dessa forma, desde o começo da Umbanda, seus estudiosos vêm tentando estabelecer classificações para os Orixás, dividindo-os em grupos que nunca chegaram a ser consenso e que, de certa forma, nos lembram a subdivisão das turmas escolares que citamos anteriormente. Isso significa que,

106

embora haja formas de classificação melhores e piores, nenhuma delas está errada! São apenas maneiras diferentes de subdividir o mesmo grupo de estudo.

O primeiro modelo de classificação de Orixás foi proposto em 1925 por Leal de Souza, um grande pesquisador umbandista. Ele dividiu os Orixás em sete grupos, sendo a primeira pessoa, inclusive, a utilizar a expressão "Sete Linhas de Umbanda". Segundo a forma de classificação que criou, os Orixás foram distribuídos entre "Linha de Oxalá", "de Ogum", "de Oxóssi", "de Xangô", "de Iansã", "de Iemanjá" e "das Almas".

Em 1942, Lourenço Braga, outro pesquisador, retirou a "Linha de Iansã" e a substituiu pela "Linha do Oriente", renomeando a "Linha das Almas" como "Linha Africana". Dez anos mais tarde, em 1952, Benjamim Figueiredo, dirigente da Tenda Mirim, retirou a "Linha do Oriente" e a "Linha Africana", substituindo-as por "Linha de Yori" (das crianças) e "Linha de Yorimá" (de Xapanã).

A discussão continuou nos anos seguintes, com linhas sendo retiradas e linhas sendo adicionadas. O próprio Benjamim Figueiredo, que havia apresentado a classificação de 1952, em 1964 alterou tudo, passando a afirmar que as Sete Linhas de Umbanda seriam as de Oxalá, Iemanjá, Xangô Caô, Oxóssi, Xangô Agodô, Ogum e Iofá (novo nome para Xapanã).

Em 2003, Rubens Saraceni propôs uma nova configuração, na qual cada uma das Sete Linhas seria regida por um casal de Orixás, atuando sobre determinado "mistério" da Criação, como fé, amor, conhecimento, justiça, lei, evolução e geração.

Nos anos seguintes, Manoel Lopes, dirigente do Núcleo de Estudos Mata Verde, criou uma versão interessante das Sete Linhas baseada na "Doutrina do Arapé", em que são levados em consideração os elementos sob a regência dos Orixás, sendo eles: terra, fogo, água, ar, matas, humanidade e almas.

Em 2010, Janaína Azevedo Corral apresentou em seu livro *As Sete Linhas de Umbanda* a seguinte versão: Linha de Oxalá, das Águas, dos Ancestrais, de Ogum, de Oxóssi, de Xangô e do Oriente.

Enfim, deu para perceber que, excetuando-se o uso comum do número 7 e que, provavelmente, se origina de suas propriedades místicas e cabalísticas – e que não trataremos neste texto –, até o momento nunca houve, de fato, unanimidade na forma de se classificar os Orixás. Conforme dissemos no início, isso não é – e nunca foi – problema! Não há forma errada! São apenas métodos diferentes, criados por nós, encarnados. Os Orixás continuam sendo os mesmos e não vão mudar sua forma de atuar na natureza em função dos métodos que adotarmos para os classificar.

Atualmente, há dezenas de definições diferentes sobre as Sete Linhas de Umbanda espalhadas pelos terreiros do Brasil e sendo defendidas e difundidas por seguidores de vários daqueles umbandistas citados anteriormente. A falta da compreensão de que *não há* forma mais correta ou mais errada, assim como de que os vários conceitos de Sete Linhas são apenas diferentes métodos de classificação criados por pessoas diferentes e em épocas diferentes, tem gerado verdadeiras discussões nos meios de comunicação ligados à religião, sem que nunca consiga se chegar à conclusão alguma, uma vez que os defensores de cada teoria acham que somente a sua está correta.

Fugindo de debates improdutivos e inconclusivos sobre definições que são, na verdade todas corretas, os idealizadores espirituais da doutrina apresentada nesta obra e implementada em A Centelha Divina decidiram manter sua posição doutrinária à parte de qualquer conceito de Sete Linhas de Umbanda e de discussão a esse respeito. Abstraímos, assim, de nossa liturgia esse tipo de classificação, de modo que, em nossos núcleos, *não há mais sentido* em se falar em Sete Linhas, ou "Linha de Orixá Fulano ou Beltrano", visto que esse conceito é estranho à nossa doutrina.

Entendemos que outros terreiros de Umbanda possam ainda adotar a ideia das Sete Linhas criada por este ou por aquele estudioso do passado, mas *nós*, especificamente, *não a adotamos!* Em contrapartida, visando facilitar o entendimento de nossas mentes tacanhas, nossos amigos espirituais nos apresentaram uma nova visão, em que a classificação em "Sete Linhas" foi substituída pelo conceito dos "sete raios", que é a representação esquemática da forma como essas vibrações divinas – ou Orixás – se irradiam de Deus e atuam sobre toda a Criação. Ela pode ser mais bem compreendida a partir da observação da figura geométrica símbolo de A Centelha Divina[1]:

---

1 A figura com as devidas cores pode ser vista na contracapa desta obra.

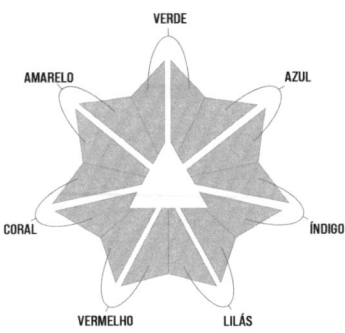

Entendemos que tudo parte de Deus, que Ele é a fonte primária de toda a existência e que Dele se irradiam todas as vibrações que conhecemos como Orixás! Representamos Deus pelo triângulo no centro de nosso símbolo. A forma triangular remete ao aspecto tríplice da divindade, comum a várias crenças e religiões ao redor do globo, e a cor branca simboliza a fonte e a síntese de tudo, visto que o branco é a união das sete cores que nossos olhos podem enxergar, representando, simbolicamente, tudo o que podemos perceber na Criação.

Considerando que, nesse simbolismo, Deus é representado pela cor branca (síntese de tudo), e o branco se decompõe nas sete cores do arco-íris (vermelho, laranja, amarelo, verde, azul, índigo e lilás), então toda e qualquer vibração que parta do Criador (representada pelo branco), sendo irradiada sobre a natureza, necessariamente, deverá estar presente em um dos sete raios coloridos que emanam do Triângulo Divino; mas também poderá se manifestar em combinações desses raios, uma vez que na natureza as energias não são estáticas; elas se movimentam e podem se combinar, de forma semelhante às tintas de cores diferentes que, quando misturadas, formam uma terceira coloração. Semelhantemente, o mesmo também acontece com as vibrações dos Orixás, que, sendo Potências Criadoras irradiadas de Deus, também fluem por seus sete raios divinos básicos, mas podem ser combinadas, gerando novas potências e vibrações.

Das infinitas potências criadoras irradiadas de Deus – que atuam estimulando sentimentos, criando e mantendo elementos da natureza e regendo as atividades humanas –, conhecemos apenas, em média, dezesseis, que são os Orixás mais cultuados no Brasil (na África eram mais de 600). Esses Orixás são distribuídos pelos sete raios de acordo com suas afinidades ao elemento principal de cada um, podendo, por isso, haver mais de um Orixá em sintonia com a mesma faixa luminosa.

Dentre os elementos principais, quatro são puramente materiais (água, terra, fogo e ar), dois imateriais (sentimento e pensamento) e um intermediário (mata), que, simbolicamente, representa a união do material com o imaterial na geração da vida (fauna e flora). Sendo assim:

• no raio vermelho, há o elemento *fogo*, a potência divina geradora de *força* e os Orixás Xangô e Ogum;

• no raio laranja, há o elemento *ar*, a potência divina geradora de *coragem* e o Orixá Iansã;

• no raio amarelo, há o elemento *mente*, a potência divina geradora de *consciência* e a regência do Povo do Oriente;

• no raio verde, há o elemento *mata*, a potência divina geradora de *auxílio* e os Orixás Oxóssi e Ossâin;

• no raio azul, há o elemento *sentimento*, a potência divina geradora de *amor* e o Orixá Oxum;

• no raio índigo, há o elemento *água*, a potência divina geradora de *criação* e o Orixá Iemanjá;

• no raio lilás, há o elemento *terra*, a potência divina geradora de *doação* e o Orixá Xapanã (Omolu/Obaluaiê).

Além disso, como as energias se misturam, nos limites entre um e outro feixe luminoso, não há o fim abrupto de uma certa cor e o começo de outra, mas há uma faixa de transição em que as energias e os elementos se confundem e onde são encontradas características que se assemelham tanto a uma quanto à outra faixa luminosa, sendo percebidas vibrações divinas – ou Orixás – com características semelhantes aos Orixás presentes nas duas faixas adjacentes, ao mesmo tempo.

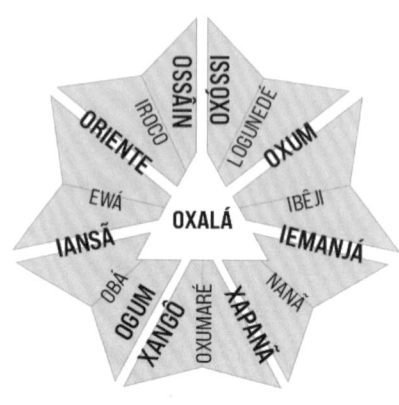

Na transição do vermelho para o laranja, por exemplo, há o encontro do fogo (elemento do raio vermelho) com o ar (elemento do raio laranja), combinando também as potencialidades *força* e *coragem*. O Orixá, ou vibração divina, presente nessa frequência vibratória é Obá, Orixá guerreira, cujo arquétipo possui a força combativa de Ogum e a coragem de Iansã, e que rege tanto o fogo como o ar, simultaneamente.

Na transição do laranja para o amarelo, há o encontro do elemento ar com o elemento mente, combinando *coragem* (potência do raio laranja) com *consciência* (potência do raio amarelo). O Orixá, ou vibração divina, presente nessa frequência vibratória é Ewá, Orixá destemida, que rege as brumas, nuvens e névoas, portanto, o elemento ar, e que atua também sobre a *mente*, pois rege as artes, a inspiração, a intuição e a inconsciência.

Na transição do amarelo para o verde, há o encontro do elemento *mente* com o elemento *mata*, combinando *consciência* (potência do raio amarelo) com auxílio vindo das matas (potência do raio verde). O Orixá, ou vibração divina, presente nessa frequência é Iroco, o próprio tempo, que, além de ser, no sentido cronológico, uma percepção da consciência e, portanto, manifestação que ocorre na mente, é também representado pelo "pé de Iroko", ou Gameleira Branca a qual, por ser árvore, está presente no elemento *mata*. Além disso, o tempo é fonte permanente de auxílio, pois sem ele nada acontece!

Na transição do verde para o azul, há o encontro do elemento *mata* com o elemento *sentimento*, combinando o auxílio irradiado de Oxóssi com o amor irradiado de Oxum. O Orixá, ou vibração divina, presente nessa frequência é Logunedé, o Orixá que possui características tanto de Oxóssi (Orixá do raio verde) quanto de Oxum (Orixá do raio azul).

Na transição do azul para o índigo, há o encontro do elemento *sentimento* com o elemento *água*, combinando *amor* com *criação*. O Orixá, ou vibração divina, presente nessa frequência é Ibeji, Orixá que estimula a pureza de sentimentos e a renovação.

Na transição do índigo para o lilás, há o encontro do elemento *água* com o elemento *terra*, combinando a potência geradora da *criação* com a potência geradora da *doação*. O Orixá, ou vibração divina, presente nessa frequência é Nanã, a própria lama (terra + água), aquela que gera e doa vida.

Combinando-se os sete raios divinos e fechando-se o ciclo, forma-se o arco-íris regido por Oxumarê; e misturando-se todas as cores ou energias dos sete feixes coloridos, forma-se a luz branca, cujo elemento é a *criação cósmica* em sua totalidade, com a potência divina geradora de *plenitude* e o Orixá regente Oxalá.

O conceito de Sete Raios – em comparação com o de Sete Linhas – tem a vantagem de se aproximar mais do comportamento real da Natureza, por não "fixar" a vibração de um Orixá dentro de uma faixa estanque e não interpenetrável, uma vez que, na própria natureza, as energias fluem e se combinam, assim como as sete cores básicas do arco-íris, que, misturadas em determinadas proporções umas com as outras, compõem aquarela de infinitos matizes. As energias da mata alagada, por exemplo, não são mais as mesmas que a da mata original, pois agora elas estão misturadas às energias do rio que transbordou. Nesse momento, as vibrações desse ambiente não são especificamente nem de Oxóssi nem de Oxum, mas de Logunedé, combinação das duas vibrações primárias!

As energias do rio, durante uma tempestade, se combinam com as do temporal, gerando um terceiro tipo de energia. É como se, nesse caso, pegássemos uma porção da vibração pura de Oxum, que está no raio azul, e a misturássemos com uma porção da de Iansã, contida no raio laranja, resultando em um Orixá com características vibratórias semelhantes às dos Orixás Oxum e Iansã simultaneamente, combinando as potências geradoras de amor e coragem e construindo o arquétipo de ser doce e guerreira ao mesmo tempo, tal qual o Orixá Oxum Opará.

Esse modelo de classificação, portanto, não só considera a mobilidade das energias na natureza e seus possíveis entrecruzamentos como também oferece espaço para compreender qualquer Orixá que se possa pensar, não ficando limitado nem a 7, nem a 12, 14, nem mesmo aos 16 mais conhecidos no Brasil. Poderia comportar, tranquilamente, os mais de 600 Orixás que eram cultuados ancestralmente na África, ou 2.000, ou quantos pudéssemos conhecer, pois tudo o que vem de Deus – incluindo as vibrações dos próprios Orixás – está contido em um dos sete feixes luminosos primários ou em suas infinitas combinações.

No entanto, isso não é tudo! Sendo Deus a fonte primária de toda a existência, suas vibrações são irradiadas de si constantemente, expandindo-se sobre onde antes havia o nada ou, simbolicamente, o negro, visto que o negro é justamente a ausência de cor e luz (é por isso que, em um quarto completamente fechado e com luzes apagadas, você enxerga somente o preto). Uma vez tendo sido emanados de Deus – ou do Triângulo Divino –, cada um dos feixes coloridos inicia seu movimento de expansão, avançando eternamente sobre o nada – ou o negro –, semelhante ao próprio movimento de expansão do Universo. E é justamente ali, onde os raios coloridos avançam sobre a escuridão, abrindo os caminhos e possibilitando a expansão da luz, que se encontra a vibração divina de Exu! A atuação dessa vibração é tão espetacular que merece um capítulo todinho para descrevê-la. Sim! Não há dúvidas: Exu merece!

## OS SETE RAIOS E SUAS VIBRAÇÕES

Como imanências divinas, as vibrações dos Orixás irradiam-se constantemente de Deus sobre toda a Criação. Uma boa representação visual de como isso se processa é tomarmos por base o símbolo de A Centelha Divina em que Deus é representado pelo triângulo central, e as potências criadoras irradiadas de si são representadas pelos sete raios coloridos. Nessa representação, por meio desses raios flui tudo o que vem do Criador, incluindo as vibrações dos Orixás. Além disso, as vibrações se misturam na natureza e, devido à combinação de uma com outra, outras vibrações surgem, assim como quando misturamos tintas de duas cores diferentes, gerando uma terceira.

### Transição para o 1º raio

A primeira vibração divina de que vamos falar é representada não por um dos raios, propriamente dito, mas pela região de transição do vermelho, que é a primeira faixa visível do espectro luminoso e o que está abaixo dela e que, por ser invisível, é representado pelo negro (o negro é a ausência de luz e cor). Nessa faixa transitória entre o negro e o vermelho, representamos a atuação do Orixá Exu, simbolizando sua ação sobre os limites, expandindo o que é luz sobre onde há escuridão.

Exu – é aquele que traz o movimento inicial e o começo de qualquer coisa, por isso, também, está no limite entre o visível e o invisível, entre a luz e as sombras em nossa representação. É o primeiro impulso, a primeira centelha de qualquer fogo. Atua ainda sobre a sexualidade, comunicação e as negociações, sendo responsável pelos primeiros passos em qualquer caminhada. Rege as encruzilhadas, como ponto inicial de novos caminhos. Sua vibração pode ser invocada em auxílio ao início de qualquer coisa (emprego, romance, mudanças etc.).

**1º raio**
Cor: vermelho
Vibração: força
Elemento: fogo
Orixás: Ogum e Xangô

O vermelho é a cor do fogo, a cor que traz movimento, impulso e iniciativa. Refere-se também às paixões, à sexualidade e à força. Simbolicamente, representa não apenas o primeiro passo de cada caminhada, como também a ação do próprio caminhar. Essa faixa vibratória é regida por Ogum, mas Xangô também atua nesse raio devido ao elemento fogo.

Ogum – rege a determinação e a luta para se atingir os objetivos. É aquele que impulsiona durante qualquer caminhada. É o fogo que inflama a vontade para que supere todos os obstáculos do caminho, auxiliando a vencer demandas espirituais e materiais. Atua sobre o psiquismo humano, estimulando o movimento, a ação e, havendo necessidade, a violência. É o vermelho propriamente dito, a cor da atividade e do sangue que dá a vida. Rege também o elemento ferro, presente tanto no sangue – impedindo a anemia e apatia –, quanto na natureza. Essa vibração pode ser invocada em auxílio à abertura de caminhos, impulsão à frente, superação de desânimo e vencimento de obstáculos. Sua cor é o vermelho vivo.

Xangô – rege o fogo propriamente dito e a justiça, que garante ao caminhante o rumo reto e seguro. É o legislador, aquele de caráter sólido e incorruptível. Sua personalidade forte e inflexível assemelha-se à rocha, regendo também pedreiras, coriscos, meteoros e trovões. Na Umbanda, sua cor é o marrom, mas também possui associação ao vermelho devido às vibrações do fogo que governa. Essa vibração pode ser invocada em auxílio a questões judiciais e busca por solidez profissional, espiritual e material.

## Transição para o 2º raio

Na transição da faixa vermelha para a faixa seguinte, a laranja, há um conjunto de vibrações intermediárias que possuem características tanto de uma quanto da outra. Esse conjunto de vibrações é regido pelo Orixá Obá.

Obá – rege o fogo (elemento do raio vermelho) e o ar (elemento do próximo raio). Possui características semelhantes a Ogum, como a determinação, a luta e a força de vontade, e também características similares às de Iansã, Orixá do raio laranja. Obá é, portanto, o fogo que não se apaga, visto que é alimentado pelo vento. Daí sua regência sobre vibrações de obstinação, persistência, valor e honra (que não se submete ao domínio de ninguém). Essa vibração pode ser invocada em auxílio à persistência, extinguindo o desânimo que impede conquistas da vida. Na Umbanda, as cores de sua guia são o vermelho e o laranja intercalados.

### 2º raio
Cor: laranja
Vibração: coragem
Elemento: ar
Orixá: Iansã

O laranja, por ser uma cor obtida da fusão entre o vermelho (força) e o amarelo (mente/consciência), representa a conjugação dessas duas vibrações, resultando em *coragem*; afinal, não há coragem sem que haja *força* e *consciência* combinadas em alguma proporção. Quando há pouca força e muita consciência, a pessoa não é forte, mas acaba sendo encorajada pela sua consciência, que lhe impulsiona e lhe dá a certeza da vitória; quando há muita força e pouca consciência, o excesso de força e impulso compensam a falta de raciocínio, estimulando a coragem mesmo quando a pessoa deveria ser mais cautelosa. Nos momentos em que força e consciência existem em iguais proporções, a pessoa é forte e tem certeza da vitória. Não há fonte maior de coragem que essa.

Iansã – é o próprio ar em movimento, gerando vendavais e tempestades. Governando vibrações tão ativas, atua também sobre vibrações de coragem, volúpia e força, o que lhe confere afinidade com os Orixás da faixa vermelha (Exu, Ogum e Xangô). É o Orixá que comanda os eguns, aproximando-se, também, de Xapanã. Sua cor é o coral propriamente dito. As vibrações desse raio podem ser invocadas em auxílio ao fortalecimento da coragem e em pedidos para afastar eguns, auxiliando em processos desobsessivos. Sob as vibrações de Iansã, atuam as vibrações dos Baianos, trazendo ousadia, alegria e propósito.

## Transição para o 3º raio

Na transição da faixa laranja para a faixa seguinte, a amarela, há um conjunto de vibrações intermediárias que possuem características tanto de uma quanto da outra. Esse conjunto de vibrações é regido pelo Orixá Ewá.

Ewá – rege o ar (elemento do raio laranja) e o mundo mental (que é o elemento do próximo raio). Possui tanto características semelhantes a Iansã – como a coragem e o controle sobre eguns – como também atua sobre a mente, de forma similar ao Povo do Oriente, o regente da faixa vibratória amarela, pois rege tudo o que não pode ser percebido pelos cinco sentidos, mas pode ser imaginado ou idealizado pela mente. É o Orixá dos mistérios, do oculto e também da inspiração e das artes. Rege ainda as nuvens, névoas e neblinas, que encobrem a visão, impedindo o conhecimento do que está adiante. Por governar o desconhecido, rege também a morte e os eguns, desligando a consciência das pessoas no momento do desencarne. Quando Ewá não quer, não há morte, pois a consciência não apagará. Essa característica lhe atribui grande afinidade não só com Xapanã, mas também com Oxumarê, o Orixá que rege todos os ciclos da natureza. A vibração de Ewá pode ser invocada em auxílio à intuição, à comunicação mediúnica, em pedidos para afastar eguns e Iku, a morte. Na Umbanda, as cores de sua guia são o vermelho intercalado com o amarelo.

**3º raio**
Cor: amarelo
Vibração: consciência
Elemento: mente
Regente: Povo do Oriente

O amarelo é a cor da *consciência*, da sabedoria e da busca pelo autoaperfeiçoamento. Essa faixa vibratória possui grande correlação com as atividades mentais, daí a representação das auréolas douradas dos santos, ao redor de sua cabeça, indicando sua inteligência e seu discernimento. Dentro da faixa vibratória amarela, há a linha de trabalho do Povo do Oriente, que é a regente dessa faixa.

Povo do Oriente – é a vibração que irradia sobre o estímulo à reforma íntima, fortalecimento da consciência, aprendizado e superação de paixões, vibrando também sobre a roda cíclica das reencarnações e do carma. Facilita a reflexão, a calma e a meditação. As vibrações desse raio podem ser invocadas para facilitar o desapego e as boas intenções em função do aniquilamento do ego. A cor específica do Povo do Oriente é o amarelo-ouro. Sob as vibrações do Povo do Oriente, atuam as vibrações do Povo Cigano, favorecendo as mudanças de rumo e a solução de mentalizações negativas e magias.

## Transição para o 4º raio

Na transição da faixa amarela para a faixa seguinte, a verde, há um conjunto de vibrações intermediárias que possuem características tanto de uma quanto da outra. Esse conjunto de vibrações é regido pelo Orixá Iroco.

Iroco – rege a mente (elemento do raio amarelo) e sobre as matas (elemento do próximo raio). Sua regência sobre a mente se dá pela contagem do tempo, sua principal representação, e que nada mais é que a interpretação criada pela mente da sucessão dos fatos que observa. A correlação de Iroco com a mata origina-se da sua personificação na Gameleira Branca, demonstrando a longevidade da árvore em relação à condição humana. Além do "tempo cronológico", rege também o "tempo clima". A vibração de Iroco pode ser invocada em auxílio à solução de problemas que só o tempo pode resolver. Na Umbanda, suas guias são feitas com contas coloridas ou cinza.

**4º raio**
Cor: verde
Vibração: auxílio
Elemento: matas
Orixás: Oxóssi e Ossâin

O verde é o resultado da fusão das cores amarelo (mente) e azul (sentimento). Onde há consciência (mente) com amor (sentimento), há o desejo de auxiliar, de ajudar, de prover e de curar. Por isso, o verde é a cor do *auxílio*, da cura e do socorro, seja ele em termos materiais, com a provisão de recursos necessários à vida, quanto em termos de saúde, com a aplicação de remédios. Dentro dessa faixa vibratória encontram-se as vibrações das matas, pois nelas estão as plantas e os animais, que são fontes de recursos tanto para a manutenção da vida quanto da saúde; as plantas por serem as bases dos remédios, e os animais, pela alimentação.

Ossâin – atua diretamente sobre a vegetação e suas vibrações e propriedades energéticas e materiais, irradiando sobre a formação de todos os remédios para a cura espiritual ou orgânica. A vibração de Ossâin pode ser invocada em auxílio à saúde, quando se deseja extrair o maior potencial curativo de alguma erva por meio do uso de chás e remédios em geral, assim como quando se deseja a purificação, o descarrego ou o equilíbrio energético com o uso de folhas em banhos, sacudimentos etc. Na Umbanda, as cores da guia de Ossâin são o verde intercalado com o branco.

Oxóssi – atua sobre a fauna e o equilíbrio do ecossistema. Suas vibrações promovem a fartura e a saúde, visto que representa o caçador que busca o alimento (caça) para o sustento e bem-estar da comunidade. Vibra também sobre o trabalho, por ser este o meio de provisão da família nos dias atuais. Irradia sobre vibrações de responsabilidade e razão. As vibrações desse raio podem ser invocadas em auxílio à saúde, à prosperidade, ao trabalho do dia a dia e ao extermínio da miséria. Oxóssi é o Orixá regente dessa faixa, e sua cor é o verde propriamente dito. Sob as vibrações de Ossâin e Oxóssi, atuam as vibrações de Caboclos, Caboclas, Boiadeiros e Caboclos Quimbandeiros, trazendo auxílio por intermédio da medicina natural e estimulando o desenvolvimento de racionalidade e responsabilidade.

## Transição para o 5º raio

Na transição da faixa verde para a faixa seguinte, a azul, há um conjunto de vibrações intermediárias que possuem características tanto de uma quanto da outra. Esse conjunto de vibrações é regido por Logunedé.

Logunedé – rege a mata (elemento do raio verde) e o sentimento (elemento do próximo raio). Sua regência sobre a mata lhe proporciona características semelhantes ao Orixá Oxóssi, bem como sobre as vibrações regidas pelo caçador. Sua regência sobre os sentimentos lhe confere vibrações similares às de Oxum, como emoções, sentimentos, intuição e prosperidade. Rege também a juventude, precocidade e alegria. Essa vibração pode ser invocada em auxílio ao socorro financeiro e à conquista de alegrias e jovialidade. Na Umbanda, as cores da guia de Logunedé são o verde e o azul intercalados.

**5º raio**
Cor: azul
Vibração: amor
Elemento: sentimento
Orixá: Oxum

O azul é a cor do *amor*, dos sentimentos, da ternura e da fraternidade. Reflete também a calma e a compreensão, sendo frequentemente utilizado para tranquilizar ambientes e pessoas. Dentro dessa faixa vibratória encontram-se as vibrações das águas doces e dos sentimentos, simbolicamente os elementos ligados à feminilidade e à Oxum.

Oxum – rege os sentimentos e a água, especificamente a doce, como rios, cachoeiras e cascatas. Regendo a água, rege também a gestação e os órgãos genitais femininos. Irradia vibrações de amor, doçura, calma, intuição e prosperidade. Suas vibrações podem ser invocadas em auxílio à dificuldade de engravidar, às gestações difíceis, à solução de problemas genitais femininos, à busca de afeto e à solução de dificuldades financeiras. Na Umbanda, as cores da guia de Oxum são o azul e branco intercalados.

### Transição para o 6º raio

Na transição da faixa azul para a faixa seguinte, a índigo, há um conjunto de vibrações intermediárias que possuem características tanto de uma quanto da outra. Esse conjunto de vibrações é regido por Ibêji.

Ibêji – rege os sentimentos, pois vibra sobre pureza de emoções, e a "criação", o elemento do próximo raio, uma vez que representa o princípio do crescimento, de algo que foi gerado e que tende a se desenvolver. Por isso, rege também os locais na natureza onde há elementos em crescimento, como jardins (flores e sementes), filhotes de animais e mesmo crianças. Essa vibração pode ser invocada em auxílio ao desenvolvimento de qualquer projeto que esteja passando por dificuldades, ou para encontrar soluções imediatas para questões difíceis. Na Umbanda, a cor da guia de Ibêji é o cor-de-rosa. Em alguns casos, pode-se aceitar a intercalação com o azul.

### 6º raio
Cor: índigo
Vibração: criação
Elemento: água
Orixá: Iemanjá

O índigo é a cor da *criação*, visto que é o resultado da mistura do azul (amor) com o lilás (doação). Onde há doação com amor, há maternidade e criação. Reflete também as idealizações, a sensibilidade mediúnica e a clarividência. Dentro dessa faixa vibratória encontram-se as vibrações de sentimentos, tal qual na faixa azul, porém agora dinamizadas pela doação do lilás. Se o azul gera amor, o índigo cria o que foi gerado. É, portanto, a faixa que representa a maternidade, a família e o cuidado com os demais.

Iemanjá – rege a água, especificamente a salgada, das praias e dos oceanos. Regendo a água, rege as emoções, porém com mais referências ao "criar" que o observado na faixa azul. Irradia vibrações de amor, doçura, educação, atenção, carinho, cuidado e maternidade. Suas vibrações podem ser invocadas em auxílio às desavenças familiares e ao equilíbrio espiritual, pois Iemanjá é considerada a mãe de todos os Orixás, por ser no mar o repositório de todas as vibrações da natureza. Auxilia também no apaziguamento de quizilas e distúrbios energéticos. Na Umbanda, a guia de Iemanjá é confeccionada com contas transparentes, mas a do Povo do Mar, em geral, é feita com contas índigo. Sob as vibrações de Iemanjá, atuam as vibrações dos *Marinheiros*, favorecendo o descarrego de emoções aprisionadas e a busca por novos portos seguros que possibilitem o crescimento.

## Transição para o 7º raio

Na transição da faixa índigo para a faixa seguinte, a lilás, há um conjunto de vibrações intermediárias que possuem características tanto de uma quanto da outra. Esse conjunto de vibrações é regido por Nanã.

Nanã – rege a água (elemento do raio índigo) e a terra (elemento do próximo raio). Com essa regência, vibra também lamas, pântanos e locais de águas paradas. Simboliza o final do "criar" e o começo da aplicação do que foi aprendido durante a vida. Por isso, representa a senioridade e a sabedoria. Suas vibrações aproximam-se da morte, por ser este o momento em que tudo o que deveria ter sido aprendido já passou. Auxilia na absorção de conhecimentos, na cura de doenças e no trato com eguns. Na Umbanda, a guia de Nanã é roxa.

**7º raio**
Cor: lilás
Vibração: doação
Elemento: terra
Orixá: Xapanã

O lilás é a cor da *doação*, visto que é o resultado da mistura do azul (amor) com o vermelho (força). Onde há amor e força, há amor em atividade: doação! Reflete também a espiritualidade em sua mais nobre interpretação: ativa e pura. Nessa faixa vibratória encontram-se as vibrações da terra, elemento que, simbolicamente, doa de si os nutrientes para que haja vida vegetal e animal. É também, por isso, elemento transformador. O regente dessa faixa vibratória é Xapanã.

Xapanã – rege a terra e todas as transformações ocorridas com sua ação, desde a decomposição dos corpos até a transformação de suas substâncias em nutrientes para novos organismos. Suas vibrações atuam também sobre o desencarne, as doenças, a libertação do Espírito do corpo e a transmutação do material em espiritual. Possui grande autoridade sobre eguns. Suas irradiações podem ser utilizadas em casos de doença, morte iminente e afastamento de eguns. A cor da guia de Xapanã na Umbanda é o preto, vermelho e branco. Sob as vibrações de Xapanã, atuam as vibrações dos Pretos Velhos e das Santas Almas Benditas, favorecendo a elucidação do Espírito e a solução de processos obsessivos.

## Transição para o raio divino

Na transição da faixa lilás para a faixa seguinte, a branca, há um conjunto de vibrações intermediárias que possuem características tanto de uma quanto da outra. Esse conjunto de vibrações é regido por Oxumarê.

Oxumarê – esse Orixá liga a terra ao céu com um de seus símbolos, o arco-íris, que anuncia a bonança após a tempestade. É também representado pela cobra que rasteja sobre a terra e que troca periodicamente de pele, permitindo seu crescimento e sua renovação, sendo, por isso, o Orixá responsável por todas as transformações e os ciclos da natureza, desde as estações do ano até o movimento dos astros. Não há, portanto, nada no mundo material que não esteja sob sua regência, o que o liga também ao conceito de "plenitude", elemento do raio branco. Suas vibrações podem ser invocadas para dar dinamismo a situações estagnadas ou para trazer mudanças radicais em vários aspectos da vida, incluindo a financeira. Na Umbanda, a cor de sua guia é o verde e amarelo, ou pode ser confeccionada com as sete cores do arco-íris.

### Raio divino
Cor: branco
Vibração: plenitude
Elemento: criação cósmica
Orixá: Oxalá

O branco é a cor da *plenitude*, uma vez que é o resultado da mistura das sete cores antecessoras. Onde há força, coragem, consciência, auxílio, amor, criação e doação em proporções iguais, ou seja, em harmonia, há plenitude! Reflete também a fé e a paz. Nessa faixa vibratória encontram-se as vibrações de toda a *criação cósmica*, em abundância e plenitude. O regente dessa faixa vibratória é Oxalá.

Oxalá – rege toda a Criação, por ser, justamente, a potência criadora por natureza. Suas vibrações transmitem paz, fé, harmonia, espiritualidade e tudo o que possa ser considerado elevado. Suas vibrações podem ser invocadas em casos de atribulações materiais ou espirituais, falta de fé ou necessidade de socorro e misericórdia. Sua guia na Umbanda é feita de contas brancas leitosas. No símbolo de A Centelha Divina, é representado pelo triângulo branco, o ponto de partida de todas as outras vibrações. Favorece os sentimentos de humildade, fé e caridade.

# ORIXÁS:
## ARQUÉTIPOS E PARTICULARIDADES

Na nossa Umbanda Divina, são cultuados 16 Orixás principais, ou, como já explicado, 16 imanências divinas distintas, manifestações do mesmo Deus. No entanto, em outras correntes de Umbanda, nem todos esses 16 Orixás são considerados como partes integrantes do culto. Há, inclusive, segmentos religiosos que entendem que determinados Orixás não poderiam jamais ser cultuados na Umbanda, como veremos a seguir.

Nosso enfoque nessa apresentação será um pouco diferente do tradicional, o que poderá causar certo incômodo às pessoas habituadas a leituras do segmento. Será dado menor ênfase às lendas africanas e maior ao caráter energético do Orixá, características básicas de seus filhos e suas funções no controle da natureza, apresentados seguindo a mesma ordem em que aparecem na distribuição dos Sete Raios Divinos. Além dos Orixás, será apresentado também o Povo do Oriente, que, embora não seja Orixá, integra as forças imanentes de Deus e atuantes sobre a Criação.

Os Orixás não serão aqui representados com as figuras de santos católicos a eles relacionados segundo as regras do sincretismo, uma vez que tal relação não possui, em verdade, qualquer caráter de veracidade, sendo, apenas, um subterfúgio utilizado pelos antigos escravos para facilitar a prática de seu culto. Utilizar as representações africanas dos Orixás tais como eram concebidos pelos antigos escravos também não corresponderia à realidade, pois tais figurações indicam apenas a forma como eles eram cultuados na África. Os Orixás, na Umbanda Divina, não têm aparência específica, apresentando-se, geralmente, sob a forma que os possibilite serem mais bem compreendidos: um raio de luz, uma figura esvoaçante, uma pessoa negra vestida com roupas africanas ou, ainda, uma entidade branca trajando roupas medievais... Qualquer uma dessas pode ser a forma assumida por um Orixá. Por esse motivo, não serão utilizadas quaisquer figuras humanas para representá-los.

## Exu

A palavra "Exu" é aqui empregada, inicialmente, em referência ao Orixá Exu, devendo-se distinguir alguns conceitos entre o "Orixá" propriamente dito e seus falangeiros, conhecidos na Umbanda como "Povo de Rua".

"Exu", em iorubá, significa "esfera", ou seja, aquilo que não tem começo nem fim, o que dá não só a ideia de infinito como também de mobilidade, função básica atribuída a esse Orixá, uma vez que tem por missão fundamental servir de mensageiro e intermediário entre os homens e os demais Orixás. Isso se dá diretamente no plano astral ou por meio do jogo de búzios, em que desempenha um papel importantíssimo, visto que é Exu quem leva as perguntas aos Orixás e traduz suas respostas para a linguagem humana durante o jogo, facilitando a interpretação de quem o estiver realizando. Essa é a razão pela qual recebe alcunhas como "mensageiro dos Orixás". Exu também é conhecido como "Aluvaiá", "Cariapemba" ou "Elegbara", que significa "o senhor ou o dono do poder", em alusão à capacidade que tem de realizar grandes trabalhos de magia.

A posição de Exu como mensageiro dos Orixás é poeticamente retratada por uma lenda africana que narra que tal fato teve início em um momento quando Exu teve que representar 400 Orixás diante de Zâmbi. Para isso, cada um deles deu-lhe um pedaço de sua própria boca. A partir daí, Exu passou a transmitir suas mensagens e vontades por intermédio dos oráculos, bem como a punir ou recompensar os seres humanos em nome dos Orixás.

Por ter como função básica o intercâmbio entre o homem e os Orixás, isto é, entre o mundo material e o espiritual, Exu pode ser considerado o dono de todos os limites ou, ainda, o dono de todas as forças que percorrem os limites e os atravessam, capazes de estabelecer ligações entre ambos, seja no tempo ou no espaço. Em razão disso, é considerado o Senhor das Porteiras – limite espacial, físico – e o Senhor dos Horários – limite temporal, imaterial –, sendo seu momento de maior força, justamente, o limite entre um dia e outro (meia-noite). Todavia, se tem o poder para ligar, também possui o de impedir qualquer ligação ou comunicação, separando ou confundindo. Assim, é capaz de possibilitar a criação, mas também a destruição.

Exu é o Orixá que melhor controla as energias básicas da matéria, entre elas, a energia vital, essencial à prática sexual. É o Orixá que atua sobre o chacra básico, influenciando diretamente o prazer e o apetite sexual. Por isso, muitas vezes, é representado por um falo (pênis), seja em penteados em forma fálica ou pela sua arma, um bastão em formato de pênis com pequenas cabaças representando testículos.

Além da arma em formato fálico, Exu possui também uma haste de ferro com sete pontas voltadas para cima, representando os sete caminhos do homem e os sete chacras, os quais dependem da absorção de energia vital por meio do chacra básico (e, consequentemente, de Exu) para funcionarem perfeitamente. Algumas vezes, essa haste é simplificada, sendo reduzido o número de pontas de sete para três, o que facilita sua confusão com o tridente diabólico do Catolicismo. O tridente do Exu, quando aparece desenhado em seus pontos riscados, representa sua manifestação masculina se for do tipo angular e feminina se for apresentado sob a forma curva.

Normalmente, Exu é o primeiro Orixá a ser tratado em alguns rituais. Dizem as lendas – de várias maneiras – que, se não fosse assim, poderia atrapalhar as demais oferendas. Uma análise mais profunda, contudo, revela a razão para que se dê tal fato, mesmo na Umbanda. Ora, se Exu faz a ligação entre o ser humano e os Orixás, então o responsável pela construção da ponte inicial entre o mundo material e o espiritual, que permitirá às pessoas captarem as vibrações de qualquer Orixá, é Exu! Se ele próprio não estiver fortalecido e com suas energias em equilíbrio, como poderá estabelecer a comunicação que o médium deseja?

Apesar de estabelecer a comunicação com qualquer Orixá, é com Ogum que Exu tem maior afinidade. Há terreiros, inclusive, que consagram filhos de Exu a Ogum, afinal, ambos possuem estreita ligação com um mesmo elemento, o fogo, e possuem personalidades arrojadas e decididas. Em algumas regiões da África, Ogum e Exu eram vistos como um mesmo Orixá, dada sua similaridade. No entanto, enquanto Ogum, durante demandas, é comparado ao comandante, ao general, compara-se Exu ao soldado que, sob o comando de Ogum, vai para o campo de batalhas lutar diretamente pela defesa dos médiuns e do terreiro.

A personalidade de Exu tem algumas particularidades que serão vistas adiante, mas há alguns traços que podem ser considerados gerais: Exu é considerado o mais sutil e astuto de todos os Orixás. Diz-se que possui grande e incontrolável senso de humor, capaz de brincadeiras com seres humanos e com os próprios Orixás. Todavia, quase não possui quizilas com outras entidades ou mesmo com elementos materiais, como comidas e bebidas, aceitando quase tudo que lhe oferecem. Por isso também é conhecido como o Orixá que "come tudo o que a boca come". Sua proximidade ao homem o faz, via de regra, de fácil relacionamento. É aquele que pode enganar, ludibriar e confundir, mas também soluciona problemas, ajuda e demonstra novos caminhos. A astúcia de Exu está claramente indicada em dois tradicionais versos sagrados iorubás, que dizem: "Exu é capaz de carregar o óleo que comprou no mercado numa simples peneira sem que este óleo se derrame"; "Exu matou um pássaro ontem com a pedra que jogou hoje!"

Como qualquer Orixá, Exu também pode ter filhos de santo, ou seja, também pode ser um dos primeiros Orixás de uma pessoa. É comum que terreiros de Umbanda não aceitem tal condição, o que a nosso ver é errado, visto que uma pessoa que tenha o Orixá Exu como sua principal vibração permanecerá o tendo, estando no Candomblé, na Umbanda, no Budismo ou na Igreja Evangélica. Há, ainda, pessoas que se sentem incomodadas por serem filhas de Exu. Contudo, se o médium nasceu com esse tipo de energia como principal, é Exu quem deverá ser tratado como seu Orixá.

Algumas características podem ser apontadas em pessoas que o possuem como Orixá: normalmente, são indivíduos dinâmicos e dotados de grande vitalidade; têm tendência ao excesso em alguns prazeres da vida, como bebida e comida; gostam muito de brincadeiras, festas e ambientes movimentados, embora, às vezes, possam ser insolentes e mal-educados em algumas reuniões; geralmente, são bem-humorados, porém a falta de posturas de moral rígidas e inabaláveis os faz oscilar frequentemente entre o bem e o mal, podendo tender para ironia, mentira, deboche e intrigas ou para o auxílio incondicional; aliás, não costumam recusar ajuda, tanto para problemas financeiros quanto sentimentais; não reclamam de ouvir os outros, pois entendem com facilidade os pontos de vista alheios; podem ser bons conselheiros se não estiverem envolvidos sentimentalmente com a questão ou se houver, de preferência, alguma recompensa pelas suas ações; sentem atração por dinheiro, o que não quer dizer que queiram ficar ricas; podem alcançar prestígio e obter sucesso em seus empreendimentos por meio da comunicação, seu ponto forte; podem, também, ter sorte em jogo e são naturalmente sensuais. Se estão com as energias controladas, ou seja, com seu Orixá Exu bem tratado, podem caminhar pela vida tendendo à estabilidade financeira e sentimental. Em contrapartida, estando com as energias desequilibradas, podem tender a se tornar pessoas inclinadas às ações duvidosas e aos vícios de toda ordem, podendo ficar suscetíveis a assaltos, violência e morte.

Na Doutrina dos Sete Raios, Exu rege na transição para o primeiro raio, ou seja, a zona transitória entre o negro e o vermelho, que aliás são as cores a esse Orixá relacionadas. A explicação é que o vermelho é a cor de menor vibração do espectro visível humano (o primeiro raio), e abaixo dela não existe luz que o homem possa enxergar; há apenas, simbolicamente, o negro. A combinação das duas cores representaria o ponto limite entre o que o homem pode ver e o que não pode, numa alusão, talvez, aos espaços material e espiritual por onde Exu transita. Outra análise associa o negro ao oculto e o vermelho ao princípio dinâmico, por meio do qual o oculto se manifesta. Um terceiro enfoque encara o negro não apenas como o oculto, mas como tudo que a ele é relacionado, como a própria magia, e o vermelho como sinônimo de força. A união de ambas as cores retrataria a força de magia ou de manipular o oculto que esse Orixá possui.

Sobre "Exu", características e particularidades de seus falangeiros, estudaremos especificamente em outra obra.

# Ogum

Na natureza, Ogum é o Orixá que tem a função de controlar as energias ligadas aos metais. Por isso, como extensão, é considerado o padroeiro de todos os que utilizam objetos metálicos com certa constância, como ferreiros, cirurgiões, agricultores, marceneiros, mecânicos etc. Possui, ainda, íntima ligação com o fogo, o elemento utilizado para que seja possível a fundição e a modelagem de objetos metálicos.

Seu domínio sobre o fogo é compartilhado com Xangô e com Exu, com quem, aliás, possui um relacionamento excelente. Por isso, na Umbanda, enquanto é atribuída aos Exus a função de guardiões do terreiro e dos médiuns, a Ogum é facultada a ocupação de comandá-los durante seu trabalho ou durante as demandas espirituais, sendo tal função sua principal missão nas casas umbandistas. Esse fator garante-lhe apelidos como "general de Umbanda", "capitão" e outros que demonstram claramente sua personalidade bélica. A palavra "Ogum", inclusive, significa em iorubá, literalmente, "Senhor da Guerra" e reflete bem o caráter e a personalidade típica atribuída a esse Orixá e aos seus filhos.

Seu caráter batalhador, todavia, não fica restrito aos círculos do terreiro; estende-se também a diversos segmentos da vida humana, conferindo força, determinação e empenho às pessoas interessadas em realizar algum empreendimento. Por essa razão, também é considerado regente dos caminhos e das estradas, uma vez que ajuda as pessoas a atravessar qualquer obstáculo, atingindo, por fim, seu objetivo.

Ogum tem uma personalidade obstinada, disciplinada e rígida, correspondendo ao mais perfeito arquétipo do militar terreno. Sabe comandar e ser comandado, característica nem sempre seguida por seus filhos, que, devido ao gênio forte, muitas vezes tendem para a indisciplina e inconstância. Ogum corresponde, ainda, à figura mítica do guerreiro, aquele que age e luta impulsionado mais pelas paixões – que lhe conferem determinação e força – do que pela razão. É o lutador destemido, capaz de encarar qualquer inimigo a fim de fazer prevalecer o seu ideal. É aquele que prefere o combate de frente às articulações políticas dos bastidores. Corresponde, ainda, ao guerreiro que, entorpecido pelo fervor da batalha, é capaz de levá-la às últimas consequências, sagrar-se vencedor e, depois, com a mesma paixão que o movera momentos atrás, sentir-se amargurado pela violência cometida. Há, inclusive, um antigo ditado africano que bem reflete tal instabilidade emocional e que diz: "Ogum é o homem louco com músculos de aço!"

Os filhos desse Orixá herdam ainda outras peculiaridades: gostam de resolver seus próprios problemas sem recorrer a qualquer ajuda exterior, pois possuem um senso de honra – tendendo ao orgulho – insuperável. São capazes de enfrentar qualquer obstáculo a fim de fazer prevalecer sua opinião e costumam agir mais pela paixão do que pela razão, o que faz com que, muitas vezes, não planejem suas atitudes e acabem por arrepender-se de erros praticados.

São pessoas com enorme senso de vontade, o que lhes confere determinação incomum para conquistarem seus objetivos. Dão muito valor às amizades, sendo capazes de enfrentar por elas qualquer obstáculo, até mesmo a própria família. Sexualmente, são pessoas com grande disposição e bastante inovadoras, tendendo, inclusive, à infidelidade, pois normalmente encaram o sexo como uma necessidade básica da vida humana, como comer, beber e competir e também como um momento de prazer em meio às batalhas da vida. Em contrapartida, não suportam a rejeição ou a traição do cônjuge.

Gostam de viajar e de conhecer novas pessoas, pois são bastante inovadores. O desconhecido os atrai, por isso, frequentemente, iniciam novos empreendimentos – profissionais e sentimentais – sem, contudo, apegarem-se, profundamente, a nenhum deles, pois o assunto só os interessa enquanto for novo. Isso não quer dizer que não possam estabelecer vínculos estáveis, mas apenas que tais relações, para serem duradouras, deverão ser permeadas de novidades e inovações que lhes deem motivação e não os façam sentir-se presos.

Outras características que possuem são resumidas em tendência à irritabilidade, praticidade, violência, vingança, persistência e liderança nata. Possuem, ainda, enorme energia nervosa, que precisa ser dissipada pela constância de atividades físicas.

Estando com as energias descontroladas, os filhos de Ogum tendem a apresentar sérios problemas psíquicos e nervosos. Tendências à depressão, suicídio, desequilíbrios psicológicos, apatia ou euforia repentina são típicas dessa fase. Algumas vezes, o descontrole é tão grande que pode levar à perda de memória e a crises de fobias e ansiedade generalizadas. Nessa instância, a presença e força de vontade da família devem ser o principal ponto de apoio para a recuperação energética e espiritual do indivíduo, pois é ela, a família, quem deverá convencê-lo de que necessita de ajuda e encaminhá-lo ao amparo necessário.

Sua cor na Umbanda é o vermelho, que representa a força de vontade e o clamor das batalhas. E justamente pelo arquétipo do guerreiro, seus falangeiros podem empunhar, durante alguns rituais umbandistas, uma espada de aço ou uma bandeira representativa dos ideais cristãos da Era Medieval, em alusão aos antigos Cavaleiros Templários, de quem emprestam, muitas vezes, a própria aparência perispiritual.

Dentre seus falangeiros, há uma larga variedade de representações de Ogum, cada qual trabalhando na irradiação de determinado Orixá. Assim, há os que trabalham com Iemanjá (como Ogum Beira-mar), os que trabalham com Oxum (Ogum Iara), os que trabalham com Iansã (Ogum Matinada), e assim por diante. Dentro do conjunto de Oguns que trabalham na Umbanda, destacam-se:

- Ogum Beira-Mar;
- Ogum Sete Ondas;
- Ogum Sete Marolas;
- Ogum de Ronda;
- Ogum Sete Espadas;
- Ogum Sete Lanças;
- Ogum da Guia;
- Ogum Matinada;
- Ogum do Cariri;
- Ogum Rompe Mato;
- Ogum Naruê;
- Ogum Megê (Megê = 7);
- Ogum Nagô;
- Ogum Iara (Iara = proprietário);
- Ogum Malê (Ma = muito; lê = forte);
- Ogum Dilê (Dilê = tocar o solo);

- Ogum Timbiri;
- Ogum Arranca Toco;
- Ogum Cachoeirinha;
- Ogum do Oriente;
- Ogum Rompe Nuvens.

Na Umbanda ainda aparece Ogum Xoroquê, não como um simples Ogum na irradiação de Exu, como muitos acreditam, mas como uma mistura energética entre esses dois Orixás, não podendo, portanto, ser considerado, a bem de direito, nem Ogum nem Exu, mas um hibridismo de ambos.

Ogum é uma das figuras mais conhecidas dentro do panteão dos Orixás, especialmente no Brasil, onde, segundo relatos, teve atuação claramente sobrenatural durante a Guerra do Paraguai. Conta-se que em 1867 os terreiros umbandistas foram os primeiros a ter notícias da vitória brasileira em uma de suas batalhas (Batalha do Humaitá), quando, após seu término, falangeiros de Ogum baixaram e transmitiram a notícia aos terreiros em forma de ponto, da seguinte forma:

Nos campos do Humaitá
Venceu-se a guerra, meu Pai
Ogum, com seu cavalo de cor
Ogum Megê, Ogum Iara
Venceu-se a guerra, meu Pai
Ogum, com seu cavalo de cor.

A partir daí, e até hoje, foram criados inúmeros pontos de Ogum que relembravam em detalhes tal batalha e uma possível atuação do Orixá no clamor da guerra.

## Xangô

"Aquele que se destaca pela força e revela seus segredos" é uma das traduções possíveis para o termo "Xangô", designativo do Orixá que tem, na natureza, sua regência sobre o fogo, os minerais e, por extensão, as montanhas, pedreiras e formações rochosas de modo geral.

Por ser o Orixá que controla as energias ligadas às rochas, Xangô também detém poder sobre a maioria dos meteoros que chegam ao planeta. Compartilha, ainda, com Iansã, certo poder sobre os relâmpagos, devido à sua intrínseca ligação com o elemento fogo. Por isso, é considerado também o Senhor do Trovão.

Xangô é o Orixá da Justiça, detendo especial domínio sobre questões que envolvam disputas de interesses, sejam as formalmente articuladas por meios jurídicos, sejam as simples questões cotidianas de qualquer ser encarnado. Devido a esse fator, pessoas que possuem problemas de tal relação costumam invocá-lo requerendo seu auxílio para que o desfecho da situação lhes seja favorável. Todavia, por ser justiceiro, Xangô não concede a vitória nem mesmo aos seus filhos, caso estes não estejam plenamente corretos. Ao contrário, todas as pessoas que lhe pedem auxílio em questões jurídicas – incluindo seus filhos –, estando errados, verão sua condenação ser acelerada e a justiça ser feita com a vitória de seu oponente. Por isso, antes de se pedir a ajuda desse Orixá, deve-se ter plena consciência da extensão da própria culpa.

Tal caráter extremamente imparcial faz com que Xangô seja encarado, muitas vezes, como um Orixá violento, punidor dos erros humanos e de personalidade severa. Por essa razão, em lendas africanas é considerado "o Rei" – ou "Obá", em iorubá – e possui como símbolo um machado de duas lâminas denominado "Oxé", simbolizando a propriedade de cortar de ambos os lados, ou seja, de punir independentemente de qualquer ligação pessoal, numa analogia semelhante à da balança utilizada como representação de justiça nas sociedades modernas e a do martelo duplo do deus nórdico Thor, com quem, aliás, possui extrema identidade arquetípica, sendo ambos (Thor e Xangô) entidades ligadas ao trovão e à justiça.

Seus filhos possuem características que bem os definem, como pessoas com grande tendência à rigidez de personalidade, resmungos e ranzinzices, capazes de "remoer" por muito tempo uma ofensa sofrida, até o momento em que julgar o ofensor merecedor do seu perdão. São, ainda, pessoas que dão a impressão de serem um pouco lentas e meticulosas. Às vezes, até introvertidas, mas, sempre, com grande habilidade para a política e o comando disciplinador, pois gostam de dar a última palavra em qualquer querela e de se sentirem respeitados. Costumam ser trabalhadores e assumir para si questões alheias, como se fossem eles os ofendidos ou injustiçados. São, normalmente, desconfiados e costumam, naturalmente, impor respeito nos ambientes que frequentam. Fisicamente, têm tendência à calvície (no caso dos homens) e a um físico compacto, parecendo atarracado ou, pelo menos, mais rígido que o normal.

Quando estão com as energias descontroladas, os filhos de Xangô ficam suscetíveis a sofrer injustiças nos mais variados graus, desde aquela acarretada pelo não entendimento de algo por eles dito até a injustiça de ser condenado por um ato que não cometeu. Caso tenham processos em meios jurídicos nessa fase de descontrole energético, fatalmente não lograrão êxito ou, pelo menos, verão sua ação ser arrastada por anos até que tenha alguma decisão.

As energias de Xangô não combinam com energias de eguns, excetuando-se o Xangô conhecido como "das Almas", que, por si só, trabalha constantemente assessorado por Espíritos desencarnados. Assim, sempre que um filho de Xangô está com eguns encostados, suas ligações vibratórias com Xangô começam a ser fragilizadas. Por esse motivo, há quem diga que, quando próximos à morte, Xangô entrega seus filhos aos cuidados de Xapanã, devido à aproximação dos eguns (no caso, mentores espirituais) incumbidos de preparar o desencarne.

Na Umbanda, seus falangeiros se apresentam como homens idosos ou, em sua forma jovem, com aparência indígena, semelhante aos Caboclos. A cor de suas guias é o marrom, e algumas qualidades desse Orixá mantêm a mesma denominação do Candomblé; outras, contudo, recebem nomes em português, como se segue:

- Xangô Caô;
- Xangô Sete Pedreiras ou Sete Montanhas;
- Xangô Alufã;
- Xangô Alafin;
- Xangô Menino;
- Xangô do Oriente;
- Xangô das Almas;
- Xangô Airá;
- Xangô Agodô;

- Xangô Aganju;
- Xangô Djacutá;
- Xangô Agojô.

## Obá

A palavra "Obá" significa, em iorubá, "rainha" e é aplicada a esse Orixá não apenas em referência a uma lenda que atesta seu relacionamento com Xangô, o rei, como também devido à sua ligação com o rio nigeriano de mesmo nome, do qual é o Orixá regente. É uma entidade bastante semelhante à Iansã, embora, em questão de temperamento, também se assemelhe bastante ao guerreiro Ogum.

Na natureza, Obá estende sua regência sobre os mesmos elementos relacionados a Iansã e a Ogum, ou seja, sobre as tempestades, os raios, os ventos, os metais e o fogo. Todavia, tem especial domínio sobre as formações insulares (as ilhas), o que, de certo modo, reflete um pouco da personalidade de seus filhos, pessoas com tendência à deficiência de comunicação e, consequentemente, propensas a serem mal compreendidas, tendendo, portanto, ao isolamento, como se vivessem permanentemente numa "ilha psicológica".

Os filhos de Obá caracterizam o tipo valoroso, lutador e bem-intencionado, mas que poucas vezes é reconhecido ou bem entendido. Normalmente, seus erros vêm precedidos das melhores intenções. Sua maior falha, como já dito, é a comunicação, pois tendem a não falar o que deveriam no momento certo.

Paixão para os filhos de Obá, muitas vezes, se confunde com sofrimento, pois não conhecem a paixão com limites, e, por amor, são capazes de romper os maiores obstáculos. O maior problema é, entretanto, desejarem reciprocidade total por parte do cônjuge, pois não entendem outra forma de amor. Por isso, sofrem e acham-se pouco queridos, tornando-se, dessa forma, um tanto quanto desconfiados das atitudes do parceiro. Contudo, não têm coragem de expor suas emoções e seus conflitos sentimentais, interiorizando-os cada vez mais e aumentando, assim, sua própria angústia.

Apresentam, ainda, um temperamento bastante forte e decidido, tendendo ao ciúme e à possessão, sentindo-se, muitas vezes, imersos em uma severa disputa com um rival imaginário. Sua frustração sentimental normalmente costuma ser bem compensada pela tendência ao sucesso profissional e social. São corajosos e sinceros, podendo, inclusive, ser rudes em excesso.

Quando descontrolados energeticamente, podem apresentar sintomas assemelhados aos dos filhos de Iansã ou de Ogum, como a tendência à explosão nervosa e agressividade ou melancolia, angústia e depressão.

Tamanha tensão emocional, típica dos filhos de Obá, é explicada, segundo uns, devido ao fato de tal Orixá estender seus domínios não apenas sobre energias de coragem, força e valor, mas também sobre energias ligadas a sentimentos de perda, desesperança, desilusão, tristeza, solidão, abandono, raiva e frustração, de modo semelhante àquele pelo qual Oxum rege sobre o amor e Oxalá sobre a tranquilidade.

Sua saudação é "Obá Xirêe", e, na Umbanda, suas guias devem ser confeccionadas com a combinação das cores de Ogum (vermelho) e de Iansã (geralmente o coral, mas podendo ser utilizado, também, o rosa ou o amarelo).

## Iansã

Muitos admitem que o nome "Iansã" se origina do termo "Aborimesan", cujo significado é "com nove cabeças", ou do termo "Iyá-mesan-orun", que quer dizer "mãe dos nove orun", ou, ainda, da expressão "Iyá-omo-mesan", que significa, em iorubá, "mãe de nove crianças". Outros pesquisadores ainda apontam diferentes origens para o mesmo nome, como, por exemplo, "Oyamesan", cujo significado é, literalmente, "nove Oyás". De qualquer maneira, fica explícita a estreita ligação que esse Orixá possui com o número nove, que, além de ser o número designativo de seu Odu, está presente, também, em inúmeras lendas sobre Iansã. É conhecida, ainda, por "Oyá", antigo nome do Rio Níger, cujo delta se divide em nove braços – às margens desse rio, era cultuada originalmente.

Sua regência se estende sobre o ar, o vento (ar em movimento), o fogo, a tempestade, assim como raios, ciclones, furacões, tufões e vendavais.

Também tem comando sobre a água da chuva, mas não em seu início, quando ocorre a condensação (domínio de Oxumarê), nem em seu final, quando toca e penetra o solo (domínio de Nanã), mas somente enquanto cai, estando envolta pelo seu elemento principal, o ar. Além de Xapanã, Oyá-Iansã é o único Orixá que também detém domínio sobre eguns, podendo afastá-los ou espantá-los segundo sua vontade, personificada miticamente na utilização de seu "Iruexin", espécie de chicote confeccionado com a crina do rabo de um cavalo presa a um pedaço de osso, madeira ou cobre. Em alguns casos, na impossibilidade do uso da crina, aceita-se a utilização de palha da costa em seu lugar.

Como os demais Orixás, Iansã recebe muitas denominações distintas (no Candomblé) que a classificam em qualidades diferentes do mesmo Orixá. Na Umbanda, contudo, costuma-se, no máximo, subdividir as Iansãs em dois grupos: o das "Iansãs de Balé" e o das "Iansãs Matambas".

As Iansãs de Balé são também conhecidas como "Igbalés", termo que significa "aquela que retorna a terra", segundo uns, e "governanta", segundo outros, e que serve para designar as que têm especial ligação com os eguns ou com o "balé", a "casa dos mortos". Trabalham na irradiação de Xapanã e expulsam os eguns enquanto dançam, com o movimento dos seus braços e o agitar constante de seu Iruexin.

O caráter de Iansã corresponde ao das pessoas que possuem personalidade forte e lutam para atingir os objetivos. Seus filhos herdam, além destas, outras características atribuídas ao Orixá. São pessoas apaixonadas, das que são capazes de dar vazão à paixão de forma louca, violenta, com volúpia e sem receio das consequências, pois, frequentemente, agem mais pelo sentimento do que pela razão. Podem ser provocantes e ciumentas ao extremo e possuem grande vigor sexual, comparável ao dos filhos de Ogum. Diferentemente dos filhos de Oxum, que possuem uma sensualidade meiga, os filhos de Iansã conquistam pela sua sensualidade agressiva, muitas vezes atirada e direta.

São indivíduos dominadores, corajosos, ousados, abusados, francos ao extremo, podendo ser inconvenientes, possuindo enorme dificuldade de esconder suas grandes emoções ou sentimentos, sejam de simpatia ou antipatia. Possuem gênio difícil e não conseguem perdoar com facilidade erros que não sejam os seus próprios ou os de alguém de quem goste muito. Quando contrariados, podem ser impulsivos, antiéticos e violentos, capazes de promoverem agressões físicas e morais sem se sentirem constrangidos, pois não temem escândalo quando acham que estão corretos.

Sendo mulheres, não gostam dos afazeres domésticos, típica ocupação feminina, preferindo trabalhos que demandem maior complexidade ou mesmo força física, além de possuírem, geralmente, maior número de amizade entre homens do que entre pessoas de seu sexo.

Quando se encontram descontrolados energeticamente, os filhos de Iansã costumam ter problemas financeiros ou de justiça, além de, de vez em quando, serem capazes de se sentirem perdidos em lugares que conhecem bem, até mesmo em frente à sua própria casa.

Iansã possui estreita relação com Xangô. Por isso, todo filho de Iansã "carrega" um Xangô e vice-versa. No mundo astral, é ela quem comanda os Ibêjis. Rege também em pedreiras e bambuzais e é extremamente exigente e enquizilada com seus filhos. Sua cor principal na Umbanda é o coral (na África, suas guias eram confeccionadas com contas corais, denominadas "monjoló", oriundas da lava vulcânica), admitindo-se, também, outras cores como o amarelo, o rosa e o branco (para Iansã do Balé), quando assim pedido pelo próprio Orixá.

## Ewá

Ewá é um Orixá feminino bastante parecido tanto com Iansã quanto com Oxum, o que a faz ser tomada, muitas vezes, por uma manifestação de uma ou de outra, pois, ao mesmo tempo em que é guerreira como Iansã, assume características maternais comuns ao Orixá Oxum, dos rios.

Seu nome provém da denominação de um rio nigeriano, às margens do qual era cultuada na África, e seus domínios se estendem sobre cacimbas, poços e reservatórios de água doce. Rege, ainda, os astros, o fogo, a neve e as nuvens, principalmente as que se tornam rosadas pelos raios do sol. Por isso, se diz que "Ewá é a senhora do céu cor-de-rosa".

Ewá é a dona do encanto, dominando tudo o que causa sensações agradáveis nas pessoas, como as artes, a música e as coisas alegres e vivas. Nuvens que lembram objetos e animais são obra da força atuante desse Orixá. Aliás, seu domínio sobre as nuvens e, consequentemente, sobre o ciclo de evaporação e condensação da água é compartilhado com

Oxumarê, com quem tem grande afinidade. Há quem diga, inclusive, que Ewá e Oxumarê seriam os dois lados de uma mesma moeda, uma vez que ambos possuem particular poder sobre ciclos naturais, mutações e transformações orgânicas e inorgânicas.

Outra característica em comum com esse Orixá é sua atuação sobre as cores. Enquanto Oxumarê conduz as cores e as energias pelo arco-íris, Ewá é quem fixa as tonalidades nos elementos da natureza, dando a coloração a todos os seres vivos e aos demais objetos nela existentes, tornando-a alegre, bonita e viva. Além disso, enquanto Oxumarê é a cobra macho, Ewá caracteriza-se como a cobra fêmea, representando a interligação profunda entre essas duas entidades. Da união das cobras macho e fêmea dá-se o equilíbrio universal ou, segundo palavras africanas, "a sustentação do Ayê".

Ewá apresenta-se, normalmente, trajando vestido cor-de-rosa ou vermelho e amarelo e portando uma espada e um arpão, o que lembra seu aspecto guerreiro. Suas cores são o vermelho e o amarelo, admitindo-se, também, o rosa como coloração especial.

Os filhos de Ewá têm grande magnetismo pessoal, normalmente são bonitos e que gostam de elogios. São agitados e com tendência à mutabilidade de comportamento. Contudo, não perdem a sinceridade e as características de amizade, lealdade e honestidade. Embora possam possuir muitos amigos, tendem ao isolamento e à meditação. Gostam de namorar e sentem-se bem quando são agradados, embora não tenham o casamento como meta de vida. Não obedecem com facilidade e têm tendência a falar mais que o necessário. Além dessas características, podem alternar características que lembram as de filhos de Iansã, Oxum e até de Oxóssi, o que faz com que, frequentemente, sejam confundidos com filhos desses Orixás.

## Povo do Oriente

A Linha do Oriente é integrada por Espíritos que se caracterizam como orientais. Semelhantemente ao que acontece com Caboclos, Pretos Velhos e Crianças, tal condição não significa que realmente tenham sido orientais em sua última encarnação. Trata-se apenas de uma representação para que melhor possam desempenhar sua missão junto aos encarnados.

O Povo do Oriente é o dono da sabedoria milenar e que transcende as esferas. Conhece o bem e o mal vindos dos erros capitais da humanidade. Sua função é ensinar ao homem que ele foi feito à imagem e semelhança divinas, razão pela qual tem força interior para vencer todos os tipos de problemas. Revestem-se de tal aparência para que possam transmitir, com maior poder de atuação, conhecimentos presentes em culturas e religiões oriundas do outro lado do mundo esquecidas na cultura ocidental e que remetem à prática de paciência, perseverança, disciplina, autocontrole, humildade e busca pela elevação espiritual. Dentro dessa corrente, são encontrados elementos constantes em religiões típicas do Oriente, como o hinduísmo, o budismo, confucionismo e, até mesmo, alguns conceitos do Tao.

Espíritos pertencentes a essa linha podem se apresentar como grandes mestres e gurus, monges, faquires, marajás, samurais ou simples homens e mulheres do povo, comerciantes e servos eunucos, personagens clássicos das culturas a que se referem. Possuem particular poder de cura, sabendo manipular com maestria as energias do ambiente e do próprio médium em quem estejam incorporados, transmutando-as em vibrações benéficas e balsâmicas, capazes de aliviarem sofrimentos e dores físicas e morais.

Sua cor na Umbanda Divina é o ouro ou o amarelo. Seus filhos, quando sem tratamento espiritual, deixam-se levar, facilmente, pela grande variedade de paixões humanas, como vingança, gula, preguiça, ira etc. São pessoas que vão de um polo ao outro nas atividades pessoais sem prévio planejamento; são capazes de, por exemplo, estarem habituados a ingerir grandes quantidades de alimentos e, de repente, optarem por uma dieta extremamente rígida. Podem ficar aborrecidos por pequenos motivos e não se importarem com grandes problemas.


## Iroco

Iroco é um Orixá de origem jeje conhecido por muitos outros nomes, como Loko, Maiongá, Kitembo, ou, simplesmente, Tempo.

Na natureza, sua regência se estende sobre todos os tipos de expressões temporais, sejam as climáticas – chuva, seca, frio, calor etc. – ou as relativas a momentos sucessivos – minutos, horas, anos, milênios.

Uma forma simplificada de melhor entender as características desse Orixá decorre da compreensão de ser ele o próprio tempo. "Sem tempo não se faz nada!"; "O tempo corrige tudo!"; "Algumas vezes o tempo está a nosso favor, outras, contra!"; "O tempo passa muito rápido!"; "O tempo passa para todos!"; "O tempo é o melhor remédio!" etc. Estas são algumas frases contidas no vocabulário cotidiano e que bem refletem a importância desse Orixá – o Tempo – para a humanidade, pois tudo e todos estão submetidos constantemente à sua atuação. Seu valor é tão grande que até mesmo os outros Orixás a ele se curvam, seja, simbolicamente, no momento da incorporação, quando se dirigem à porta – ao ar livre – e o saúdam, ou desincorporados, enquanto seus respectivos elementos de regência sofrem as ações do tempo (climáticas e temporais).

Iroco é simbolizado por uma árvore sólida e de raízes profundas – na África a "teca africana", e no Brasil, normalmente, a "gameleira branca" –, representando seu caráter estável, reto, firme e, algumas vezes, violento, o que o faz ser confundido, vez por outra, com Xangô.

Raramente Iroco aparece na Umbanda. Isso se dá não só por ter um número reduzido de filhos em comparação com outros Orixás, como também por não ser facilmente identificado pela maioria dos dirigentes de terreiros umbandistas. Quando incorpora, assume sucessivamente a forma de um homem velho, um jovem e, novamente, um velho, demonstrando seu total controle sobre o tempo.

Sua guia na Umbanda pode ser confeccionada com contas coloridas dispostas sequencialmente como o arco-íris, que não só indica mudança climática como também possui ampla ligação com Oxumarê, Orixá que comanda os fenômenos cíclicos (sequenciais) e com quem possui grande afinidade, sendo, mesmo, considerados irmãos segundo lendas africanas.

Os filhos de Iroco, quando descontrolados, costumam sentir intenso frio enquanto as demais pessoas transpiram de calor e vice-versa. Nesse estado de descontrole energético, podem, ainda, perder todo o domínio sobre seus horários, como se o tempo conspirasse contra eles. Em contrapartida, uma vez controlados, são capazes de levar qualquer empreendimento até o final, conseguindo disponibilizar seu tempo e suas ações da melhor maneira possível.

Há um ditado africano que diz: "O Tempo dá, o Tempo tira; o Tempo passa e a folha vira!"

## Oxóssi

A palavra "Oxóssi" é derivada da combinação dos termos iorubás "oxo" (caçador) e "ossi" (noturno), embora, algumas vezes, também seja conhecido apenas por "Odé", que possui significação semelhante.

Oxóssi tem como principal função na natureza o zelo pela vida animal, comandando diretamente os elementais encarregados da proteção da fauna do planeta. Todavia, além do zelo pela fauna, compartilha com Ossâin o controle de parte da vegetação, não no sentido amplo compreendido pelo Orixá das folhas, mas apenas sobre os vegetais entendidos como necessários à alimentação, o que é extremamente natural, dada sua missão de cuidar do provimento das necessidades vitais dos animais. Não obstante tal fator, os elementos de regência de Ossâin e Oxóssi, frequentemente, se misturam, pois é nas florestas e matas fechadas que se encontra o hábitat de grande parte da fauna mundial.

A ligação de Oxóssi com os vegetais comestíveis garante-lhe não apenas domínio sobre colheitas esporádicas, mas também sobre a lavoura e a agricultura planejada, sendo, por isso considerado o Orixá da fartura, da abundância e da prosperidade, pois havendo animais para serem caçados e alimentação abundante, há condições de sobrevivência humana no planeta.

O temperamento dos filhos de Oxóssi reflete as características principais do arquétipo do caçador, como a concentração, astúcia, paciência, determinação, o gosto pela liberdade e a tendência ao isolamento. Possuem atração por coisas novas, certa volubilidade afetiva, alegria, jovialidade, desconfiança, vaidade e grande senso de responsabilidade, que os impele à conquista e ao provimento das necessidades do lar.

Apesar de terem ímpeto lutador, os filhos de Oxóssi não costumam agir de forma semelhante aos de Ogum, pois, geralmente, tendem a colocar a razão à frente de suas atitudes, uma vez que não possuem a explosão passional que move os filhos do Orixá guerreiro. Tal diferença constitui a maior distinção entre o arquétipo do guerreiro (Ogum) e o do caçador (Oxóssi). Enquanto o primeiro dispõe-se a enfrentar qualquer desafio e a lutar para fazer prevalecer seus ideais, muitas vezes sem pensar nas consequências, o segundo, apesar de não fugir da luta – se necessária –, espreita e espera a melhor chance para atacar sua presa, canalizando sua fúria para aquele momento em que tem absoluta certeza de que sua investida não falhará.

Quando descontrolados energeticamente, os filhos de Oxóssi têm propensões a sofrer acidentes, como se, de caçadores passassem à caça, ficando suscetíveis ao abate inesperado.

Os antigos africanos costumavam dizer que Oxóssi é o caçador que nunca erra o alvo e que não precisa de mais de uma flecha para abater a caça. Como esta, inúmeras outras lendas são contadas a seu respeito.

Na Umbanda, Oxóssi é representado por falangeiros que assumem a aparência de nativos nacionais, os Caboclos. A cor de sua guia é verde, mas pode, se necessário, ser intercalada com sementes e objetos encontrados na natureza. Existem inúmeros Caboclos, dentre os quais destacam-se: Caboclo das Sete Encruzilhadas (fundador oficial da Umbanda no Brasil), Caboclo Ubirajara, Caboclo Sete Flechas, Caboclo Pena Branca, Caboclo Flecheiro, Caboclo Vira Mundo, Tupinambá, Tupi etc.

Os Caboclos que representam Oxóssi e que lhes servem como mensageiros são, muitas vezes, confundidos com os eguns de índios desencarnados em solo nacional, o que não corresponde completamente à verdade, embora até mesmo alguns Caboclos afirmem o contrário. Como qualquer Espírito que integra as falanges do Astral Superior dedicadas à natureza, os Caboclos são entidades falangeiras de Umbanda e, como tais, não se apresentam com a mesma personalidade, aparência e nome de suas encarnações pretéritas. Assumem, sim, uma forma, uma aparência e a representação de um "papel" que os tornem facilmente assimiláveis pela cultura regional e pelo inconsciente popular. A maneira como se manifestam serve-lhes como ferramenta auxiliadora na transmissão dos ensinamentos e na consolidação da confiança dos encarnados.

Quando algum Caboclo fala de sua encarnação como índio, refere-se, na verdade, a exemplos por meio dos quais pode transmitir alguma mensagem de força, humildade ou sabedoria, pois, em sua última passagem sobre a Terra, estes que nos terreiros de Umbanda se apresentam como figuras indígenas podem ter tido, na verdade, a forma de qualquer ser humano: um homem comum, um padre, um japonês, uma criança alemã ou, até mesmo, casualmente, um índio. A mesma teoria aplica-se, ainda, às Caboclas, aos Pretos Velhos, às crianças e aos demais Espíritos que ocupam funções no panteão dos falangeiros de Umbanda.

No terreiro umbandista, frequentemente, são os Caboclos que resolvem situações embaraçosas e que demandam vigor de opinião. São eles que decidem, opinam e iniciam os tratamentos sobre os casos mais difíceis, uma vez que personificam os verdadeiros conhecedores dos fundamentos das plantas e dos métodos curativos naturais. São eles, também, que transmitem aos filhos da casa as noções básicas de postura espiritual e conduta moral que devem construir para si. Por isso, à frente dos trabalhos desenvolvidos em uma instituição de Umbanda, há sempre um Caboclo que serve de diretor, conselheiro, porta-voz dos Orixás comandantes e confidente dos médiuns carentes de afeto e instrução.

## Ossâin

Seu nome significa, em iorubá, "Luz Divina"; também é conhecido por variações como Ossanin, Ossonhe, Ossãe e Ossanha.

Sua regência na natureza se estende sobre todo o reino vegetal, e não apenas sobre as plantas alimentícias como Oxóssi, nem sobre uma planta específica, como cada um dos demais Orixás. Por isso diz-se que Ossâin é o profundo conhecedor de todas as propriedades místicas e terapêuticas de cada espécie de vegetal. Dessa forma, embora cada Orixá possua ligação com uma folha ou planta, somente Ossâin sabe dela extrair toda sua potencialidade energética.

Sua ligação com a vegetação é tão intrínseca que chega a se misturar a ela e aos elementais que com ela trabalham diretamente. Devido a esse fator, narram as lendas africanas que, frequentemente, é visto acompanhado de "Aroni", um anão de uma só perna que fuma um cachimbo feito de casca de caracol, extremamente parecido com o Saci Pererê, elemental descrito pelos índios brasileiros.

Ossâin é um Orixá misterioso, tanto quanto o poder do elemento que governa. Por isso, a maior parte do conhecimento a seu respeito é cercada de cuidados e superstições que acabam por torná-lo ainda mais oculto. Dentro do próprio Candomblé, há descrições distintas para a personalidade desse Orixá. Até mesmo o sexo com que se apresenta é discutível. Na Umbanda, contudo, embora normalmente não se tenha ciência, o contato com as vibrações de Ossâin é muito maior e menos cercado de restrições, pois, enquanto Oxóssi se manifesta por intermédio dos falangeiros Caboclos, muitas vezes são as Caboclas que vêm representar a força de Ossâin, uma vez que, na cultura popular brasileira, enquanto os índios cuidavam da alimentação da aldeia pela caça, cabia às índias a preparação dos remédios vegetais, para o cuidado da tribo.

Os filhos de Ossâin tendem a ser pessoas reservadas e discretas. Não gostam de falar de si e muito menos de seu passado. Se não são totalmente introvertidas, pelo menos não gostam de se expor e de se fazer notar. São pacientes e racionais. Gostam e têm grande habilidade para trabalhos manuais. São detalhistas, caprichosos e com grande atração pela religiosidade. Sua necessidade de isolamento faz com que, muitas vezes, sejam mal interpretados, mas são incapazes de recusar ajuda a qualquer pessoa que deles se aproxime.

As cores das guias de Ossâin são verde e branco, intercalados, podendo-se também utilizar sementes e cascas de vegetais.

## Logunedé

Em iorubá, a expressão "Logun-Edé" tem por significado "príncipe aclamado" e é utilizada para designar o "mimo" com que esse Orixá é tratado pelos demais devido a sua peculiaridade de ser, segundo lendas, o único Orixá que não teria nascido de Nanã ou Iemanjá.

Logun-Edé – ou Logunedé – é um Orixá cuja síntese vibratória une as energias de Oxum e Oxóssi, o que lhe confere características alternantes entre as de ambos. Assim, por seis meses Logunedé rege as águas dos rios e das cachoeiras, como Oxum, apresentando, nesse período, características comportamentais semelhantes às desse Orixá, e nos seis meses subsequentes, atua sobre as matas, passando a agir como Oxóssi.

Tal alternância é refletida em seus filhos a nível de dualidade comportamental, variando, preponderantemente, entre as características tipicamente masculinas, como agressividade, disputa, força e razão, e as tipicamente femininas, como suavidade, gentileza, intuição e sentimentalismo.

Além dessas qualidades, seus filhos costumam alternar, periodicamente, gostos, preferências, atitudes, amizades e, até mesmo, o próprio humor. Algumas vezes podem apresentar momentos de alta sociabilidade, como Oxum, e outras de tendência ao isolamento, como Oxóssi. São, ainda, pessoas vaidosas, altivas, belas e elegantes, tendendo, contudo, à preguiça, intriga e ao desejo excessivo de se sentirem preferidas e bajuladas.

Além de sua atuação sobre as águas doces e as florestas, Logunedé tem também especial domínio sobre energias relacionadas às artes, à riqueza, sorte, beleza, jovialidade e ingenuidade juvenil. Sua saudação é simplesmente "Logun!" ou "Loci, loci!" Na Umbanda, é um Orixá pouco cultuado, na maioria das vezes, por pura falta de conhecimento de como fazê-lo. Sua guia pode ser confeccionada seguindo a alternância de cores de Oxum e Oxóssi, ou seja, com contas azuis, brancas e verdes. Algumas vezes, aceita-se o dourado, em alusão ao ouro e ao "status" de "mimo dos Orixás", de que costuma gozar.

## Oxum

Oxum é um dos Orixás mais populares no Brasil. Seu nome é originário de um rio que possui a mesma denominação e que passa pela cidade de Oxogbô, na Nigéria, local onde essa entidade da natureza era cultuada originalmente.

Sua regência principal se encontra nas águas dos rios, com as quais mantém uma relação tão poderosa que lhe confere, também, por extensão, o domínio sobre tudo o que está relacionado ao meio aquoso (como a lua que exerce enorme poder sobre as marés) ou o que possui a capacidade de reter líquidos (como a própria bolsa uterina que envolve o feto em formação).

Por ser a água indispensável a qualquer ser vivo, Oxum detém a primazia de controlar as energias diretamente relacionadas à vida, as quais são transmitidas a cada indivíduo no momento da concepção, para que a fecundação possa ocorrer dentro dos parâmetros desejados e relacionados ao seu carma e sua missão.

As energias de Oxum atuam, preponderantemente, sobre qualquer pessoa desde o momento da fecundação até o instante em que a criança começa a falar e a expressar suas próprias ideias, passando, evidentemente, pelo período de gestação, tempo em que o bebê permanece imerso diretamente em seu elemento: a água. Após essa fase, continuarão sob a influência de suas energias apenas aqueles que a possuem como um dos primeiros Orixás. Os demais terão, a partir daí, aumentada, sobre si, a atuação do seu próprio Orixá. Todavia, mesmo sendo filho de um outro Orixá qualquer, todo indivíduo continuará a fabricar energias de Oxum até o momento de seu desencarne, pois elas estão diretamente relacionadas à vida, e se, em dado momento, deixassem de ser produzidas, certamente ocorreria a doença e a morte (ausência de vida). Além de fabricadas, as energias de Oxum são também absorvidas constantemente no dia a dia humano, seja pela ingestão contínua de água (seu elemento) ou mesmo pelos banhos higiênicos tomados diariamente (também com seu elemento).

Como acontece com qualquer outro tipo de energia, uma pessoa pode, momentaneamente, estar desequilibrada em relação às energias que Oxum controla, seja por excesso ou por falta delas. Quando há um descontrole desse tipo, podem ocorrer algumas doenças físicas, normalmente ligadas ao aparelho reprodutor, justamente pelo fato de essa qualidade de energia ter a propriedade de atuar diretamente sobre a procriação. Um dos casos típicos de enfermidades causadas por essa turbulência energética resulta no surgimento de cistos e complicações em úteros e ovários que podem acabar por dificultar ou impedir a gestação ou, ainda, ocasionar abortos espontâneos, pois é a atuação equilibrada desse Orixá que mantém a criança viva e sadia no ventre da mãe. Algumas vezes ocorre, também em mulheres, o aparecimento de nódulos e tumores nos seios. Contudo, o estágio mais avançado do descontrole energético de Oxum leva a situações semelhantes à epilepsia. Nesses casos, o equilíbrio energético da pessoa passa a ser prioritário e essencial para sua saúde.

Por produzirem, particularmente, energias relacionadas à vida, os filhos de Oxum devem precaver-se de fontes energéticas que possam atacá-las, especialmente as geradoras de energias contrárias, como as relacionadas à morte. Assim, visitas a cemitérios, velórios, enterros, ou qualquer outro lugar onde haja, certamente, a presença de eguns e que, por isso mesmo, possuem excesso de energias relacionadas à morte, devem ser evitadas. A junção dessas duas energias, quando desequilibradas, pode acarretar sérios problemas de saúde, pois, em outras palavras, "vida + morte = doença".

Como ocorre com a maioria dos demais Orixás, há várias qualidades de Oxum (mais conhecidas no Candomblé), cada uma recebendo uma denominação que revela um atributo que possui, uma passagem de uma lenda ou um título carinhoso. Oxum pode se apresentar como uma figura maternal, uma jovem feiticeira ou uma guerreira intempestiva. Há, ainda, as que se apresentam como idosas – e que normalmente regem em locais mais profundos dos rios – e aquelas que se apresentam como moças, regentes dos trechos mais superficiais. Locais de águas brandas têm uma Oxum de temperamento suave como regente, ao passo que locais de águas turbulentas são regidos por Oxuns de personalidade guerreira. Na Umbanda, genericamente, utiliza-se apenas o termo "Mamãe Oxum" para identificar grande parte desses tipos de Oxum.

Além de sua ligação com o elemento água e com o processo de fecundação e gestação, Oxum também mantém relação estreita com os jogos de Ifá, pois, enquanto Exu é o encarregado de traduzir as respostas dos Orixás para o pai de santo, Oxum é quem está presente durante todo o jogo, inspirando a formulação das perguntas e zelando para que Exu entenda a mensagem que deve ser transmitida.

As características comportamentais atribuídas à Oxum e que, na maioria das vezes, estendem-se aos seus filhos revelam uma personalidade maternal, carinhosa, meiga, afeita às crianças, vaidosa, amante da beleza e de adornos, sendo particularmente inclinada à riqueza e prosperidade material. Na África, inclusive, eram a ela ofertados objetos de cobre, metal de maior valor entre os iorubás. No Brasil, o cobre foi substituído pelo ouro, mantendo-se, assim, a ligação de Oxum com a riqueza. Há um tradicional ditado africano que, poeticamente, revela a atração desse Orixá pelas coisas valiosas e que diz: "Oxum limpa suas joias de cobre antes de limpar seus filhos".

O arquétipo dos filhos de Oxum corresponde ao das pessoas graciosas, sensuais, elegantes, de bom gosto e vaidosas, tendendo, inclusive ao narcisismo. Gostam de joias, vestimentas caras e perfumes. Preferem atingir seus objetivos mais pelo seu encanto pessoal, sua diplomacia, negociação, inteligência e astúcia do que pelo combate direto, exatamente como as águas do rio, que preferem contornar as pedras a tentar penetrá-las, muito embora, com o tempo, acabem por desgastá-las com a erosão. Por isso, muitas vezes, embora deem a impressão de que não estão interessados em qualquer objetivo em especial, agem por outros caminhos, sorrateiramente. Dão enorme valor à opinião alheia, por isso odeiam qualquer tipo de escândalo, que poderia macular a imagem que tentam passar a todo o instante de pessoas educadas, finas e comedidas. Têm tendência a engordar e são pessoas um pouco desastradas, quebrando coisas com facilidade.

Os filhos de Oxum apresentam, ainda, tendência à teimosia, manha e maledicência, correspondendo ao tipo capaz de arquitetar maquiavelicamente – nos bastidores – as situações que poderão ser-lhes úteis. Possuem o dom de saber utilizar e manipular as palavras para obter o que desejam, seja por meio de comentários, "cochichos", "intrigas" ou "venenos sutis", que são sua especialidade, tanto quanto o dengo e o charme pessoal.

Na Umbanda, atribui-se à Oxum as cores azul e branco, que representam não apenas as águas, mas também o caráter básico desse Orixá, geralmente brando e pacífico.

## Ibêji

A palavra "Ibêji" ou "Ibeji" é derivada dos termos "ib" (nascer) e "eji" (dois) e serve para designar o único Orixá do panteão africano que se apresenta, constantemente, dualizado. Dessa palavra derivaram-se os termos "Ibeijada" e "Beijada", muito utilizados na Umbanda para nomear essa entidade. Outra denominação comum é a palavra "Erê", oriunda de "Iré", que significa "brincadeira"; mas há quem acredita que tem sua origem no termo "Asewere" ou "Aseré", que designa o tipo de "loucura mansa" que acomete um médium quando seu corpo não é totalmente abandonado pelo Orixá, e assim uma pequena "parcela de energia" do

Guia mistura-se com a personalidade do médium. Nesse estado peculiar ele ri à toa, fala bobagem, age como criança pequena e até mesmo faz "profecias". Por esses motivos, este termo – "Erê" – não é o mais apropriado para denominar as crianças espirituais com as quais lidamos na Umbanda, mas outros termos também são utilizados em alguns núcleos umbandistas para designar essa entidade, como "Curumim" e "Yori", mormente empregados em terreiros de cultura predominantemente cabocla e esotérica, respectivamente.

De qualquer forma, na Umbanda, esse Orixá se apresenta por intermédio de seus falangeiros crianças, sendo os portadores da alegria, ingenuidade, inocência, beleza e pureza, representando, ainda, o tempo passado (infância). Sua função é mostrar ao mundo a beleza da Criação, além de regerem tudo o que se inicia: a nascente de um rio, o germinar de uma planta, o desabrochar das flores etc. Tomam conta de todos os seres no começo de sua vida. Com os humanos, seus domínios se estendem até o início da adolescência, independentemente do Orixá que possuam.

Quando incorporados, como parte de sua caracterização infantil, os falangeiros crianças submetem-se às ordens dos Pretos Velhos, numa alusão à relação que deve haver entre uma criança encarnada e as pessoas mais velhas, especialmente os avós. Contudo, apesar dessa relação de subserviência, as Ibeijadas (crianças espirituais) trabalham sempre sob a determinação de um dos Orixás de seu médium, de modo semelhante ao que acontece com os Exus. Todavia, enquanto o Povo de Rua serve de intermediário entre o ser encarnado e a entidade, as crianças espirituais operam, inversamente, como mensageiros dos Guias aos seres humanos, trazendo recados e ordens do Astral Superior para o corpo mediúnico.

Todo Orixá possui uma Ibeijada que lhe serve de intermediário com a matéria. Devido a isso, torna-se claro que essas crianças espirituais têm, forçosamente, que atuar no mesmo local de regência do Orixá do médium. Assim, filhos de Oxum, quase sempre, possuem crianças da cachoeira; de Iemanjá, do mar; de Xapanã, do mar ou do jardim – compara-se jardim ao cemitério –; de Xangô, da pedreira; e assim por diante.

Muitas pessoas confundem as Ibeijadas com crianças que desencarnaram em tenra idade. Esse entendimento é resultado da falta de informação aliada à excelente personificação que desempenham. Na verdade, a probabilidade de uma criança espiritual ter sido criança em sua última encarnação é a mesma de um Preto Velho ter sido escravo ou de um Caboclo ter sido um índio. Ou seja, é muito mais provável que tenham sido pessoas comuns, como qualquer um de nós e que, agora, tendo galgado planos avançados de desenvolvimento espiritual, revistam-se da aparência infantil para melhor desempenharem seus papéis de protetores da infância.

Os falangeiros crianças demonstram extrema vitalidade e energia. Normalmente, são bastante sorridentes, embora, caso encontrem motivo, possam chorar compulsivamente, mudando rapidamente seu comportamento e estado de espírito. Todavia, apesar de serem capazes de demonstrar grandes emoções, dissimulam quando, realmente, estão aborrecidos. Gostam de comer caruru, doces e frutas e de ganhar presentes e brinquedos. Costumam ser extremamente sinceros, independentemente do sentimento que possa ser gerado pelas suas palavras e ações, exatamente como costumam agir as crianças encarnadas.

Dentro de sua caracterização, brincam, engatinham, choram, comem doces, bebem refrigerantes e agem como se fossem "Espíritos-crianças". Enquanto executam tais atividades, laboram para que sua missão seja cumprida. Se "na fumaça do cachimbo" está a mironga do Preto Velho, é na brincadeira das crianças espirituais que estão seus segredos e sua magia. São, na verdade, profundos conhecedores de rituais magísticos e podem manipular energias com enorme facilidade; maior, inclusive, que o próprio Povo de Rua. Há um ditado que diz que "criança é o único Orixá que engana Exu", tamanho é seu conhecimento e poder oculto.

Todo e qualquer tipo de promessa feita a uma criança espiritual deve ser cumprida integralmente, pois, uma vez que se caracterizam como crianças e agem como tais, não se esquecem com facilidade coisas a elas prometidas. São, portanto, capazes de cobrar o cumprimento de uma promessa por anos a fio, ainda que a pessoa tenha esquecido que prometera algo.

Sua cor na Umbanda é o rosa, embora sejam aceitas contas de outras cores em suas guias, dependendo de seu local de regência e do Orixá para quem trabalham. Seus filhos, raríssimos, são alegres e brincalhões, apesar de levarem qualquer obrigação muito a sério. Costumam ser bastante joviais, como se houvesse sempre uma criança em seu interior. Contudo, são vingativos e exigentes no cumprimento de promessas ou tratos feitos. Quando não cuidados espiritualmente, tendem a não distinguirem entre momentos de responsabilidade e de brincadeira.

## Iemanjá

Deriva a palavra "Iemanjá" da contração dos termos iorubás "Iya", "Omo" e "eja", que significam, respectivamente, "mãe", "filho" e "peixe", ou seja, "a mãe dos filhos peixes". Iemanjá é o Orixá que controla todas as energias presentes nas águas dos oceanos, seu local de regência. Como o mar é o destino de todas as energias circulantes no planeta, Iemanjá tem especial comando sobre todo e qualquer tipo de vibração, particularidade que divide com Oxalá.

O mar pode ser considerado o grande reservatório energético de nosso mundo e nele podem ser encontradas todas as qualidades de energias, incluindo as relacionadas a cada Orixá existente. Por esse fato há uma lenda africana que, poeticamente, afirma que Iemanjá teria sido a geradora da maioria dos Orixás. De fato, é ao Orixá do mar que se recorre quando é necessária a captação de uma dose especial da vibração específica de qualquer Orixá. Paralelamente, recorre-se também a ela quando se deseja realizar um descarrego um pouco mais complexo, pois é a guardiã das energias da natureza, que tem o poder de entregar ou recolher energias – de qualquer tipo – sempre que necessário.

Por ter ligação energética com todos os tipos de vibração e de Orixás, Iemanjá também detém especial afinidade com todos os seres vivos, sendo, por isso, chamada de "mãe de todas as cabeças". Há, inclusive, um antigo ditado africano que diz que "Iemanjá é aquela que apara a cabeça dos bebês no momento do nascimento". Tal afirmativa remete ao conceito de maternidade, particularidade que tal entidade divide com Oxum. Todavia, considera-se que maternidade no sentido de concepção e gestação é característica própria de Oxum, enquanto os conceitos de maternidade relacionada à educação e criação propriamente ditas são relacionados à Iemanjá, que é aquela que dá o sentido de família às pessoas que convivem sob o mesmo teto, prezando pela manutenção da harmonia no lar. Rege também as relações de amizade, as reuniões e todos os tipos de comemorações familiares. Por essa razão, os filhos desse Orixá têm maior facilidade em gerar novas amizades, principalmente na juventude.

Na Doutrina dos Sete Raios, Iemanjá comanda o raio índigo. Nessa regência, há não apenas o Orixá Iemanjá propriamente dito, mas também os Marinheiros (falangeiros desse raio), as Sereias (Inaê, Janaína, Iara etc.) e os Tarimãs, entidades que se apresentam como homens com caudas de peixes, semelhantes aos tritões da cultura greco-romana. Integram essa faixa vibratória os Espíritos Encantados que se apresentam como cavalos-marinhos, botos e demais criaturas aquáticas e que possuem a função de limpeza energética do ambiente.

Os filhos de Iemanjá são do tipo que costumam afirmar que se estivessem no lugar de alguém que fora ofendido teriam reagido e tomado atitudes severas, mas quando realmente o fato acontece com eles, nem sempre as tomam. São do tipo do famoso "ah, se fosse comigo!" Não são ambiciosos nem obcecados pelo progresso material, embora sejam um pouco egocentristas e autoritários. São mais decididos que os filhos de Oxum e menos decididos que os de Iansã. Não gostam de mentiras ou traição, o que os torna excessivamente desconfiados. Esmeram-se para que sua casa esteja sempre agradável e confortável, mesmo que tenham dificuldades financeiras.

Têm também capacidade para dirigir o lar com grande eficiência, embora não costumem ser detalhistas quanto a planos futuros, prendendo-se mais às necessidades do dia a dia. Costumam ser vaidosos, não no sentido de ostentação como os filhos de Oxum, mas mais voltados ao bem-estar pessoal, depositando grande preocupação na aparência de seus cabelos, um de seus maiores objetos de vaidade. Aliás, quando se encontram com energias descontroladas, são seus cabelos os pontos mais atingidos, tornando-se fracos e sujeitos a quedas excessivas. Sua vida profissional pode ser estável, contanto que não recaiam na tendência comum aos filhos de Iemanjá, que é a de se suporem melhores do que realmente são.

As guias de Iemanjá, na Umbanda, são confeccionadas com contas de cristal devido à sua relação com a coletividade das energias do planeta. O cristal fraciona a luz, dividindo-as nas sete cores do espectro visível, e representa a capacidade que Iemanjá possui de manipular todos os tipos de energias, hora juntando-as, hora dissociando-as em vibrações particulares. Iemanjá possui, ainda, estreita relação com a pérola, o branco e a prata, exatamente como seus filhos, que normalmente preferem utilizar joias desse metal ao invés de outras em cobre, bronze ou ouro. Para Sereias e Tarimãs, as guias devem ser confeccionadas com contas da cor azul-índigo, a cor do raio divino regido por Iemanjá.

## Nanã

Também é denominada de Nanã Buruku (buru = Espírito; iku = morte). Suas vibrações são encontradas em todos os lugares onde há ensinamento e aprendizado, pois é a imanência divina relativa à sabedoria (por isso é representada pela figura de uma anciã).

Nesse sentido, entende-se que suas vibrações se estendem não apenas no campo material, mas também no mundo espiritual, onde há grande quantidade de eguns (desencarnados) em aprendizado constante. Aliás, pode-se dizer que no mundo espiritual é onde há maior concentração das vibrações de Nanã, visto que a morte é a grande ampliadora da consciência, a grande professora, aquela que mostra a verdade dos fatos e o que realmente tem valor para o Espírito. É aquela que aponta os erros e os acertos; as qualidades e os defeitos desenvolvidos em vida. É na morte que o Espírito deixa para trás os véus da ilusão material, reflete sobre as lições passadas na matéria e prepara-se – com muito estudo – para as novas experiências reencarnatórias.

A morte é, portanto, para os recém-chegados ao novo plano existencial, o "nascimento" para novas oportunidades de conhecimento e aprendizado. Se Nanã é a própria sabedoria, então são suas vibrações que atuarão a partir daí sobre cada egun recém-desencarnado. Por isso, ainda que o arquétipo de Nanã tenha correlação com maternidade (como outras iabás), alguns pesquisadores admitem que ela personifique mais a mãe dos mortos que dos vivos, o que levaria a crer que a maternidade à qual está relacionada refere-se muito mais à atuação espiritual do que à geração física, como Oxum. Daí seu nome "Buruku".

Nanã não só está ligada aos Espíritos que deixam a matéria como também aos que reencarnam, pois, para que haja o renascimento, é necessário, antes, um período de aprendizado e reestruturação ainda no plano espiritual. É, portanto, o símbolo da morte necessária à transformação e ao renascimento, o que a diferencia de Omolu, encarregado tão somente do desprendimento do Espírito do corpo físico, sem a visão mais ampla e complexa do sequenciamento de tal situação.

Ainda simbolizando a morte necessária para que haja a reconstrução, Nanã é associada aos pântanos e, por extensão, a todos os locais onde haja lama ou lodo, ainda que no fundo dos rios, lagos ou oceanos. É nesses locais que ocorre o depósito de grande quantidade de material orgânico, restos de animais e vegetais sem vida, que, decompondo-se ali, irão liberar os elementos necessários à formação de novas vidas. É nesse sentido, também, que Nanã pode ser associada à chuva que encharca a terra arrastando consigo vegetação e causando destruição, mas que, apesar de tudo, umedece e prepara o solo para a agricultura, fertilizando-o e permitindo que novas sementes germinem.

Não é à toa que lendas africanas – e Nanã é um Orixá de origem jeje – apontam esse Orixá como mãe de Omolu e Oxumarê. Suas ligações com a morte e com os ciclos que regem a vida humana incluem perfeitamente os conceitos associados a ambos. Por isso, também, é o Orixá feminino mais sério, temido e respeitado do panteão das entidades da natureza, embora possua a ternura maternal típica das velhas avós terrenas, com quem também é comparada, sendo, devido a esse motivo, chamada carinhosamente de "Cacurucaia", que quer dizer "vovó".

No Candomblé, há várias qualidades de Nanã, dependendo do elemento específico de regência ou da função que desempenha dentro do ciclo vida-morte-vida. Na Umbanda, é tratada apenas como Nanã ou Nanã Buruquê, variação de "Buruku" (Espírito da morte). Eventualmente, pode aparecer como "Nanã Ajaosi", uma qualidade mais agressiva desse Orixá. A cor dos objetos e das guias associadas à Nanã é o roxo.

De acordo com tradições africanas, Nanã carrega graciosamente um feixe de ramos de palha de dendezeiro ou de palha da costa, denominado "ibiri", em que cada ramo representa um filho que possui (referindo-se aos vivos e aos eguns). Na Umbanda, às vezes, esse objeto é substituído por uma vassoura de palha que, analogamente, pode possuir a mesma representação do ibiri em cada um dos fios das palhas.

Sua saudação é "Saluba" ou "Saloba", e seus filhos costumam ser indivíduos calmos, gentis e benevolentes, que se afeiçoam facilmente às crianças ou a quem lhes pede auxílio, pois gostam de educar e ensinar coisas novas. Gostam muito do trabalho no lar, especialmente de limpeza. Podem trabalhar muito por toda a vida, embora realizem seus afazeres sempre com certa lentidão, como se todo o tempo do mundo estivesse disponível. São, contudo, pessoas fechadas, tímidas e introvertidas, tendendo a valorizar demasiadamente recordações e fatos passados. Costumam ser teimosas e particularmente ranzinzas, capazes de guardar rancor por bastante tempo. Quando desequilibradas energeticamente, tendem a apresentar disfunções glandulares generalizadas.

Na Doutrina dos Sete Raios, Nanã rege na transição do raio índigo para o lilás, ou seja, no encontro da água com a terra, que, simbolicamente, representa o solo encharcado e a lama.

## Xapanã

Como as demais entidades de origem jeje, Xapanã – ou Soponna, ou Sapata ou Sakpatá – é um Orixá extremamente misterioso, reservado, respeitado e, muitas vezes, temido em terreiros de Umbanda e Candomblé. Seu nome – Xapanã – deriva de Sanponná – um título ligado ao Sol, o grande calor, com o qual tem grande relação mítica. Possui, ainda, várias denominações, e seu local de maior regência é a "calunga pequena" (cemitério) ou – com Iemanjá – a "calunga grande" (mar).

Xapanã tem como principal função na natureza a decomposição dos organismos sem vida, animais e vegetais, para que sua matéria constitutiva possa ser desagregada e as moléculas, agora dissociadas, possam vir a formar outros organismos. E é justamente por esse motivo que, como dito, sua força maior encontra-se nos cemitérios e no mar, que é o último local para onde escoam todas as energias do planeta, sendo, por isso, considerado o grande cemitério.

Por estar intimamente ligado à decomposição, Xapanã, obviamente, também detém poder sobre as energias da morte ou, em outras palavras, sobre a ausência de vida. Assim, em organismos debilitados, enfraquecidos e doentes, há crescente vibração atuante desse Orixá. Seu poder – morte – é sempre inversamente proporcional ao poder de Oxum – vida. As energias de Oxum encontram-se no ápice, em qualquer ser vivente, no momento da concepção, e seguem decrescendo até o momento do desencarne. As de Xapanã, inversamente, praticamente inexistem no momento da concepção, mas aumentam gradativamente até o momento da morte. Enquanto uma diminui, a outra aumenta, de forma que todos os encarnados se encontram, permanentemente, sob o jugo do equilíbrio de tais energias, sejam ou não filhos desses Orixás. Pode-se afirmar que todos, sem exceção, "morrem" um pouco mais a cada dia, ao passo em que perdem sua vitalidade. Isso explica, também, a aversão de Oxum às energias relacionadas a eguns e a atração de Xapanã por elas. Enquanto as vibrações de Oxum perdem a força na presença de eguns, o próprio Xapanã trabalha assessorado por mentores desencarnados.

Sob essa análise, pode-se dizer que as energias de Oxum e de Xapanã, mesmo em pessoas que os possuem como principais Orixás, devem estar permanentemente equilibradas. Caso contrário, poderá haver consequências sérias sobre sua saúde, pois se tal combinação – vida e morte – estiver desorganizada, é gerada a *doença*. Por ter direta relação com esse equilíbrio, Xapanã também é considerado o senhor da saúde e da doença e o médico dos pobres, pois sua aproximação tanto pode provocar a enfermidade como ocasionar a cura, dependendo da situação energética da pessoa.

Uma vez que todos os seres encarnados possuem, simultaneamente, as energias da morte e da vida, presentes em seu campo astral, todos têm algum tipo de relação com Xapanã e Oxum, mesmo que não sejam seus filhos. Dessa forma, uma pessoa cujos vínculos com seu próprio Orixá estejam enfraquecidos, o que pode gerar dificuldade para seu Orixá responder em um jogo de búzios, facilmente poderá ser tomada como filha de Oxum e Xapanã, pois, no jogo, muito provavelmente, serão eles a aparecer.

Xapanã apresenta-se como um homem com o corpo coberto de feridas, ora velho, ora moço, dependendo do tipo específico presente. Embora haja várias qualidades desse Orixá, apenas três – Omolu, Obaluaiê e Jagun Agbagbá (também denominado de "Babá") – são bastante conhecidas, ainda mais nos terreiros de Umbanda, onde até bem pouco tempo atrás esse Orixá não costumava, nem mesmo, ser tratado. Com o tempo, convencionou-se denominar todas as qualidades de Xapanã que se apresentam como velhos de "Omolu" e como moços de "Obaluaiê".

As energias de Xapanã estão presentes em ambulatórios, hospitais e locais onde haja pessoas doentes. Aliás, essas mesmas energias que podem curar, quando desequilibradas, ocasionam em seus filhos enfermidades, como problemas estomacais generalizados, coceiras na pele e afecções cutâneas, deficiência circulatória seguida de fraqueza nas pernas, ácido úrico acentuado e má formação no feto.

Xapanã, quando incorporado, costuma cobrir-se com uma vestimenta denominada "Azê", que é confeccionada de "iko", uma fibra de ráfia extraída do "Igi-Ogoro", a "palha da costa". Na Umbanda, sua guia deve ser feita com suas cores, que são o preto, o vermelho e o branco. A ele são ofertadas pipocas, também chamadas de "deburu" ou de "Flor de Obaluaiê".

Seus filhos são pessoas com tendência ao masoquismo e autopunição. São normalmente insatisfeitos, mesmo quando a vida corre tranquilamente. Possuem certa dose de pessimismo, mas somente em relação a si, pois com os outros mostram-se pessoas generosas, capazes de se compadecer a ponto de ceder as próprias roupas. Podem ser extremamente generosos e com grande vocação ao auxílio. São pessoas que costumam perdoar com facilidade as injustiças e os agravos, sem guardar mágoas e rancores; mas, como seu Orixá, também se enquizilam facilmente ante qualquer ofensa. Quando controlados energeticamente, além de não apresentarem os problemas de saúde típicos do desequilíbrio, conseguem grandes oportunidades na vida, às vezes completamente inesperadas.

## Oxumarê

Literalmente, a palavra "Oxumarê" quer dizer "aquele que se desloca com a chuva e retém o fogo nos seus punhos" e é aplicada a esse Orixá em alusão a sua ligação com o arco-íris (que se desloca com a chuva) e com as energias cósmicas, sobre as quais detém o domínio (o fogo nos punhos).

Oxumarê é um Orixá de difícil contextualização, podendo qualquer definição um pouco mais rígida a seu respeito correr o risco de estar completamente destituída de fundamento, justamente por ser o Orixá que representa o movimento, a transformação, a renovação e a inconstância por excelência. Em outras palavras, o que se pode afirmar com extrema certeza acerca desse Orixá é que representa a constante inconstância que há em todos os ciclos da natureza que não podem ser interrompidos.

Assim, Oxumarê rege as mudanças de estações, de marés, de fase da lua, de estado físico da matéria (evaporação, condensação e solidificação) e todas as outras mudanças que obedecem a ciclos predefinidos, incluindo desde o contínuo movimento das ondas do mar à própria rotação da Terra e de todos os planetas ao redor do Sol, bem como a constante movimentação dos demais astros em todo o Universo. Por esse motivo, diz-se que, se fosse de sua vontade, toda a movimentação cósmica cessaria e, consequentemente, o Universo deixaria de existir. Sua regência também se estende às forças bipolarizadas ou antagônicas, como o bem e o mal, o doce e o salgado, o masculino e o feminino, o dia e a noite, o seco e o molhado etc. Por isso diz-se que dualidade é o conceito básico de Oxumarê. Dessa forma, querer estabelecer um comportamento rígido ou mesmo um determinado gênero sexual para esse Orixá não é tarefa das mais fáceis.

Para que possa exercer o controle sobre os elementos supracitados, Oxumarê detém o poder de comandar as energias cósmicas, em oposição a Xapanã, que comanda as telúricas.

Oxumarê é um Orixá que pode ser representado tanto pelo arco-íris quanto pela cobra. Sua forte ligação com o arco-íris deriva-se do fato de que, além de unir ambientes distintos (terra e céu), o mesmo ocorre, normalmente, durante uma mudança climática, unindo, simbolicamente, situações antagônicas (clima úmido ao clima seco), sendo, portanto, a aplicação básica do conceito de dualidade típico desse Orixá. Por outro lado, sua representação como serpente indica sua ligação com os movimentos cíclicos da natureza, pois as cobras trocam de pele periodicamente, definindo, assim, o término de um ciclo e o início de seu sucessor.

Ser representado pela cobra e pelo arco-íris, por si só, demonstra o caráter ambíguo desse Orixá. A serpente rasteja sobre a terra, esconde-se e, frequentemente, é entendida como algo ruim, peçonhento, carregado de conotações negativas, enquanto o arco-íris estende-se para o alto, alcança o céu, é belo e majestoso, sendo, normalmente, entendido como algo extremamente positivo. Biblicamente, inclusive, a serpente simboliza o mal e as paixões, enquanto o arco-íris, a aliança do próprio Deus com o homem. Tudo sintetizado, simultaneamente, dentro de um mesmo Orixá!

Sua ligação com a cobra e o arco-íris, no entanto, não é meramente representativa. Oxumarê exerce, de fato, controle sobre suas energias íntimas, bem como sobre todos os demais objetos de forma alongada encontrados na natureza, como, por exemplo, o cordão umbilical, o pênis e a banana. Além disso, por atuar sobre tudo o que se movimenta incessantemente, sua regência é estendida, até mesmo, sobre a moeda circulante. Por isso, diz-se que exerce especial poder em círculos financeiros e negociações, como pagamento de contas, lucros, despesas e recebimento de prêmios, bem como nos locais onde tais transações ocorrem, como bancos, instituições financeiras e onde quer que haja abundância material.

Sendo o Orixá de ambiguidade, Oxumarê alterna sua regência básica periodicamente, modificando suas características principais a cada semestre do ano. Além disso, há para esse Orixá dentro da Nação Jeje (de onde seu conhecimento é originado), as versões feminina (chamada "Frekuén") e masculina ("Bessém"). Ademais, há versões oriundas de outras culturas, como as da Nação Mina-Jeje, em que o correspondente a esse Orixá em sua versão feminina se chama "Boça" ou "Boçalabê" e o correspondente à versão masculina é um "toquém" (vodum jovem) chamado "Boçukó". Outras denominações, como Angorô e Dan, são aplicadas a Oxumarê, dependendo da nação e do estilo de culto em que estiver sendo tratado.

Diversas são as formas sob as quais o nome desse Orixá é grafado na Umbanda, dentre as quais Oxumarê, Oxumaré e Oxum-Maré são as mais comuns. Em vários terreiros de Umbanda é frequente a utilização desta última, pois, muitas vezes, Oxumarê, em sua forma feminina, é considerado – equivocadamente – uma qualidade a mais de Oxum, devido à confusão causada pela sonoridade da palavra.

Os filhos desse Orixá possuem algumas características semelhantes às suas. Normalmente têm grande tendência à inconstância, tanto de temperamento quanto de atitudes e aparência. Mudam frequentemente o penteado, o estilo de roupas, a cor do cabelo (mulheres) e, se possível, até mesmo o emprego, o círculo de amizades, a residência etc. São pessoas que sentem enorme necessidade de mudanças, como se sua vida fosse uma eterna sucessão de ciclos.

Outras características que apresentam são: paciência, perseverança, tendência à clarividência, curiosidade, ironia, inteligência, generosidade e desprendimento, embora sejam um tanto ambiciosos e possam apresentar traços de orgulho em sua personalidade.

Na Umbanda, as guias de Oxumarê podem ser feitas com todas as cores do arco-íris ou apenas com a alternância das cores verde e amarelo. Em alguns terreiros, utiliza-se o azul e vermelho. Quando incorpora, pode se apresentar dançando e gesticulando como se girasse, constantemente, uma roda invisível, simbolizando o contínuo movimento do qual é regente. Algumas vezes dança em pé; e outras, sobre os joelhos. Pode, ainda, estender-se no chão, reproduzindo movimentos do rastejar das serpentes ou permanecer de pé, apontando alternadamente para a terra e para o céu, como se pudesse uni-los com sua dança. Por ser o Orixá que representa a constante alternância de ciclos, Oxumarê pode, ainda, em uma mesma dança, alternar todos os movimentos acima descritos, transformando sua incorporação em momentos realmente únicos e belos.

## Oxalá

A palavra "Oxalá" origina-se do vocábulo "Orixalá", que quer dizer "o rei dos Orixás", e é empregada para identificar o Orixá criador de tudo o que existe ou, em outras palavras, a imanência divina fecundadora e responsável pela vida e criação. É ainda o pai da paz, da união, da compreensão, do entendimento, da fraternidade e da comunhão entre toda a humanidade.

Oxalá é a segunda pessoa da Trindade Divina, constituída também por Obatalá e Oduduwa. Por ser o "fecundador", representa o princípio de tudo, regendo, portanto, toda a Criação (ou toda a natureza), regência essa compartilhada e distribuída entre os outros Orixás, demais imanências de Deus. Foi a partir de seu poder que surgiram todas as coisas e ainda continuam a surgir, por ser o criador por excelência. Nada pode existir sem que haja seu "sopro criador".

Os antigos africanos diziam que Oxalá concede três forças básicas à sua criação:

- Iwa – o poder de existir;
- Axé – o poder dinâmico;
- Abá – o poder de ordenar o axé.

Isso significa que todos os seres possuem, cedido por Oxalá, o poder de criar, e não apenas isso, mas criar segundo sua própria vontade, ratificando o ditado que afirma que todos possuem uma parcela de Deus em seu Espírito, ou então a máxima: "Todos vós sois Deuses".

Por ser a origem de tudo e de todos, Oxalá possui o controle sobre todos os tipos de energias, incluindo as que são controladas por cada um dos demais Orixás. Por esse motivo é ele quem atua, sempre que preciso, como mediador, extinguindo quizilas e discórdias, tanto no plano material quanto no espiritual, produzindo, também, soluções e definições para as situações mais embaraçadas.

Na Doutrina dos Sete Raios ensinada e adotada pela Umbanda Divina, Oxalá é representado pelo triângulo branco, de onde partem todos os raios, numa clara alusão à face tríplice do Criador nas mais diversas culturas, como segue:

• Pai, Filho e Espírito Santo, para o Cristianismo;

• Brahman, Shiva e Vishnu, para o Hinduísmo;

• Guaracy, Yaci e Rudá, para os povos indígenas;

• Zâmbi, Oxalá e Orumilá ou Obatalá, Oxalá e Oduduwa, para as tradições africanas.

Os Espíritos que baixam nos terreiros e que são designados com o nome de Oxalá são, na verdade, falangeiros – ou mensageiros – do Orixá Oxalá, que, como qualquer outro Orixá, não incorpora por não ser, na realidade, Espírito, mas, sim, imanência divina. Todavia é comum que adeptos de outras religiões de matriz afro acreditem não apenas que incorporam o Orixá Oxalá (e não seus falangeiros) como também todos os outros Orixás.

Existem incontáveis Espíritos que servem como mensageiros de Oxalá, os quais podem, também, por extensão, ser chamados de "Oxalá", justamente por sua representação no terreiro. Na Umbanda, o líder dessa grande legião de falangeiros de Oxalá é denominado de "Simiromba", que é sincretizado, na Igreja Católica, com São Francisco de Assis, o patrono de "A Centelha Divina".

Como qualquer Orixá, Oxalá pode ser classificado em várias qualidades. Usualmente, tanto na Umbanda como no Candomblé, os tipos de Oxalá são divididos em apenas dois blocos: o dos que se apresentam como velhos, denominados "Oxalufã", e o dos que se apresentam arquetipicamente como jovens e guerreiros, chamados de "Oxaguiã". Os que compõem o primeiro grupo têm em comum o fato de andarem curvados, apoiados em uma espécie de cajado denominado "Opaxorô", de onde pendem símbolos que lembram elementos da natureza. Representam os velhos sábios, experientes e bondosos, em contraposição aos que pertencem ao grupo dos jovens, os quais carregam, normalmente, tal qual Ogum, uma espada representativa de seu vigor e nobreza.

Embora muita gente ache o contrário, na Umbanda pode haver, sim, filhos de Oxalá; afinal o Orixá daquela pessoa – seja o Orixá que for – continuará sendo sua vibração principal, esteja ela em que religião estiver, ou mesmo que não esteja em religião alguma. O que é comum é vermos umbandistas afirmando o oposto baseados em duas grandes inverdades:

• a crença de que Oxalá é Jesus Cristo, por isso não poderia baixar em ninguém;

• a crença de que, por ser pai de todos, não poderia haver alguém que o tivesse como Orixá principal.

A primeira sentença não é verdadeira porque Oxalá não é Jesus Cristo; e a segunda sentença também não é verdadeira porque, apesar de Oxalá ser a força criadora de tudo o que há, o fato de uma pessoa tê-lo como Orixá significa que ela vibra nessa mesma faixa vibratória, ou seja, é uma pessoa que tem características em sua personalidade que são afins às características de Oxalá (lentidão, luta por ideais etc.).

Dentre as características principais dos filhos de Oxalá, evidenciamos que costumam ser calmos, amáveis e prestativos, angariando facilmente a confiança, o respeito e o carinho das pessoas. Gostam de organização e de organizar, por isso têm tendência à liderança nata. Esforçam-se para demonstrar seu ponto de vista, pois são um pouco teimosos. Todavia, nunca com violência, visto que costumam ser bastante pacíficos. Normalmente tendem à distração e ao esquecimento, embora, quando desejem, consigam manter-se concentrados em determinado assunto ou objeto, esquecendo-se, nesse caso, de todo o resto a sua volta. Quando estão com as energias descontroladas, tendem a certos vícios, principalmente os que causam alucinações e distanciamento da realidade, como as drogas. Numa fase mais branda do descontrole energético, é a distração que se faz mais evidente, podendo ocasionar sérios problemas físicos e emocionais.

A cor utilizada por Oxalá em guias, objetos e vestimentas é o branco, numa clara alusão à perfeição, à paz e à união de todas as cores[1], representando a união de todas as energias e de todos os Orixás, sobre os quais têm pleno comando. Seu símbolo é o pombo branco, que, como tudo o que lhe diz respeito, representa paz, harmonia e esperança.

---

1 Da mistura de todas as cores do arco-íris resulta o branco.

# CAPÍTULO 5

# OS ESPÍRITOS
# NA UMBANDA

## Falangeiros, capangueiros e catiços

Afirmações como "o Caboclo fulano de tal é um Caboclo de Oxalá" ou "esse Exu só trabalha para Ogum" se multiplicam e nunca chegam a um lugar-comum. Em uma literatura, aquele Caboclo é de Oxalá; na outra, o mesmo Caboclo só trabalha para Xangô! Na terceira fonte, jura-se que ele é de Ogum! As discussões se repetem, e o consenso fica cada vez mais distante! E sabem o porquê disso? Simples: poucos conhecem a diferença entre o *falangeiro* e o *capangueiro* de um Orixá, que é o que vamos explicar a partir de agora.

Começando pelo mais fácil: entende-se por "falangeiro" todo Espírito que atua dentro de uma *falange* de trabalho. Falange, segundo nossa gramática, tem o sentido de "grupo organizado, com objetivos em comum", e na Umbanda, esse termo é utilizado para designar conjuntos de Espíritos que trabalham dentro de uma mesma vibração ou de um mesmo raio divino, realizando o mesmo trabalho e representando uma mesma força ou o Orixá. Nesse ponto, vale lembrar que os Orixás são *imanências* de Deus, forças irradiadas de Si por intermédio dos Sete Raios Divinos; *não são Espíritos* e *não são deuses*, mas apenas manifestações distintas do mesmo Criador, razão pela qual *não incorporam* e *não baixam* em terreiros, visto que *não há* como qualquer um de nós receber o próprio Deus (embora haja quem acredite nisso).

Se não há como receber Deus, há, ao menos, como captar parte dessas vibrações divinas chamadas Orixás por intermédio de Espíritos com

168

alto nível consciencial que, pela sua condição evolutiva, se organizam em falanges e se propõem ao nosso auxílio, intermediando o nosso contato com essas vibrações de tão alta frequência; e fazem isso durante o trabalho mediúnico, captando-as do Cosmos e direcionando-as aos nossos chacras enquanto estão incorporados. Por trabalharem com as vibrações dos Orixás, esses Espíritos assumem – para nosso melhor entendimento – o arquétipo que esperamos daquele Orixá, traduzido no seu comportamento, na sua dança, nas suas formas de expressão e até mesmo na aparência percebida pelos clarividentes. Pelo trabalho que desempenham de forma tão organizada e estruturada, representando cada tipo de Orixá, os chamamos de "falangeiros dos Orixás".

Exemplificando: dentro do Raio Vermelho, há a profusão das vibrações do Orixá Ogum sendo irradiadas diretamente de Deus sobre toda a Criação. Espíritos que trabalham com essa vibração e que, por isso, são especialistas no manuseio das energias que ela traz – de atividade, luta, impulso e persistência –, dentro do trabalho umbandista, assumem o arquétipo do Orixá, mantendo, durante a incorporação, a postura que esperamos da personalidade de um guerreiro, pela aparência perispiritual, de danças, gestos e comportamento. Enquanto executam sua *performance*, sintonizam o campo vibratório do médium com as vibrações de Ogum irradiadas de Deus, facilitando-lhe a absorção de tudo que essas vibrações divinas podem prover. Esse é o trabalho que milhares de Espíritos desenvolvem com seus médiuns ao representarem a vibração divina chamada Ogum. Além disso, se dividem em representantes dos vários tipos de vibrações desse Orixá conhecidas na Umbanda, como Ogum Iara, Ogum Beira-Mar, Ogum Sete Espadas, Ogum Megê, dentre tantos outros.

O mesmo acontece com todos os outros Orixás irradiados de Deus. Quando os atabaques tocam louvando o Orixá Iansã, Espíritos falangeiros desse Orixá se aproximam de seus médiuns e, incorporando, dançam conforme esperamos do arquétipo da mulher guerreira que comanda os ventos, evoluindo de forma leve e esvoaçante, mas firme e decidida. Os Espíritos que se apresentam como Pedrinho e Mariazinha são falangeiros do Orixá Ibêji, o Orixá infantil; Tranca-Ruas e Maria Padilha são falangeiros do Orixá Exu; Espíritos que representam o papel de Xangô Sete Pedreiras e de Xangô Agodô são falangeiros do Orixá Xangô; e o Caboclo

Fulano e a Cabocla Beltrana, que trabalham dentro do Raio Verde com as vibrações das matas, são falangeiros de Oxóssi e Ossâin. Todo Espírito, portanto, que baixa representando o arquétipo de um Orixá é, em suma, falangeiro daquele Orixá e de mais ninguém!

Além de representarem o arquétipo de Orixás, há falangeiros que representam arquétipos definidos para grupos de trabalho, e não de Orixás propriamente ditos, ainda que esses grupos – ou falanges – possam ter alguma ligação com a força de algum Orixá. O falangeiro que representa um Orixá trabalha *com* as vibrações desse Orixá, e o que representa arquétipo de grupos de trabalho trabalha *sob* a vibração daquele Orixá. O Espírito que se apresenta como Martin Pescador, por exemplo, é falangeiro do grupo de trabalho – ou falange – dos Marinheiros. Ele usa o arquétipo que esperamos do marujo e trabalha sob a vibração de Iemanjá, Orixá com o qual sua falange tem relação vibratória. A Cigana Sarita é uma falangeira do Povo Cigano e trabalha sob a vibração do Povo do Oriente; Zé do Coco é falangeiro dos Baianos e trabalha sob a vibração de Iansã, e Pai Joaquim e Vovó Maria Conga são falangeiros dos Pretos Velhos ou das Santas Almas Benditas e trabalham *sob* a vibração de Xapanã.

O falangeiro, portanto, é aquele que integra um grupo de trabalho em que todos os Espíritos daquele grupo representam o arquétipo de um mesmo Orixá, trabalhando *com* suas vibrações, ou que representam o arquétipo próprio de sua falange, trabalhando *sob* a vibração de um Orixá.

No entanto, aquele Espírito que trabalha com as vibrações da mata e se apresenta como Caboclo – e que, só por ser Caboclo, é falangeiro de Oxóssi – poderá estar, eventualmente, atuando por intermédio de um médium que seja filho de Ogum. Nesse caso, apesar de ser falangeiro de Oxóssi, ao trabalhar com aquele médium, especificamente, ele terá a incumbência de *servir* a Ogum, de orientar seu filho a partir de suas ordens e de trazer para o médium seus recados e orientações. Nesse caso, ele continuará sendo – e sempre será – um falangeiro de Oxóssi porque é um Caboclo, mas estará atuando naquele médium como *capangueiro* de Ogum! A palavra "capangueiro" tem o mesmo sentido de servidor ou ordenança. Isso significa que, mesmo trabalhando com o elemento mata e dentro das vibrações do Raio Verde, aquele Caboclo atuará sobre esse médium *servindo* a Ogum, que é seu Orixá principal.

Fica mais fácil de entender quando colocamos exemplos práticos! Imagine um professor de matemática. O trabalho dele é ensinar matemática, porque ele é especialista nessa matéria. Esteja onde estiver, ele sempre será um integrante do restrito grupo de pessoas que conhecem a fundo a matemática ou, em outras palavras, podemos dizer que ele é um "falangeiro dos matemáticos", pois integra essa falange de trabalho e representa esse papel devido aos seus conhecimentos e às suas habilidades específicas.

Contudo, esse mesmo matemático poderá ora estar lecionando no colégio A, ora no B e ora no C. Apesar de seu trabalho ser basicamente o mesmo em todos os colégios – porque, afinal, é o que ele sabe fazer –, quando estiver lecionando no colégio A, terá que seguir as determinações do diretor dessa escola; seu ritmo de aula terá que ser adaptado à programação pedagógica dessa instituição e, vez ou outra, terá que transmitir aos seus alunos recados, diretrizes e orientações dadas pela sua direção. Enquanto estiver trabalhando nessa instituição de ensino, portanto, ele será o falangeiro matemático, capangueiro do diretor A, pois estará a seu serviço e disposição. Quando estiver lecionando no colégio B, continuará a ser o mesmo falangeiro matemático, mas agora capangueiro do diretor B, e assim por diante.

Com essa explicação, elucidamos e exterminamos de uma só vez os conflitos seculares sobre a quem o Caboclo Fulano ou o Exu Beltrano devem servir! Caboclo *é sempre* falangeiro dos Orixás Oxóssi ou Ossâin, porque Caboclo é entidade ligada ao elemento mata, por isso trabalha com as vibrações do Raio Verde, regido por esses dois Orixás! Da mesma forma, a entidade Exu *é sempre* falangeira do Orixá Exu! No entanto, o mesmo Caboclo que aqui é capangueiro de Oxalá ali poderá ser de Xangô ou Ogum; assim como o Exu, dependendo apenas do Orixá principal do médium com quem trabalha. Aliás, não há razão específica para tal, mas, normalmente, para Exus, pouco se usa o termo "capangueiro". Para eles, é mais comum o uso dos termos "servidor" ou até mesmo "escravo".

Pela observação da denominação com a qual se apresenta (Caboclo Fulano, Ogum Beltrano ou Exu Ciclano), fica fácil saber de quem aquele Espírito é falangeiro, pois a dica está em seu próprio nome: a palavra "Caboclo" indica que é falangeiro de Oxóssi ou Ossâin, e as palavras "Ogum" e "Exu" são autoexplicativas. Nem sempre, porém, é tão fácil descobrir de quem ele é capangueiro, pois, na maioria das vezes, os Espíritos não incluem em seu nome pistas que deixem clara essa identificação; mesmo porquê, como já dissemos, isso é uma condição variável, e o mesmo Caboclo Fulano de Tal – que é sempre falangeiro de Oxóssi – poderá, eventualmente, ser capangueiro de Ogum, de Xapanã, de Oxalá, ou até mesmo de Oxóssi, dependendo apenas de quem seu médium seja filho.

Em alguns casos, contudo, é possível chegarmos a alguma conclusão pelo nome que utilizam. Os falangeiros de Ibêji, por exemplo, costumam incluir em seus nomes citações ao local de regência do Orixá a quem estão servindo por intermédio daquele médium. Rosinha da Cachoeira é uma provável capangueira de Oxum, mas pode ser também de Ogum Iara, o Ogum que rege os rios; Juquinha da Mata possivelmente é de Oxóssi ou de Ogum Rompe Mato; Zezinho da Pedreira, de Xangô; Mariazinha do Jardim, de Xapanã – visto que o jardim é forma atenuada de referência a cemitérios –; e Aninha da Praia, de Iemanjá, de Oxalá – que também rege a praia –, ou mesmo de Xapanã, uma vez que o mar é a grande calunga.

No caso dos falangeiros do Orixá Exu, como Maria Padilha, Tranca-Ruas e Tiriri, por exemplo, a identificação dos Orixás a quem servem é um pouco mais difícil. Pelo nome com que se apresentam, no máximo conseguimos identificar se servem a Orixás que rejam dentro ou fora das calungas (grande ou pequena), porque eles costumam adicionar ao seu nome não o local específico de regência do Orixá a que servem, como mata, cachoeira e pedreira, mas apenas a indicação de "fora" e de "dentro" do cemitério. Sendo de dentro, podem se apresentar como "da Praia" ou "do Cais" – em referência à Calunga Grande –, ou "do Cruzeiro", "das Almas", "da Encruzilhada da Calunga", "da Catacumba" e outros semelhantes – em relação à Calunga Pequena. Exus que atuam nesses locais, obviamente, terão maior condição de servir a Orixás que ali também rejam, como Xapanã, Iansã de Balé, Iemanjá (que rege na Calunga Grande), Ogum Megê, Xangô das Almas e alguns tipos específicos – e raros – de Oxóssi, de Oxum e também de outros Orixás. Quando os Exus não trabalham nas calungas, apresentam-se como sendo "da Encruzilhada", "do Cabaré", "da estrada" e de outros lugares similares e costumam servir a Orixás que também não têm ligação com cemitérios, como a maioria dos tipos de Oxum, de Oxóssi, de Xangô e outros mais.

O que determina, portanto, se aquele Exu pode ou não servir a um Orixá é seu local de trabalho, embora esse local de trabalho não especifique, dentre vários Orixás possíveis, a qual deles, exatamente, aquele Exu serve. Assim, se o Exu Tranca-Ruas das Almas serve a Omolu em determinado médium, em outro poderá servir à Iansã de Balé, à Iemanjá ou a Ogum Megê. O mesmo vale para Exu Caveira, Sete Catacumbas ou qualquer outro Exu do cemitério; mas nenhum desses servirá a um Orixá que não atue sobre as calungas. Se Maria Padilha do Cabaré serve à Oxum em um médium, em outro poderá servir a qualquer outro Orixá que também reja fora da Calunga, mas nunca poderá servir a um Orixá que atue dentro da Calunga, visto que no cemitério não tem cabaré.

Além dos Exus, dos Caboclos e das Crianças, os falangeiros Pretos Velhos, Boiadeiros, Baianos, Ciganos, Malandros e Marinheiros também servem como capangueiros dos nossos Orixás. O normal é que, com o transcorrer do desenvolvimento mediúnico, passemos a conhecer os capangueiros do primeiro e do segundo Orixá, sendo possível que cada um deles tenha até mais de um capangueiro. No entanto, não necessitamos trabalhar com todos eles. Somente os mais importantes ao nosso equilíbrio é que se manifestarão no transcurso do trabalho mediúnico. O mais comum é que, se trabalhamos com um casal de Pretos Velhos, um deles seja capangueiro do primeiro Orixá e outro do segundo, e o mesmo acontece com Caboclos e Caboclas, Exus e Pombagiras, Ciganos e Ciganas, Baianos e Baianas e Crianças (meninos e meninas). No caso de Boiadeiros e Marinheiros, como a própria representação desse grupo de trabalho é apenas masculina, não há a formação de casais.

De forma resumida, portanto, podemos dizer que "falangeiro é aquele que *representa* uma força ou um Orixá, e capangueiro é aquele que *serve* a uma força ou a um Orixá". "Representar" significa "assumir o papel", "vestir o arquétipo", "comportar-se como"; e "servir" significa "obedecer", "cumprir ordens de", "atender a". Essas definições, se bem entendidas, acabam de uma vez por todas com os desacordos que perduram há décadas nos meios umbandistas sobre a forma de trabalho de nossos Guias.

Além dessas duas palavras – falangeiro e capangueiro –, falta a terceira: catiço! A palavra "catiço" não existe na língua portuguesa, tendo sido criada no meio candomblecista para se referir aos Caboclos, Pretos Velhos e Exus de Umbanda, quase com o mesmo significado do termo "falangeiro", mas com uma grande diferença: para os candomblecistas, esses Espíritos que trabalham na Umbanda são considerados eguns, e o termo "catiço" foi criado como sinônimo de "egum que trabalha na Umbanda". No entanto, repetimos o que dissemos muitas vezes neste livro: essa é uma visão externa à nossa religião e, como tal, não nos interessa! Para nós, que vivemos a Umbanda de dentro, a visão que temos de nossos Guias é outra, bem diferente do que se entende por "egum", por isso não utilizamos a palavra "catiço".

Aliás, da mesma forma que não devemos absorver as interpretações da nossa religião vindas de fora dela, também não devemos querer impor nossa visão sobre outra religião aos seus seguidores. Os candomblecistas, por exemplo, têm todo o direito de entenderem a Umbanda como acharem melhor; só não têm o de quererem impor sua visão aos umbandistas. Da mesma forma, nós, umbandistas, temos todo o direito de ter o entendimento de que, seja onde for, quem baixa é um falangeiro representando o Orixá, e não o próprio Orixá, pelo simples fato de ninguém poder receber Deus, porém não temos o direito de querer impor essa visão a quem ainda acredita que recebe a divindade. Isso seria falta de respeito e de caridade! E se faltasse isso na Umbanda, a Umbanda não existiria!

## Os falangeiros de demanda ou de quimbanda

A Umbanda é o "conjunto das Leis Divinas", conjunto esse que, como tudo originado do Criador, se irradia por todo o Cosmos por meio da expansão dos Sete Raios Divinos e que pode ser representado pelo próprio símbolo de A Centelha Divina, em que os raios coloridos representam a luz de Deus em ação, irradiando-se sobre a escuridão, infinita e constantemente, de forma semelhante ao próprio movimento cósmico de expansão do Universo.

A partir do logos divino (triângulo branco), os raios luminosos avançam sobre o espaço exterior preenchido pelo negro, que representa a ausência de luz e simboliza os locais onde há consciências resistentes à Luz Divina, que não a desejam ou que não a compreendem, seja no mundo material ou no mundo espiritual. É óbvio que essa é apenas uma representação simplória da atuação da luz sobre as trevas, pois a luz de Deus já está – e sempre esteve – presente em todos os lugares devido à sua onipresença; mas a representação gráfica nos facilita o entendimento da atuação dos Orixás e de seus falangeiros, agindo para fazer cumprir o conjunto das Leis do Criador.

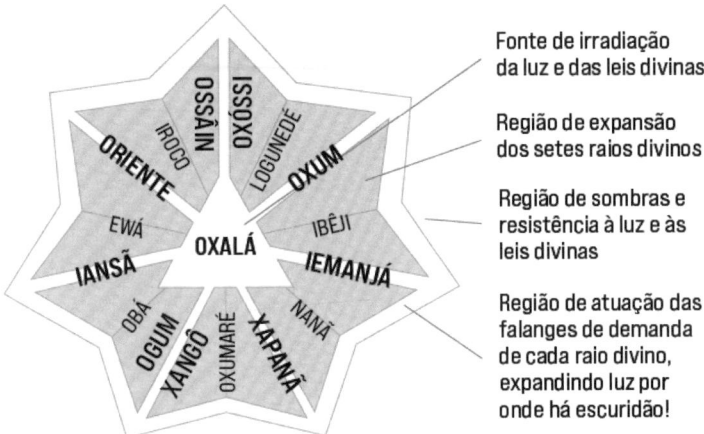

Nessa representação, há quatro zonas distintas que merecem destaque. A primeira é o próprio triângulo branco. Ele representa Deus, de onde tudo parte; a origem de todas as coisas. A segunda corresponde aos raios divinos. Eles são as emanações da mente de Deus, em constante expansão e ação criadora. Dentro de cada raio há potencialidades, Orixás e vibrações irradiadas do Criador em profusão e em expansão. É a própria lei divina em ação! A terceira zona é a exterior aos raios divinos, onde sua luminosidade ainda não alcançou. Essa zona é representada pela cor preta, pois o negro é a ausência de luz, e simboliza os locais onde há resistência à aceitação da luz divina ou das Leis de Deus, que são carregadas dentro de cada um de seus raios de luz. Essa região representa as localidades no mundo material ou espiritual povoadas por Espíritos sombrios e negativos, por exemplo.

Há, por fim, a quarta zona, que compreende a tênue região fronteiriça entre a luz irradiada por intermédio de cada raio e a escuridão externa à luz divina. Essa pequena faixa é justamente aquela zona situada na extremidade de cada raio, na sua porção que invade a escuridão para que a luz possa se fazer presente; é a zona de combate entre luz e trevas; representa o esforço da luz e das leis divinas conduzidas pelos Sete Raios para entrar onde há sombras, dissipando a escuridão e a ignorância. É nessa zona que são encontradas as vibrações divinas de Exu, aquele que vai na frente, o que dá o primeiro passo, o que rompe barreiras e o que aniquila as trevas portando a luz e o amor de Deus! Por ser a zona onde a luz avança sobre as trevas, chamamos os falangeiros que ali atuam de "falangeiros de demanda", em alusão ao constante combate que realizam para levar as Leis Divinas onde ainda não é aceita, ou de "falangeiros de quimbanda", em referência ao sentido dessa palavra, que, em banto, significa "curador" e, portanto, retrata o trabalho final desses Espíritos, curando as chagas morais e conscienciais dos que ainda relutam contra a luz.

Nessa zona fronteiriça, ao redor de todos os Sete Raios, há a vibração do Orixá Exu e a presença de Espíritos de alto nível consciencial – seus falangeiros – que o representam na luta contra o mal, a ignorância e as trevas, buscando levar a luz para onde há escuridão. No entanto, como cada um dos Sete Raios transporta vibrações divinas distintas e forças diferentes, exige-se desses falangeiros a especialização no controle e manuseio de energias diversas, para que possam fazer expandir as potencialidades presentes em cada raio.

O raio vermelho, por exemplo, carrega consigo a potencialidade divina de *força*; o raio amarelo de *consciência*. A primeira é uma potência diretamente combativa, agressiva, impositiva; a outra é uma potência cuja ação é puramente mental e, portanto, mais relacionada à mentalização e à magia. Sendo assim, para expandir os raios vermelho e amarelo, levando as potencialidades divinas de cada um deles para onde há sombras, o conhecimento e a especialidade dos falangeiros de Exu que atuam em suas zonas fronteiriças com o negro devem ser diferentes. Por isso, embora haja a vibração de Exu ao redor de todo o limite dos raios divinos, essa vibração se expressa de maneira distinta nas zonas limítrofes de cada raio, pois também mantém relação com as características próprias de cada faixa de luz.

O falangeiro que trabalha nessa zona limítrofe de qualquer um dos raios com o negro, além de possuir familiaridade com a vibração divina Exu – o Orixá regente dessa região –, deve também conhecer as vibrações intrínsecas ao raio em que trabalha. Por esse motivo, algumas vezes – e em alguns terreiros –, são considerados "falangeiros de Exu" e são tratados como "Exus e Pombagiras"; em outras ocasiões, são vistos como integrantes de falanges de trabalho subordinadas a um determinado Orixá. Essa é a causa da secular discussão se o Povo Cigano é Exu ou falangeiro do Oriente, assim como se os Marinheiros são Exus ou uma falange de trabalho de Iemanjá. Se fôssemos considerar a teoria das Sete Linhas de Umbanda, em que cada Espírito é colocado dentro de uma linha e não pode ser entendido de outra forma, realmente, essa duplicidade vibratória ficaria difícil de ser entendida, porque o Marinheiro só poderia ser uma coisa ou outra: ou Exu, ou integrante de falange de trabalho de Iemanjá. No entanto, com o conceito dos Sete Raios Divinos, fica muito mais fácil visualizar que, por esses Espíritos atuarem em uma zona transitória, podem ser considerados tanto como falangeiros de Exus – e serem tratados como Exus – quanto como integrantes de "falanges de demanda" de cada um dos raios, sendo subordinados aos Orixás regentes daquele raio e podendo atuar de uma ou de outra forma, dependendo apenas das vibrações que estiverem manuseando no momento.

Para ficar ainda mais claro, vamos apresentar os grupos de falangeiros que trabalham nas zonas limítrofes de cada raio e que, por isso, algumas vezes (ou em alguns lugares) atuam como falangeiros do Orixá Exu (sendo considerados Exus e Pombagiras) e, em outras ocasiões, como falangeiros de demanda, subordinados aos Orixás regentes de seu raio. Contudo, é bom relembrarmos que há diferença entre ser um "falangeiro de Exu" e ser "capangueiro" de outro Orixá! Esses Espíritos, como serão descritos, são considerados, simultaneamente, *falangeiros* de Exu e integrantes da falange de demanda de um Orixá, mas podem também ser *capangueiros* (ou servidores) de qualquer outro Orixá, dependendo apenas de quem seu médium for filho.

Começando pelo raio vermelho, em que há a vibração de Ogum e de Xangô, encontramos em sua extremidade dois grandes grupos de falangeiros. A potencialidade divina com que ambos trabalham é a *força*, que é a potência transmitida por intermédio desse raio; mas cada um desses dois grupos tem sua própria forma de expandi-la, avançando sobre a região simbolizada pelo negro.

O primeiro de que vamos falar é o grupo ligado a Xangô, que é o Orixá da Justiça. Os Espíritos que trabalham em sua *falange de demanda* podem ser chamados de "executores da lei", mas são também, simultaneamente, falangeiros do Orixá Exu e correspondem a todos aqueles que, na maior parte dos terreiros são tratados somente como Exus e Pombagiras (Tranca-Ruas, Maria Padilha, Tiriri, Maria Molambo etc.). Possuem facilidade no manuseio do elemento *fogo* (elemento do raio vermelho e de Xangô) e, trabalhando na sua falange de demanda, executam a lei divina pelo uso da potência *força!*

Mais uma vez, fazemos questão de lembrar: o fato de trabalhar como "executor da lei" e, portanto, sob a vibração de xangô, não quer dizer que seja servidor de Xangô! O Exu e a Pombagira podem ser servidores (ou capangueiros) de qualquer Orixá, dependendo apenas de quem seu médium seja filho. Quando falamos que esses falangeiros do Orixá Exu trabalham também sob as vibrações de xangô, é somente porque sua falange de trabalho é quem executa a lei divina, compondo, por isso, a falange de demanda do Grande Legislador!

A segunda falange de demanda presente na mesma zona do raio vermelho é a ligada a Ogum. Esses Espíritos expandem a potencialidade *força*, mas seu papel não é o de serem "executores da lei divina", mas, sim, "condutores" dela; aqueles que, assim como Ogum, apontam o caminho e impulsionam à frente, ensinando, contudo, a ser maleável para desviar das adversidades sem perder o rumo e a agir com perspicácia para identificar as melhores oportunidades de progresso. Esses Espíritos compõem a "Falange dos Malandros". Em muitos terreiros são considerados apenas falangeiros do Orixá Exu, sendo tratados como Exus e Pombagiras Malandros; em outros são considerados uma falange de trabalho à parte, subordinada ao Orixá Ogum. Como temos explicado, tanto faz uma coisa ou outra, pois, na verdade, essa falange trabalha na zona limítrofe do raio vermelho com o negro, por isso pode trabalhar tanto como Exu quanto como uma falange de demanda ligada a Ogum, o Senhor das Estradas.

Na zona limítrofe do raio laranja com o negro há a falange de trabalho dos "Baianos". São trabalhadores "quentes" como o dendê de Iansã, Orixá regente desse raio. Podem, portanto, trabalhar como falangeiros do Orixá Exu ou como integrantes da falange de demanda de Iansã. Como falangeiros de Exu, têm grande habilidade no desmanche de trabalhos e feitiços, e como subordinados de Iansã, sabem manipular energias repulsivas a eguns, auxiliando em processos desobsessivos e de limpeza espiritual. A potencialidade divina que conduzem é a *coragem* (ou "ousadia", em sua linguagem). Embora possam atuar como Exus, tradicionalmente não costumam ser tratados assim, visto terem surgido na Umbanda já associados a uma falange independente. Apesar disso, é notória sua ação "quimbandeira", desfazendo feitiços e curando chagas espirituais.

Na zona limítrofe entre o raio amarelo, comandado pelo Povo do Oriente, e o negro, aparece uma falange de demanda que por muito tempo foi considerada apenas falangeira do Orixá Exu e que, de algum tempo para cá, começou a ser observada como um grupo de trabalho sob as vibrações do Oriente. Estamos falando do "Povo Cigano", alvo, até hoje, de grandes discussões nos meios umbandistas sobre se devem ser tratados como "Exus" ou não. Como todas as outras falanges situadas nas zonas limítrofes de cada raio, esses falangeiros, na verdade, podem tanto trabalhar como falangeiros do Orixá Exu quanto como falangeiros de um grupo de trabalho subordinado ao Povo do Oriente, dependendo apenas das vibrações que estejam manipulando. Como trabalhadores ligados ao Povo do Oriente, expandem a potencialidade divina de *consciência*, sendo, portanto, exímios manipuladores de forças mentais e, consequentemente, de mentalizações e magias.

Na zona limítrofe do raio verde para o negro, há duas Falanges de Demanda cujos integrantes podem ser considerados tanto falangeiros do Orixá Exu como falangeiros de um dos grupos subordinados aos Orixás regentes desse raio, isto é, Ossâin e Oxóssi. O grupo dos "Caboclos Quimbandeiros", também conhecido como "dos feiticeiros das florestas", compõe a falange de demanda do Orixá Ossâin, expandindo a potencialidade divina do *auxílio* por meio do uso dos elementos curadores da natureza e da ação conjunta dos elementais, auxiliando a revitalização e regeneração do corpo, mente e Espírito.

Já o grupo dos "Boiadeiros", falange de demanda de Oxóssi, irradia a mesma potencialidade divina do *auxílio*, ajudando na caminhada segura da mesma forma que o vaqueiro toca seu gado pela estrada, impedindo a perda de rumo, protegendo e diminuindo os perigos da jornada, por mais longa que seja. Nem os Caboclos Quimbandeiros nem os Boiadeiros têm sido tratados, tradicionalmente, como Exus, mas é consenso, em grande parte dos terreiros, suas características peculiares – que muitos chamam de "traçada"; embora, até o momento, muitos não soubessem explicar a finalidade dessa duplicidade tampouco como ela seria possível.

Na zona limítrofe do raio azul com o negro, há a presença da falange dos "Mirins", também conhecida como "Exus Mirins", por atuarem tanto como falangeiros do Orixá Exu quanto como integrantes de aparência infantil, da falange de demanda de Oxum, regente desse raio. Tais falangeiros avançam sobre a escuridão procurando estimular a pureza de sentimentos (assim como os falangeiros de Ibêji, presentes na transição desse raio para o índigo), para que possa haver a expansão da potencialidade divina do *amor*.

Na zona limítrofe do raio índigo para o negro há a manifestação da falange dos "Marinheiros". Esses Espíritos, assim como os Ciganos, por muito tempo foram vistos apenas como falangeiros do Orixá Exu, sendo que, de algum tempo para cá, começaram a ser entendidos também como um grupo de trabalho ligado à Iemanjá. Como explicado, as duas colocações estão corretas, e esses trabalhadores podem ser considerados tanto como falangeiros de Exu, sendo chamados de "Exus Marinheiros", quanto como integrantes da falange de demanda de Iemanjá, a regente do raio índigo, dependendo apenas das vibrações com que estejam trabalhando. Expandem a potencialidade divina da *Criação*, removendo os obstáculos emocionais que impedem o caminhar ou, em sua linguagem, o "navegar", para que possam ser criados rumos e alcançados novos horizontes.

Na zona limítrofe do raio lilás para o negro, há uma falange de trabalhadores especial. Estamos nos referindo aos *Pretos Velhos*, que, apesar de não serem considerados, tradicionalmente, falangeiros do Orixá Exu, podem trabalhar com essas vibrações, com grande facilidade, na quebra de demandas e no desmanche de trabalhos. Daí vêm as expressões muito comuns que se referem ao Preto Velho como "quimbandeiro", "mandingueiro" ou "mirongueiro". Essa ligação acontece justamente porque, como qualquer outra falange de trabalho situada em zona limítrofe, os Pretos Velhos, na verdade, também podem atuar como falangeiros do Orixá Exu ou como integrantes da falange de demanda subordinada a um Orixá, nesse caso a Xapanã, Orixá regente do raio lilás.

Resumindo, todas essas falanges que trabalham nas zonas limítrofes entre qualquer raio e o negro atuam tanto como falangeiros do Orixá Exu quanto como falangeiros de uma falange de demanda subordinada ao Orixá regente do raio; explicando, de uma vez por todas, que aquele Espírito que ali é tratado como "Pombagira Cigana" também pode atuar sob a regência do Povo do Oriente, deixando de ser, enquanto estiver nessa vibração, a "Pombagira falangeira do Orixá Exu" e passando a ser apenas a "Cigana nas vibrações do Oriente", falangeira de demanda do raio amarelo. O mesmo também acontece com os Marinheiros, Malandros e todos os outros trabalhadores dessa zona de transição entre a luz e as sombras.

Aliás, por estarem situados nessa faixa de transição, no *front* de batalha", são esses Espíritos os primeiros a defender contra demandas, ataques espirituais e obsessões. São eles também que auxiliam na expansão do bem, desfazendo trabalhos negativos, magias e feitiços. São os soldados da lei divina, os que vão na frente e que batalham incansavelmente contra as trevas; são as Falanges de Demanda de cada Orixá, seus comandados mais fiéis, que trabalham por amor às Leis de Deus, expandindo a luz divina por onde quer que haja escuridão!

## Novas falanges na Umbanda

A Umbanda é uma religião dinâmica, e seus ensinamentos vêm sendo aplicados conforme a nossa capacidade de entendimento. Então, além das falanges descritas, é possível, sim, que falanges novas, assim como novos conceitos e novos ensinamentos, venham sendo apresentados ao longo do tempo. Mais que isso: é possível que ainda apareçam, no futuro, novos tipos de falangeiros que hoje ainda não conhecemos. No entanto, é importante ressaltar, essas novas falanges não surgem assim "do nada"! Elas não aparecem porque alguém começou a "receber" aquele tipo de Espírito e aí passou a falar por aí que aquela falange existe! Não!

Vimos que, ao longo da história da Umbanda, sempre que novas falanges vieram a surgir, seus falangeiros, antes, começaram a aparecer dentro de outras falanges, principalmente a de Exu. Estes foram considerados, por muito tempo, como Exus e Pombagiras. E a transição (digamos assim) do *status* de ser apenas um integrante da falange de Exu para ter sua própria falange (com gira específica) é um processo lento, demorado, construído pouco a pouco.

Para exemplificar, podemos citar os Ciganos e os Marinheiros. Era muito comum até alguns anos atrás só se falar em Pombagira Cigana e Exu Marinheiro, por exemplo, até que algo interessante começou a acontecer. As próprias Ciganas começaram a falar que vinham na irradiação do Oriente, e só depois de muito tempo os terreiros começaram a fazer giras específicas de Ciganos separadas de giras de Exus. Pronto! Temos a falange dos Ciganos! Assim, hoje a pessoa recebe na gira de Exu sua Pombagira e, na gira de Ciganos, seu falangeiro do "Povo Cigano" (cigano ou cigana). Em relação aos Marinheiros, aconteceu a mesma coisa! Antes, eram Exus Marinheiros! Agora, já há a gira específica para os Marinheiros.

Uma outra falange que não existia de forma independente no início da Umbanda era a dos Boiadeiros. Falava-se em "Caboclo Boiadeiro". Hoje, tem gira específica de Boiadeiros. No entanto, foi preciso tempo. A coisa não surge do nada. É sempre um processo de construção lenta e contínua. E podemos dizer que não foram só esses. Até talvez a década de 1970 ou, quem sabe, 1980, não se falava em uma falange de trabalho denominada de "Baianos". Havia a manifestação em giras de Pretos Velhos de "Fulano da Bahia", "Beltrana Baiana". Apesar de ainda existirem essas denominações, hoje se tem a Falange dos Baianos.

O processo de aparecimento de uma nova falange é possível, mas é lento, não acontece de uma hora para outra simplesmente porque alguém começou a receber aquele tipo de Espírito e a dizer que existe. Normalmente, esse surgimento acontece dentro de uma falange existente e vai amadurecendo aos poucos. Atualmente, temos uma quantidade muito maior de falangeiros com os quais trabalhamos, quando se compara ao que havia no início da Umbanda. Como exemplos, temos, além dos Caboclos, Pretos Velhos, Crianças e Exus, que estão presentes mais ou menos desde o princípio da Umbanda:

- Malandros (até a bem pouco tempo, "Exu Malandro");
- Baianos;
- Ciganos;
- Boiadeiros;
- Caboclos Quimbandeiros (começando a aparecer);
- Exus Mirins;
- Marinheiros.

E para o futuro? Como dissemos, é possível que ainda apareçam outros. O que nos traz uma grande preocupação é a fantasia de muitos médiuns, que "inventam" falangeiros novos. Não que não possam aparecer novos falangeiros, pois, como explicamos, é provável que apareçam. No entanto, pelo animismo das pessoas (ou pior, pela ação de quiumbas), já vimos aparecer figuras contrárias ao que a própria Umbanda prega. Assim, se você tem dúvidas se alguma falange pode ou não existir, pode começar a analisar com base no que é ensinado pela Umbanda. E não é preciso um esforço muito grande, não!

Por exemplo, vamos falar da tal da "Falange dos Piratas", que alguns novos movimentos dentro da Umbanda afirmam existir. Bom, tirando a visão romanceada do termo, "pirata" é contraventor, ladrão, estuprador, assassino, fora da lei. Os nossos Guias jamais irão fazer qualquer apologia ao crime. Se a Umbanda não faz alusão ao crime, como pode ter uma falange de criminosos? Logo, por uma simples reflexão, fica fácil identificar que isso é criação do animismo das pessoas ou, o que é pior, uma ação de quiumbas, visto que esses são foras da lei.

Um outro caso que tem se disseminado pela ação da Internet é a "Falange dos Cangaceiros". O cangaço também é um agrupamento armado, fora da lei, que matava, estuprava e torturava, sendo, portanto, um movimento criminoso. Por isso, não existe a figura do "cangaceiro umbandista". O que não quer dizer que não possa haver, por exemplo, um Baiano que se vista com roupas semelhantes aos cangaceiros, uma vez que, antes de ser do cangaço, essas roupas eram típicas da região da caatinga, do sertão. São roupas de sertanejos...

Estamos falando de "foras da lei", e aí você pode estar se questionando: mas os Exus também não representam "foras da lei"? Pelo contrário! Os Exus são *executores da lei* (são até chamados de "Exus de Lei"), e não fora da lei! Eles fazem com que a lei seja cumprida; combatem malfeitores espirituais e nos aconselham em caminhos corretos. Qualquer coisa que se diga em contrário, ou é fruto do animismo dos médiuns ou da ação de quiumbas. E temos que saber distinguir bem as coisas!

Você lembra que falamos lá no início que as novas falanges que surgiram ao longo da história da Umbanda nasceram dentro de outras existentes, principalmente na de Exu? Alguém já escutou falar em "Exu Palhaço"? Exu Topetão? Bozo? Carequinha? Pois é! Também há um pretenso movimento umbandista afirmando que existe a falange dos palhaços. Enfim, a Umbanda não precisa ser mais ridicularizada do que já é! O problema que a difusão de absurdos como esse acaba tornando a Umbanda literalmente um circo: de horrores! Como estes, outros fatos preocupantes têm acontecido, muitos tão estapafúrdios que não deveriam nem ser levados a sério, mas devem ser comentados porque tem gente que acredita. Nesse "circo de horrores", por exemplo, há relatos de um médium receber um falangeiro de Ogum e o outro seu cavalo! Ou um médium receber um falangeiro de Xangô, o outro o leão e um outro a pedra!

Esses exemplos nos mostram que temos que ter atenção ao que acontece ao nosso redor. A Umbanda é dinâmica, sim, e novas falanges surgiram ao longo de sua história e outras podem ainda surgir, mas, antes de tudo, a Umbanda segue sempre o bom senso, não fazendo apologia nem ao crime nem criando figuras que não representem parcela da nossa sociedade; uma vez que, como explicamos anteriormente, o objetivo principal desses falangeiros é a comunicação conosco, e não há forma melhor de se comunicarem que não seja espelhando quem somos. É por isso que, pela sua forma, seu comportamento e modo de falar, os verdadeiros falangeiros de Umbanda conseguem chegar até nós e nos ajudarem tanto.

A Umbanda é linda e sempre racional! Não se esqueça!

# A progressão dos Espíritos falangeiros de Umbanda

Não é qualquer Espírito que, cismando, pode resolver baixar em um centro de Umbanda e começar a trabalhar se dizendo Preto Velho, Exu ou qualquer outro falangeiro. Aliás, infelizmente, isso até acontece, mas, nesses casos, entendemos que o terreiro em questão possa estar enfrentando algum problema espiritual que o esteja dificultando de perceber a ação de "quiumbas", que é como chamamos esse tipo de Espírito impostor.

E quem são os Espíritos que hoje ocupam, *legitimamente*, as funções de falangeiros de algum grupo de trabalho ou de algum Orixá? Quem são os Espíritos que baixam nos terreiros usando o nome e assumindo a personalidade de Vovós, Vovôs, Caboclos, Exus, Oguns, Iansãs, Marinheiros e tantos outros? Para começar, são Espíritos! Por essa razão, nem um pouco diferentes nem de mim, nem de você, nem daquele egum perturbador, a não ser pelo que, de fato, nos distingue uns dos outros, que é o nível de consciência.

Nenhum Espírito foi criado com grande grau de discernimento e lucidez! Todos nós partimos do mesmo princípio – simples e ignorantes – e, ao longo de nossa extensa caminhada espiritual, temos aprendido a nos guiar mais pela consciência e menos pelo ego. Os Espíritos que trabalham na Umbanda não são diferentes, ou seja, passam pelo mesmo processo. No entanto, para que possam atuar como falangeiros, devem possuir um nível de moral e consciência superior ao da maioria de nós; caso contrário, não seriam capazes de guiar nem a si próprios, e aí, então, nós é que seríamos seus Guias.

A partir do momento em que um Espírito preencha todos os requisitos morais e conscienciais necessários para ser um Guia de Umbanda, caso queira, ele poderá se predispor ao trabalho na Seara Umbandista ou continuar amparando de outra forma qualquer, por intermédio de tantos outros tipos de trabalhos existentes no mundo espiritual. O trabalho na Umbanda é, portanto, apenas mais uma dentre tantas outras opções de trabalho que um Espírito amparador tem pela frente. Se desejar atuar na Umbanda, ele terá que saber que:

• a Umbanda não é uma "casa de ninguém", onde qualquer Espírito chega, faz o que bem quer e vai embora. Ela é uma religião organizada, que possui princípios e objetivos, e todo Espírito que desejar trabalhar nela terá que ter responsabilidade e o compromisso de seguir sua filosofia e se encaixar na estrutura espiritual em que se sustenta, que é baseada em uma *hierarquia* na qual Espíritos mais adiantados orientam os mais iniciantes, e estes obedecem às orientações de seus superiores. Afinal, como em tudo, para que possa haver progresso é preciso *ordem* em primeiro lugar;

• a Umbanda não é uma religião – como muitas outras – que visa apenas à elucidação moral e espiritual de quem a procura; ela atua também sobre fluidos e vibrações da natureza, por isso o Espírito que nela trabalhar terá que aprender, ao longo de todo seu percurso como trabalhador umbandista, a manipular cada uma dessas tantas vibrações ou, caso contrário, não conseguirá remover determinados miasmas, absorver da natureza forças purificadoras específicas nem manusear elementos para fins magísticos;

• enquanto trabalhar na Umbanda, o Espírito terá que galgar degraus e níveis subsequentes de conhecimento. Como em uma escola, em cada um desses níveis ele aprenderá a manusear determinadas energias específicas da natureza e colocará em prática tudo o que aprender, pela sua própria atuação nos terreiros. Começará seu aprendizado a partir do estudo e da manipulação das vibrações mais simples e comuns, progredindo até chegar às mais complexas e de difícil manuseio;

• ele e todos os outros Espíritos situados no mesmo nível serão identificados por um mesmo *uniforme*, que identificará seu campo específico de atuação e que será alterado a cada promoção de nível, sequencialmente, indicando o tipo de vibração com a qual estiver lidando naquele período;

• cada uniforme corresponde a um *arquétipo*, que deve ser vestido integralmente por todos os Espíritos situados naquele nível. O arquétipo é o mesmo que uma personalidade construída para um personagem. Enquanto usar aquele uniforme – ou representar aquele personagem –, o Espírito mudará seu nome e sua roupagem perispiritual, passando a se apresentar com a mesma denominação e aparência das centenas de outros Espíritos que estejam desempenhando as mesmas funções e manipulando as mesmas vibrações da natureza. Cada grupo de Espíritos que atua da mesma forma e utiliza o mesmo arquétipo é chamado de "falange";

- por intermédio dessa personificação, ele entrará em contato conosco, encarnados; e nós o entenderemos como índio, velho escravo, criança, Exu, Ogum, Iansã e tantos outros, dependendo do arquétipo que estiver vestindo no momento, do personagem que estiver representando, e não pelo nome utilizado em sua última encarnação;

- nos momentos em que não estiver atuando na Umbanda, ele poderá deixar de representar seu personagem e poderá assumir, novamente, a aparência e o nome utilizados em sua última encarnação ou quaisquer outros que preferir;

- o tempo em que permanecerá utilizando o mesmo uniforme, ou seja, pertencendo à mesma falange de trabalho, dependerá de sua aplicação no estudo e no cumprimento de suas funções. Quanto mais trabalhar e quanto mais realizar suas tarefas de manuseio vibratório com perfeição, mais capacitado estará e mais rapidamente poderá alcançar condições de passar a estudar outras energias, sendo promovido e mudando de falange.

De posse de todo esse conhecimento e concordando com a estrutura de aprendizado e de trabalho construída para a Umbanda, o Espírito poderá ser admitido finalmente à Seara dos trabalhadores umbandistas, sendo considerado apto a ser "falangeiro" ou "Guia de Umbanda". A partir daí, seu primeiro passo será acompanhar por um tempo, como observador, a atuação de algumas falanges de trabalho, para entender como a Umbanda funciona, como é a rotina dos terreiros, quais são as dificuldades e as facilidades atuais da religião e mais uma série de informações introdutórias, que o ajudarão a se situar em relação ao trabalho que realizará.

Findo esse período de integração, ele será encaminhado ao ingresso em uma das falanges de trabalho da Umbanda. No entanto, como em qualquer coisa na vida – nesta ou na outra –, visto que ninguém começa por cima e sabendo tudo, o Espírito também terá que iniciar seu trabalho pelas funções mais básicas, que requerem mais "trabalho pesado" e menos conhecimento sobre manipulação de energias sutis. Passará a integrar falanges em que terá oportunidade de aprender a trabalhar com energias menos complexas e menos instáveis, porém mais grosseiras e densas e que, portanto, requererão menos conhecimento e habilidade. Na Criação Divina, a vibração irradiada de Deus que controla esses tipos de energias é a denominada Exu, então, o primeiro nível em que o Espírito atuará deverá ser ligado a esse Orixá, assumindo uma posição em uma de suas falanges de trabalho como "Falangeiro do Orixá Exu".

Observando o símbolo da A Centelha Divina, fica fácil compreender que, como falangeiro do Orixá Exu, esse Espírito deverá integrar também as "Falanges de Demanda" de cada raio, afinal seu aprendizado não estará completo enquanto não tiver passado por cada uma delas, pois as energias que são trabalhadas por essas falanges são diferentes entre si por se misturarem às potencialidades específicas de cada raio. Em outras palavras, esse Espírito só poderá dizer que realmente aprendeu a manusear *todas* as vibrações manipuláveis por Exu quando tiver passado pelas Falanges de Demanda de cada um dos Sete Raios, uma vez que em cada uma delas há energias de Exu ligeiramente diferentes.

Sendo assim, ainda como falangeiro do Orixá Exu, o mesmo Espírito terá que passar pelas Falanges de Demanda dos "Executores da Lei", dos "Malandros", dos "Baianos", dos "Ciganos", dos "Caboclos Quimbandeiros", dos "Boiadeiros", dos "Mirins" e dos "Marinheiros", aprendendo as lições relativas a cada uma delas, mas não necessariamente nessa ordem, embora essa seja a ordem recomendada. A sequência percorrida irá depender, na verdade, de dois fatores: da aptidão daquele Espírito de ingressar no estudo das energias com as quais aquela falange atua e da oportunidade de ingresso naquela falange, possibilitada pela promoção de outro Espírito que ali trabalhava, disponibilizando a função para ser ocupada por um novo Espírito. Depois que tiver, por seu mérito e esforço, completado o ciclo de aprendizado e trabalho em cada uma das Falanges de Demanda citadas (Executores da Lei, Malandros, Baianos, Ciganos, Caboclos Quimbandeiros, Boiadeiros, Mirins e Marinheiros), estará, por fim, apto a ingressar na mais adiantada de todas as Falanges de Demanda, composta pelos falangeiros Pretos Velhos.

Ao chegar nessa posição, o Espírito tem em sua bagagem de conhecimentos a experiência com a manipulação de quase todas as energias manuseadas pela vibração divina Exu. Essa é a razão pela qual, na maioria dos terreiros, há o consenso de que Preto Velho é profundo conhecedor da magia e que, com suas mirongas e mandingas, sabe desfazer como ninguém um feitiço ou um trabalho de magia feito para o mal. Enquanto exerce a função de Preto Velho – considerando que o Espírito percorreu todas as Falanges de Demanda anteriores –, o Espírito aprende a usar tudo o que aprendeu de uma única forma, combinada e organizada, aplicando, conjuntamente, todo o conhecimento adquirido de cada vibração de Exu atuada pelas diferentes potencialidades de cada raio divino.

Depois disso, ao completar seu ciclo de aprendizado como Preto Velho, o Espírito encerrará suas lições dentro das Falanges de Demanda e como falangeiro do Orixá Exu. Estará na hora, então, de galgar novos horizontes. Ele aprendeu a manipular todos os tipos de vibrações densas e, de quebra, ainda aprendeu superficialmente um pouco das potencialidades contidas em cada raio divino, visto que cada falange de demanda por que passou é atuada por um deles. Essa, porém, foi apenas a primeira parte do aprendizado, isto é, seu primeiro ciclo. A natureza é muito mais extensa que isso, e a quantidade de energias que por ela flui é infinita. Por essa razão, o Espírito agora iniciará seu segundo ciclo de aprendizado, onde percorrerá cada um dos raios divinos, dessa vez não transitando pela sua extremidade, pela faixa de combate entre luz e sombras, mas *dentro* de cada um deles, aprendendo – a fundo – tudo que as vibrações ali contidas são capazes de fazer e também sobre como manipulá-las correta e seguramente.

Nesse segundo ciclo de aprendizado, percorrendo o interior dos raios, atuará como falangeiro dos Orixás regentes de cada faixa vibratória, assumindo seu arquétipo, sua postura, seu nome e suas posições. Representará Ogum, Xangô, Iemanjá e todos os outros Orixás durante os trabalhos nos terreiros, e enquanto os representar, estará manipulando essas vibrações divinas, atuando sobre as energias da natureza que cada Orixá governa, agregando, desagregando, transformando, conduzindo, dissipando, modificando etc.

Embora a sequência recomendada ao aprendizado seja seguir raio a raio, do vermelho ao lilás, na prática, a ordem real a ser percorrida dependerá, em primeiro lugar, da "abertura de vaga" em qualquer um dos raios, ocasionada pela promoção de um dos Espíritos que ali trabalhava e, em segundo lugar, da capacidade do outro Espírito em assumir aquela posição como falangeiro daquele Orixá. Contudo, independentemente da ordem que seguir, o ensinamento só estará completo depois de esse Espírito ter passado por cada um dos raios, servindo como falangeiro de cada Orixá. É mais ou menos como em um curso universitário, em que, apesar de haver uma ordem sugerida de matérias a serem cursadas, o aluno pode optar por outra, contanto que cumpra os pré-requisitos para cursá-la e que, ao término do curso, tenha estudado todas as matérias.

Depois de percorridos os Sete Raios, tendo assumido as funções de falangeiro de cada Orixá, o Espírito estará pronto para seu terceiro e último ciclo de aprendizado, que se inicia após sua saída do raio lilás, ingressando na faixa de transição para o branco, faixa essa regida pelo Orixá Oxumarê, aquele que combina todas as vibrações dos Sete Raios em seu arco-íris luminoso. Como falangeiro de Oxumarê, o Espírito irá aprender a usar tudo o que aprendeu durante sua trajetória ao longo dos Sete Raios de uma única forma, combinada e organizada, aplicando, conjuntamente, todo o conhecimento adquirido separadamente em cada raio divino.

Tendo aprendido a combinar as energias de forma segura e eficiente, ele estará apto, agora, a exercer sobre a natureza ação que envolva qualquer elemento e ingressará nas falanges de trabalho situadas dentro do "Triângulo Divino", representando Oxalá, o Pai de tudo e de todos, aquele que tem ascendência sobre qualquer coisa existente, tanto no mundo material quanto no espiritual. Nessa fase, o Espírito será como o aluno que está se formando e que, uma vez formado, poderá optar entre continuar auxiliando sua universidade e colaborando nessa organização como instrutor ou como coordenador, ou então partir para novos horizontes – os quais não fazem parte do foco deste estudo, por requererem maior compreensão.

Para finalizar, precisamos explicar que o Espírito que recebemos como nosso Guia nas sessões *não* é nossa propriedade. Seria egoísmo de nossa parte se quiséssemos que ele permanecesse conosco indefinidamente, marcando passo sempre na mesma função, como Caboclo, Preto Velho, Exu, Baiano ou outro qualquer, sem evoluir! O que temos observado, em termos práticos, é que o tempo que um Espírito leva para mudar de falange gira em torno de quinze a vinte anos, em média, podendo ser bem maior ou bem menor, a depender das oportunidades de trabalho que lhe dermos.

Às vezes, até percebemos que nosso Guia, de uns tempos para cá, passou a vir um pouco diferente e a trabalhar de uma maneira nova, porém, geralmente, não associamos isso à possibilidade de estarmos recebendo um novo Espírito, ocupando a mesma função antes ocupada por aquele com quem estávamos acostumados. Outras vezes, o Espírito até avisa antes de ser "promovido", mas isso só acontece se ele perceber que temos estrutura emocional suficiente para receber essa boa notícia sem nos sentirmos fragilizados pelo apego e pela saudade. O mais comum é que, visando ao nosso bem-estar, nossos Espíritos amigos simplesmente mudem de função e sejam substituídos por outros, sem alarde, sem propagandas, sem comunicados formais. Afinal, nada disso é necessário quando entendemos que somos todos Espíritos e que a evolução é um processo natural e constante, que todos percorreremos sempre! Por essa razão, não há espaço para tristezas ou despedidas, e sim para felicitações, pois aquele Espírito vai galgar novos patamares espirituais.

# O TRABALHO
# MEDIÚNICO

# CAPÍTULO 6

## Cobrança espiritual

É possível que muitas pessoas procurem iniciar-se na Umbanda devido ao receio da chamada "cobrança espiritual", com base em afirmações como: "se não entrar para o terreiro, o Orixá irá cobrar", ou "a vida vai ficar cada vez pior" ou, ainda, coisas como "o Orixá quer que lhe dê um presente" ou "a Pombagira tá cobrando". Embora tenhamos elucidado sobre como as questões energéticas podem interferir sobre a nossa vida material, vamos, agora, ir um pouco mais a fundo, explicando o que é a tal da "cobrança espiritual".

Para começar, não faria o menor sentido em admitir-se que um Espírito que se diz de luz forçasse alguém a qualquer coisa, desrespeitando seu livre-arbítrio, que é um dom dado por Deus. A partir daí, é bom esclarecer que, se há alguma cobrança nesse sentido, então ali não há nenhum Espírito de luz, pois, se o livre-arbítrio é uma lei divina, Espírito de luz que se preze não contradiria algo determinado pelo Criador. Então, se Espírito evoluído nenhum contradiz as leis divinas, por que há tanta história de "cobrança espiritual"?

Na verdade, o termo "cobrança" até está correto, mas, na maioria das vezes, não é bem compreendido. Para que haja uma melhor compreensão, contudo, vamos lembrar que não somos apenas corpo físico. Na verdade, somos um aglomerado de muitas coisas, que não cabem neste momento, mas, principalmente, somos a união de corpo e Espírito. Sendo corpo e Espírito, nosso bem-estar integral só acontece quando tanto o nosso organismo material quanto o espiritual estiverem bem, porque, se um deles estiver com algum problema, o outro também sofrerá consequências. Uma pessoa doente, por exemplo, certamente virá a ter problemas energéticos por conta da doença física, assim como uma pessoa com problemas energéticos e espirituais também poderá acabar tendo algum problema de saúde. As coisas estão interligadas porque, apesar de sermos "corpo e Espírito", somos um só!

Sobre como cuidar do corpo físico, todos nós sabemos. É preciso atividade física, períodos de repouso e boa alimentação. Se não cuidarmos da nossa alimentação, por exemplo, poderemos ingerir mais alimentos de um determinado tipo e menos de outro que também seja essencial à nossa saúde. Quando isso acontece, acumulamos em nosso organismo alguns elementos – e que, para algumas pessoas, podem ser críticos, como o açúcar para o diabético – e ficamos com a debilidade de outros, que podem ser essenciais, como o próprio açúcar para o hipoglicêmico. Sendo assim, a nossa alimentação desbalanceada – e o "balanço" é diferente para cada um, dependendo de suas necessidades naturais – pode causar doenças. Assim, quando percebemos que estamos ficando com algum problema for falta de balanceamento de nutrientes, o que fazemos? Procuramos um orientador nutricional, um nutricionista.

Com o nosso corpo espiritual, tudo acontece de forma muito semelhante! Só que o nosso corpo espiritual, para estar bem, depende de *energias*, de forma que também é necessário para o nosso bem-estar que haja atividade, períodos de repouso, mas, principalmente, uma boa "alimentação energética". A comida física pegamos na geladeira e comemos. A alimentação energética absorvemos da natureza em primeiro lugar, mas também dos ambientes que frequentamos, das pessoas com quem convivemos e dos nossos próprios pensamentos, que também geram energias com as quais nos alimentamos.

Do mesmo modo como ocorre com o corpo físico, a alimentação energética tem que ser balanceada, porque se absorvermos mais um tipo de energia que outro, podemos ficar "desbalanceados" energeticamente. Há energias que são essenciais para algumas pessoas e outras que fazem mal. E isso varia de pessoa para pessoa. Então, assim como o hipoglicêmico precisa de açúcar, há pessoas que precisam de mais um tipo de energia que outras. Quando algum tipo de energia começa a acumular e outro tipo a faltar, ficamos desbalanceados ou desequilibrados e, como consequência, algumas coisas não agradáveis podem acontecer.

Quando sentimos isso, o que devemos fazer? Procurar o auxílio de um orientador espiritual. Ele irá nos avaliar e dizer como melhorar a nossa "alimentação espiritual", para absorvermos mais daquelas energias que nos são essenciais e diminuirmos a concentração daquelas que nos fazem mal, a fim de conseguirmos novamente nosso ponto de equilíbrio.

Quer um exemplo? Se uma pessoa é filha de Oxum, então as energias que Oxum emana lhe são essenciais mais do que as outras (ao mesmo tempo, também não podem ficar em excesso; têm que ser na dose certa), caso contrário, haverá o desequilíbrio e problemas poderão acontecer, tanto a nível energético quanto a nível físico. Nesses casos, um bom orientador espiritual irá aconselhar, por exemplo, algo como: "olha, seu corpo energético está desbalanceado, com energias desequilibradas. Para melhorar, você deve absorver mais energia de Oxum, o que poderá ser feito com atividade espiritual contínua ou por meio de algum trabalho espiritual que lhe traga essas energias que estão faltando".

Então, quando se fala: "fulano tem cobrança espiritual e precisa cuidar de Oxum", o que se quer dizer, na verdade, é que fulano tem acúmulo ou falta de determinadas energias e que, entrando em sintonia com as vibrações de Oxum, as energias em excesso podem ser escoadas e as que estão em falta podem ser absorvidas, trazendo-lhe novamente o bem-estar.

Isso muda muito a figura da cobrança, pois explica que não é o Orixá que está cobrando ou fazendo mal, mas, sim, que a própria natureza da pessoa está cobrando uma ação de equilíbrio e que a *ausência* de Oxum é que lhe faz mal; que Oxum, na verdade, é o *remédio* que a pessoa precisa! Caso essa pessoa não faça nada, terá consequências, mas não por culpa do Orixá, e sim por sua própria culpa, que não tomou o remédio para seu problema. E o que isso quer dizer? Que com um trabalho espiritual contínuo, a pessoa manterá sua dose de energia de Oxum na quantidade certa, enquanto estiver trabalhando; ou que, fazendo um trabalho espiritual para Oxum, captará a quantidade de energia que precisa naquele momento e conseguirá o equilíbrio outra vez.

Esse equilíbrio, porém, terá duração temporária, porque a necessidade de consumir aquele tipo de energia é constante naquela pessoa. Quando acabar o efeito, ela sentirá "fome" energética outra vez e terá que renovar o trabalho. É por isso que quem prefere ficar fazendo trabalhos esporádicos ao invés de se dedicar a uma atividade espiritual contínua, de tempos em tempos, terá que refazer...

Quanto à atividade espiritual contínua, qual poderia trazer as energias de que a pessoa precisa? Qualquer uma! Não falamos que só no terreiro de Umbanda se consegue o equilíbrio! E sabe por quê? Porque temos o livre-arbítrio e o direito de escolher nosso caminho espiritual da forma como preferirmos, e ninguém pode nos obrigar ao que não desejamos. Ah, mas e a energia de Oxum, como poderá ser absorvida fora do terreiro? O importante não são as quatro paredes que formam o templo. Afinal, o Orixá é imanência divina e está presente em qualquer lugar. Conectando-nos com Deus, de alguma forma, acabamos assimilando a vibração daquele Orixá que nos é essencial – e que vem de Deus. Oxum, Ogum, Iemanjá estão em qualquer lugar: pode ser na África, no Brasil, na Europa ou na Coreia. São vibrações divinas, irradiadas de Deus e que atuam sobre toda a natureza do planeta.

Quantas pessoas saíram de um terreiro e se encontraram em outra religião e não têm problema espiritual nenhum. Por quê? Porque mantiveram-se conectadas à sua espiritualidade, mudando apenas a forma, mas não a essência. E isso lhes basta! Então, dentro do terreiro se consegue o equilíbrio energético? Sim! Assim como dentro do Budismo, da Igreja Católica, da Messiânica e até da Evangélica!

No entanto, apesar de poder ser em qualquer lugar, há uma – e apenas uma – condição, que é a de *nos sentirmos* bem ali, de gostarmos do que estamos fazendo, de confiarmos. E isso tem uma explicação lógica! Se estamos em alguma religião ou templo por obrigação, mas sem o menor interesse ou sem o coração aberto para aquilo, simplesmente *não conseguimos* nos sintonizar com os amparadores espirituais que poderiam equilibrar nossas energias. É o caso, por exemplo, da pessoa que tem aversão à Umbanda e gosta muito da Igreja Católica. Não adianta colocá-la dentro do terreiro! Ela não ficará à vontade e não conseguirá o auxílio espiritual de que precisa. Da mesma forma, não adianta levar para a Igreja

Evangélica quem gosta do Candomblé! A pessoa não ficará bem! E isso acontece até de terreiro para terreiro.

Às vezes, a pessoa gosta de Umbanda, frequenta um terreiro, mas está muito incomodada com algumas coisas naquela casa e deixa que isso fale mais alto que seu sentimento espiritual. Ela não conseguirá ali o equilíbrio de que precisa. Às vezes, a culpa nem é da casa, mas simplesmente da forma como a pessoa se identifica com ela. E aí, a pessoa sai daquele terreiro, entra em outro, e tudo floresce. Isso não quer dizer que na primeira não houvesse a tentativa de auxílio energético, mas, sim, que havia a incompatibilidade energética, causada pela incompatibilidade emocional ou psicológica.

Não adianta tentar resolver os desequilíbrios energéticos se forçando a algo que não queira ou que não goste. Não vai resolver! Tem que fazer as coisas, exercer a espiritualidade com o coração aberto. Resumindo, a cura espiritual depende somente da nossa correta alimentação energética, que poderá se dar por meio de um único banquete que nos nutrirá por um tempo – e que depois deverá ser refeito – ou pela alimentação contínua em um restaurante que nos sirva aquilo de que precisamos. E o que precisamos podemos encontrar em qualquer templo religioso, em qualquer lugar, contanto que nos sintamos bem ali, que gostemos, que confiemos. Caso contrário, por mais que as energias estejam ali disponíveis, não conseguiremos assimilá-las e podemos continuar com os nossos problemas.

E quais são os tipos de problemas causados por energias descontroladas? Como exposto lá no princípio, as consequências de um desequilíbrio energético podem nos afetar apenas energeticamente ou também podem acarretar problemas ao nosso corpo físico. E mais, ainda podem afetar o ambiente em que vivemos e os nossos relacionamentos interpessoais. Assim como o excesso ou a falta de algum alimento físico causa um tipo de doença diferente, o excesso ou a falta de cada tipo de energia também causam efeitos diferentes. Como estamos falando de energias trazidas pelos Orixás, vamos falar de alguns efeitos que algumas delas trazem caso estejam desequilibradas, começando pelas energias de Oxum, que foi o Orixá de nosso primeiro exemplo.

Oxum é vida! E suas energias atuam muito sobre o aparelho reprodutor feminino. Quando as energias que Oxum controla estão desequilibradas, é comum que as mulheres tenham problemas de útero, ovário e até dificuldade para engravidar. E é bom salientar mais uma vez que, nesse caso, Oxum não é a culpada pela doença. Oxum é o remédio! É a falta dela que causa a doença, e isso muda muito a visão da tal "cobrança".

As energias de Xangô atuam sobre a justiça. Pessoas que estão com as energias de Xangô desequilibradas costumam ter problemas de justiça (processos que se arrastam anos) ou serem mal compreendidas (falam "A" e os outros entendem "B").

As energias que Ogum controla são energias de impulso, de ânimo, de atividade. Pessoas que estão com essas energias descontroladas podem alternar momentos de muita atividade e agressividade com períodos de depressão. É comum ainda a mania de perseguição. A simples conexão energética com Ogum poderá trazer o equilíbrio psicológico e emocional faltantes.

Já as energias de Iansã são muito expansivas, como o próprio vento. Elas não atingem normalmente a própria pessoa, mas, sim, as que a cercam e, naturalmente, aquelas com quem tem mais vínculo emocional – os filhos carnais. Por esse motivo, é comum vermos filhos pequenos de pessoas filhas de Iansã adoecerem quando há o desequilíbrio energético de seu pai ou mãe.

Já os filhos de Xapanã, quando descontrolados, geram energias que atuam negativamente sobre os ossos, circulação (principalmente pernas) ou estômago, causando úlceras e gastrites.

Filhos de Oxóssi, com as energias descontroladas, podem sofrer acidentes e quedas com facilidade, e assim por diante.

Podemos concluir que nenhum Guia ou Orixá cobra nada de ninguém! Quem cobra qualquer coisa é o próprio organismo energético da pessoa, que está com energias acumuladas ou desequilibradas e que, para seu bem-estar, necessita da ação vibratória de algum Orixá. Portanto, o Orixá ou o Guia não são culpados dos problemas espirituais que temos, e sim sua falta. O remédio não é culpado pela doença, mas, sim, sua falta é que faz com que ela perdure. Ressaltamos mais uma vez que esse é o verdadeiro sentido da "cobrança espiritual", pois esse entendimento muda essa concepção errônea que muitas pessoas ainda acreditam.

## Responsabilidade e importância do trabalho

Ao entrar para o terreiro, além do desejo de ser orientado a como se tornar uma pessoa melhor, o médium também entra pensando no seu equilíbrio energético e no auxílio que poderá vir a receber de seus Guias e Orixás na sua vida cotidiana (relacionamentos, profissão etc.). Como membro do terreiro, possivelmente será orientado que muitos desses fatores dependem obviamente da sua própria ação e de seu carma, bem como que os Guias, muitas vezes, não os resolverão, pois cabem à própria pessoa resolvê-los. Aprenderá que, com seu equilíbrio energético, algumas dificuldades poderão ser diminuídas, quando tiverem sido criadas por mediunidade descontrolada, por cargas espirituais, obsessões ou desequilíbrios vibratórios.

Tendo assim entendido, muitos médiuns começam seu desenvolvimento mediúnico "cheios de gás"! Não faltam a nenhuma sessão e se interessam em estar presentes em qualquer oportunidade. Afinal, quem não quer ser ajudado? Quem não quer ter auxílio espiritual? Contudo, há pessoas que, passado um tempo, começam a colocar qualquer outra coisa à frente do seu trabalho mediúnico: passeios, parentes, festas, viagens, trabalhos que poderiam ser feitos em outros horários; tudo passa a ser mais importante...

Então, deixe-nos lembrar de uma coisa: você sabe como seu Guia consegue controlar e equilibrar suas vibrações de modo a poder diminuir problemas causados por más energias em sua vida? Ele não consegue isso somente porque você pertence a um terreiro! Nem é porque você tem um uniforme branco na gaveta que será protegido e ajudado! O Guia só vai conseguir isso, aos poucos, pela quantidade de vezes que ele conseguir encostar em você e atuar sobre seu campo vibratório. E isso ele só faz nas sessões em que você está presente. É bom repetir: "nas em que você está presente" e um pouco a cada semana!

É como um remédio homeopático que você, médium, que tem energias desequilibradas precisa tomar. E tomar para quê? Para controlar suas vibrações, para defendê-lo de ataques espirituais e ajudar até na vida material, na medida do possível! Chega a ser cômico, para não dizer ridículo, ver pessoas que não levam seu trabalho espiritual a sério, que colocam qualquer coisa à frente dele, faltando mesmo sem motivos graves, e depois pedindo aos seus Guias para ajudarem nisto ou naquilo! É como o doente que não toma remédios e pede ao médico que o cure.

Temos certeza de que, se você tivesse uma doença física e sua vida dependesse de você fazer um tratamento médico semanal, não iria marcar uma viagem para aquele dia, não iria visitar um amigo naquela hora e, podendo, não trabalharia naquele mesmo horário. Se você ainda substitui sua atividade espiritual por qualquer coisa dessas, então você não tem consciência do quanto ela é importante para sua vida.

Por mais animado que seja, o terreiro não é um clube onde se vai para reencontrar amigos e somente quando se quer! Não! A frequência ao seu trabalho espiritual é obrigatória! Não é obrigatória porque o terreiro precisa de você, e sim porque você precisa do terreiro, do contato com seus Guias, e essa é a função da casa! Aprenda uma coisa: se você acha que um dia precisará contar com o auxílio do seu Orixá para qualquer coisa, então ele tem *sempre* que vir na frente de tudo! O Orixá tem sempre que ser o mais importante! Não é o "meio" importante; é o mais! Caso contrário, quando você precisar, não terá construído a afinidade vibratória com ele, para conseguir obter sua ajuda e, de repente, mudar uma situação necessária com a agilidade de que você precisa!

Na verdade, poucas coisas são mais importantes que o tratamento espiritual de que você precisa semanalmente. Aliás, lembramos apenas de quatro ocasiões que justificam sua falta: doença, porque, estando doente, você não poderá comparecer, embora tenhamos visto pessoas melhorarem somente por estarem presentes em uma sessão; morte, pois compreende-se que havendo morte na família, você não terá condições de estar presente; ocorrência de aula no mesmo horário, visto que, se você é estudante, haverá sessões em que não poderá estar presente, por motivo alheio à sua vontade; viagem a trabalho que não possa ser remarcada para outro dia, uma vez que se entende que você está sujeito às ordens do patrão e que, por isso, naquele dia, não poderá tomar seu remédio espiritual.

Queremos aproveitar esse último item para esclarecer aos trabalhadores autônomos, que fazem seu próprio horário: se você tem condições de decidir quando trabalhar, evite marcar trabalho para o horário de sua atividade espiritual. Quando você não troca as três horinhas de trabalho espiritual por um trabalho físico que poderia ser realizado em outro horário, a ajuda espiritual vem em dose maior e compensará o que você deixou de faturar por ter ido ao terreiro! Tenha certeza disso! Aliás, isso se chama fé! E quando você comprova a sua fé pelos seus atos, tudo se resolve mais rápido!

Para finalizar, queremos lembrar que não se trata de o Guia querer ou não querer ajudar! Nossos Guias não são vingativos nem passionais! Eles sempre querem nos ajudar! Também não se trata de pensar: "o meu Guia está vendo o porquê não fui e tenho certeza de que vai me perdoar e me ajudar!" Não! O quanto o Guia consegue ajudar não depende só da vontade dele! Depende do quanto ele consegue se aproximar de você no terreiro! Em outras palavras, seu Guia pode até achar que você tem toda a razão em não estar presente e ainda assim não consiga ajudar. Entendeu?

Percebe-se assim que não adianta você faltar, justificar sua presença na secretaria do terreiro ou obter isenção de frequência e achar que, com isso, todos os problemas estarão resolvidos! Pode ser que, administrativamente, essa justificativa conte para alguma coisa, mas espiritualmente não substitui seu contato com seu Guia. Você vai continuar "capenga" espiritualmente. Vai continuar pedindo ajuda e tendo dificuldades para obtê-la!

Portanto, aquele que realmente quer auxílio espiritual não pode estar presente no terreiro somente quando quiser ou quando não tiver nada mais importante para fazer! Seu Guia é seu remédio, e você precisa dele semanalmente! Não basta você querer que seu Guia o ajude, nem adianta ele querer ajudá-lo! É preciso haver a interação entre vocês dois, e isso só acontece no terreiro, a cada trabalho, a cada sessão, de roupa branca e pé no chão!

## A sintonia... Ah, a necessária sintonia...

Quando alguém entra para o terreiro, deseja aprender, desenvolver sua mediunidade e, por que não dizer, receber determinados auxílios dos seus Guias e protetores. Já está mais do que explicado que nenhum Guia o fará ganhar na loteria ou obter vantagens que sejam incompatíveis com seu próprio merecimento, mas você poderá ser ajudado a manter-se energeticamente equilibrado, a aprimorar sua intuição e a encontrar mais facilmente respostas às suas questões existenciais. Para que isso ocorra, é essencial que seus Guias consigam se aproximar de você; e para que isso aconteça, duas coisas são necessárias: a *assiduidade* aos trabalhos mediúnicos (que explicamos no subcapítulo anterior) e a *sintonia* com seus Guias durante a realização desses trabalhos.

Estar sintonizado com as vibrações do seu Guia significa "cuidar do seu *campo vibratório* para que ele vibre de forma semelhante ao do seu Guia" – ou em frequências próximas, pelo menos –, para que possa haver uma boa interação entre você e ele. Só que isso não é uma tarefa fácil. Seu campo vibratório é o resultado (ou a soma) das vibrações emitidas pelos seus pensamentos e sentimentos. O campo vibratório do seu Guia também é o resultado das vibrações emitidas pelos pensamentos e sentimentos dele. Sabendo disso, responda sinceramente, qual a probabilidade de seu campo vibratório ser idêntico ao do seu Guia? Será que sua forma de pensar e sentir é semelhante à dele? É claro que não! Se fosse semelhante, você seria Espírito em alto grau de evolução e seria "Guia" ao invés de "guiado". Mas, calma! Não se desespere! Não é só com você! O campo vibratório de ninguém é igual ao dos seus Guias.

Bom, se seu campo vibratório é tão diferente do campo vibratório do seu Guia, como conseguir a tal da sintonia? Bem, para começar, seus Guias são tão bondosos que fazem um grande esforço para *baixar* a frequência dos seus próprios campos vibratórios, para facilitar a sintonização. No entanto, para que ela aconteça, ainda assim, é necessário que você *eleve* a frequência do seu campo vibratório até um ponto em que alcance a do seu Guia. De que maneira seu Guia baixa a frequência do campo vibratório dele não precisamos saber, o que importa é como você pode elevar sua frequência para poder fazer a sintonia e ser ajudado pelos seus Guias em tudo o que for possível.

Bom, existem ferramentas ao seu alcance e que todo médium deve exercitar a fim de conseguir elevar sua frequência vibratória ou, em linguagem popular, vibrar mais positivamente. Algumas delas são mesmo *obrigatórias* dentro das 24 horas que antecedem o trabalho mediúnico, pois elas irão interferir diretamente sobre a qualidade e a intensidade da sua incorporação. Outras são recomendadas no dia a dia do médium. Vejamos:

• seu campo vibratório vibra positivamente quando você evita bebidas alcoólicas pelo menos 24 horas antes do trabalho mediúnico. O consumo de bebidas altera o metabolismo, o psiquismo e o humor, podendo também atrair vampiros e sanguessugas astrais, de baixo padrão vibratório. Pessoas que bebem nesse período têm maiores dificuldades em estabelecer sintonia e boa incorporação com seus Guias nas sessões;

• seu campo vibratório vibra positivamente quando você se abstém de relações sexuais nas 24 horas anteriores ao trabalho mediúnico. O sexo mexe profundamente com o fluxo energético da pessoa, fazendo-a dispender certa dose de energia vital (que é importante para a incorporação), além de sintonizar seu campo vibratório com o do parceiro (cujo campo vibratório poderá estar mais positivo ou não que o seu), promovendo trocas energéticas profundas entre ambos. Devido a essas trocas e movimentações energéticas, seu campo vibratório poderá precisar de horas para se estabilizar ou para se positivar outra vez, no caso de o campo vibratório do parceiro ser mais negativo que o seu. Pessoas que têm relações sexuais nesse período, portanto, podem ter dificuldades em estabelecer sintonia com seus Guias e obter boas incorporações nas sessões, devido à instabilidade ou negatividade temporária do seu campo vibratório;

• seu campo vibratório vibra positivamente quando, antes da sessão, você toma banho de descarrego, para desagregar sujeiras astrais aderidas a ele. Pessoas que não tomam banho de descarrego antes do trabalho mediúnico têm mais dificuldades em se sintonizar com os Guias e obter boas incorporações nas sessões;

• seu campo vibratório vibra positivamente quando, durante o trabalho mediúnico, você age por amor, por querer estar ali, naquele momento, fazendo exatamente aquilo! Pessoas que comparecem ao terreiro por obrigação têm maiores dificuldades em estabelecer sintonia com seus Guias nas sessões;

• seu campo vibratório vibra positivamente quando você tem por hábito acender vela para seu Anjo da Guarda, ligando-se mentalmente a vibrações puras e divinas;

• seu campo vibratório vibra positivamente quando você cultiva em sua vida comportamentos que fazem bem a si e aos outros, que não atraem para você a companhia de maus Espíritos (eguns) e que não mexem negativamente com suas energias. Por isso, conseguem melhor sintonia com seus Guias as pessoas que:

* dormem e se alimentam bem;
* evitam o álcool em qualquer momento (na véspera ou não, dos trabalhos mediúnicos);
* não usam drogas (mesmo as lícitas);
* que oram ou conversam com seus Guias todos os dias;
* que procuram se autoanalisar e se melhorar todos os dias;
* que evitam más companhias (a não ser quando for para auxiliá-las);
* que evitam irritações e brigas;
* que não frequentam locais normalmente frequentados por eguns atrasados (bares, botequins);
* que procuram fazer do seu lar um ambiente feliz, de paz e sadio espiritualmente;
* que se cuidam espiritualmente quando necessitam ir a cemitérios, hospitais etc.

Quando o médium não segue as regras necessárias, principalmente aquelas prescritas para as 24 horas antes do trabalho mediúnico, ele poderá acumular cargas astrais que baixam sua frequência e prejudicam a si e aos demais irmãos de terreiro durante a sessão espiritual. Acontece assim: com seu campo vibratório negativo, seu esforço e o do seu Guia para fazer a necessária sintonia serão maiores e, provavelmente, mais difíceis. Por isso, é possível que o médium saia da sessão com dor de cabeça ou mal-estar. Da próxima vez que você sair da sessão com esses sintomas, verifique suas condutas anteriores!

Algumas vezes, com seu campo tão negativo, haverá a tendência natural de absorver as vibrações positivas de seus irmãos de terreiro mais próximos a si durante a concentração, buscando o equilíbrio. Nesse caso, quem poderá não se sentir bem serão os outros médiuns da casa, ou seja, o não cumprimento dos preceitos preparatórios para uma sessão mediúnica interferem negativamente tanto no médium sem juízo quanto nos outros e no andamento da própria sessão, dando mais trabalho aos Guias do terreiro para manterem a fluidez e o equilíbrio necessários aos trabalhos.

Além das recomendações citadas anteriormente, muitas outras ainda poderiam ser descritas como facilitadoras da elevação da frequência do nosso campo vibratório, mas não é preciso descrevê-las porque basta usar o bom-senso e lembrar de tudo o que possa causar qualquer tipo de alteração negativa nas nossas vibrações. Aliás, somente com o que descrevemos já temos material suficiente para uma boa reflexão.

Em suma, é comum, por exemplo, ouvirmos médiuns reclamarem que seus Guias não o estão ajudando nisto ou naquilo, ou questionarem sobre o porquê tem tanta dificuldade em sentir os Guias e recebê-los. Em casos assim, pergunte ao médium se ele cumpre com os dois requisitos básicos para obter o auxílio ou para incorporar bem, que são a assiduidade e a sintonia! Pergunte se ele realiza todos os preceitos preparatórios nas 24 horas que antecedem o trabalho mediúnico (abstenção de bebidas e de sexo, utilização de banhos etc.)! Verifique os hábitos nocivos que ele mantém em sua rotina e dos quais não faz a menor questão de se libertar, como o de frequentar botequins, de andar em ambientes pesados, de viver reclamando da vida e de todos, de "curtir" irritação, cultivar mau humor etc. Médiuns assim, na maioria das vezes, não querem ajuda, querem milagre em sua vida, uma solução que independa de suas atitudes e que lhes permita manter os hábitos de antes, ainda que lhes façam mal!

E você, tem cumprido as recomendações descritas? Se não tem cumprido, não se engane: você está dificultando seu progresso mediúnico e, fatalmente, não conseguirá ser ajudado como gostaria! Também não adianta "fazer cara de santo" e "burlar as regras" escondido! Pode ser que outros nunca venham a saber o que você fez ou o que você costuma fazer, porém seu campo vibratório sabe, porque ele é o produto do que você pensa e sente! E é ele, pela sua negatividade ou positividade, que vai permitir ou não uma boa sintonia com seus Guias! Nesse caso, não havendo a necessária sintonia, não adianta reclamar! A escolha foi sua, e você tem toda a liberdade para fazer o que quiser da sua vida, mas terá a obrigação de colher depois o que plantou!

## Mistificação, animismo e inconsciência

É comum em muitos médiuns iniciantes o medo de "estar mistificando". Então, começamos esta explicação com uma boa notícia para quem tem esse medo: se você tem medo de mistificar, você nunca irá estar mistificando. Sabe por quê? Porque a mistificação tem caráter *intencio-nal*, e se você não tem a intenção, você não estará mistificando.

Um exemplo de mistificação seria aquela pessoa que quer falar alguma coisa com alguém, mas não tem coragem ou acha que se fosse seu Guia a falar teria muito mais efeito; e aí, deliberadamente, por vontade própria, decide fingir que está incorporada para falar ou fazer o que quiser. A mistificação é um ato errado, condenável, e que, cedo ou tarde, trará consequências cármicas para quem a realiza.

Já o animismo, embora para leigos possa ser confundido com a mistificação, diferencia-se dessa substancialmente, pois o animismo nunca é intencional. Ele acontece quando a pessoa acredita realmente estar recebendo um determinado Espírito, mas, na verdade, é seu subconsciente quem está se manifestando.

A palavra "animismo" vem de "anima", que significa "alma", ou seja, é da própria pessoa (de sua própria alma, digamos assim) a origem daquilo que ela está fazendo ou falando, por isso pode ser tolerável até certo ponto e até mesmo necessário, concordando com palavras do Espírito Ramatís (citado por Edgard Armond), que afirma: "A repressão do animismo dificultará grandemente as tarefas mediúnicas e, por isso, não deve ser feita. O mediunismo não dispensa a colaboração do médium, o qual não deve ser um simples autômato, um 'robô'!"

Para entendermos como o animismo funciona, é preciso que entendamos o que é incorporação.

Apesar da palavra "incorporação" sugerir a entrada do Espírito no corpo, não é assim que ela acontece. Nenhum Espírito jamais entrará no seu corpo a não ser um: você, que está ligado ao organismo material desde o momento em que foi concebido, devido ao fenômeno da reencarnação, que gera laços fluídicos que possibilitam que seu Espírito atue diretamente sobre o corpo físico. Por esse motivo, nenhum Espírito nunca entrará no seu corpo e sairá por aí andando, gesticulando ou falando qualquer coisa. Nenhum Espírito vai amarrar cordinhas no seu braço e nas suas pernas para movimentar seu corpo da forma como ele quiser.

Então, se nenhum Espírito entra no seu corpo nem tem cordinha nenhuma mexendo com você, como é que acontece a incorporação? Para um Espírito atuar sobre você, só há uma maneira, que é pela atuação mental, enviando pensamentos e sugestões para sua mente e, dependendo do grau de influência, exercendo uma força um pouco maior, capaz de coordenar, indiretamente, seu corpo físico. Em outras palavras, a incorporação só acontece pelo *comando mental* do Guia sobre o médium. Esse grau de atuação, porém, depende de uma coisa: a sintonia. É como os aparelhos de rádio. A nossa mente funciona como o receptor, e a mente do Guia como a estação de rádio, que fica enviando suas mensagens por intermédio de ondas. No caso, ondas mentais.

Quanto mais o dial do nosso rádio estiver ajustado àquela frequência, mais clara será a mensagem captada. Se não estiver bem ajustado, o que que acontece com o rádio? Poderá haver chiados, ruídos, a mensagem ficar entrecortada ou mesmo acabar pegando duas estações ao mesmo tempo. O problema é que o dial da nossa mente não se ajusta tão facilmente quanto o do aparelho, e isso se dá por um único motivo: a nossa mente é inquieta demais, tem dificuldade de ficar passiva, de ceder a vez para pensamentos vindos de fora. Ela reluta em aceitar comandos. Por essa razão, é preciso *desenvolver* essa capacidade de calar a mente por meio de exercícios contínuos, por isso temos que passar pelo "desenvolvimento mediúnico".

O desenvolvimento é justamente o período que necessitamos para adestrar a nossa mente a se calar, de modo que possa ser ajustada à frequência ideal para o contato com os nossos Guias. E esse tempo não é o mesmo para todos. Há pessoas que têm maior facilidade e se desenvolvem mais rápido, e outras que demoram mais. Não há regra. Como se trata de um exercício, os resultados não são imediatos, mas, sim, progressivos.

No início do desenvolvimento mediúnico, o nível de ajuste do nosso dial mental ainda é insuficiente para termos excelentes comunicações mediúnicas, mas é nessa fase que começamos a receber os primeiros pensamentos e as primeiras sugestões mentais geradas pelos nossos Guias e direcionados para nossa mente. Obviamente, esses pensamentos e sugestões mentais, nesse princípio de incorporação, serão coisas sem importância, pois o Guia sabe da nossa limitação e de como funciona esse processo de desenvolvimento da nossa capacidade mediúnica.

Além disso, os Guias sabem que, como ainda estamos em fase de treinamento e a sintonia ainda não está perfeita, as sugestões espirituais e os pensamentos que são transmitidos não chegam completos e, muitas vezes, se misturam aos nossos próprios pensamentos. E aí, embora estejamos recebendo uma certa atuação espiritual, não temos ainda condição de identificar se aquele pensamento é nosso ou se é do nosso Guia, porque tudo fica mesmo misturado. É nessa fase que o médium normal geralmente pensa: "é tudo da minha cabeça"; ou "eu tô vendo e ouvindo tudo... Acho que sou eu...".

Quando isso acontece, há dois caminhos distintos que o médium pode decidir seguir. O primeiro é, devido a essas dúvidas, acabar bloqueando a sintonia que vinha conseguindo, e isso acontece quando o médium fala assim: "se eu estou com o Guia, ele vai ter que me provar". Ora, se o Guia pudesse, nesse momento, exercer uma força desse tamanho sobre o médium, ele não precisaria estar em desenvolvimento! Já haveria sintonia suficiente para a mente do Guia dominar a sua mente! Então, ficar esperando que "o braço mexa sozinho" ou que aconteça algum fenômeno que independa da sua vontade é perda de tempo! É infrutífero, e vai atrapalhar a construção que ainda está sendo feita. Isso não vai acontecer!

Já o outro caminho que o médium pode – e que é melhor – seguir é não se apegar às dúvidas, se é ele ou se é o Guia, e deixar a mente tranquila e o corpo relaxado. É possível que muitos dos pensamentos que tenha ainda sejam seus? Sim, é possível, mas não tem nada demais nisso! Os Guias compreendem esse processo de desenvolvimento, e o próprio dirigente sabe que é assim que funciona, por isso não vai colocar aquele médium ainda em princípio de desenvolvimento para dar uma consulta ou participar de um trabalho mais sério.

Agindo assim, o médium facilitará a construção da sintonia. Pouco a pouco, cada vez mais a mente do Guia conseguirá sugestionar a mente do médium com seus pensamentos e vontades, aumentando seu domínio sobre ele. Então, o segredo é ficar com a mente tranquila e o corpo relaxado, deixando-se fazer o que der vontade, sem se autocriticar se a vontade é sua ou do Guia. O dirigente vai estar ali para vigiar caso o comportamento do médium passe dos limites. E aí, permitindo-se fazer determinados movimentos, o médium vai facilitar o aumento progressivo da força da mente do Guia sobre a sua.

É natural que, fazendo dessa forma, o médium tenha a impressão de que poderá interromper aquilo que está fazendo a qualquer momento. No princípio poderá mesmo, porque a mente do Guia ainda não atua sobre a dele com a força necessária para dominá-lo. No entanto, um belo dia, ele poderá tentar interromper algum movimento e não vai conseguir.

É assim que a mente do Guia vai dominando a mente do médium, e esta vai diminuindo a sua atuação durante a incorporação. Esse é o exercício do desenvolvimento. É assim que acontece. É assim que acontece a diminuição do animismo. "Ah, mas não seria muito mais fácil se o Guia incorporasse logo na primeira vez, dominasse completamente o médium e tirasse sua consciência?" À primeira vista, seria sim! Esse é o sonho de 10 em cada 10 médiuns, porém não acontece, simplesmente, porque não há a sintonia necessária. Se o Guia forçar a atuação mental mais que o limite que o médium está acostumado, poderá causar dor de cabeça, enjoo, mal-estar, e não há essa necessidade!

O objetivo contínuo do médium responsável é deixar sua mente calada durante o processo de incorporação. Com o avanço do desenvolvimento, isso vai ficando cada vez mais fácil, e o Guia incorporado dominará o gestual, as palavras e o comportamento do médium de uma forma natural. O médium ficará como espectador do que está acontecendo. Lembrando as palavras do grande médium Chico Xavier, "nenhum médium é um telefone". O que ele queria dizer com isso? Que a nossa mente, de alguma forma, sempre filtra algo da comunicação mediúnica. Não há médium que, incorporado, transmita a mensagem 100% exata, da forma como a mensagem partiu da mente do Guia. Se Chico Xavier falava isso, como contestar? Isso significa que o animismo é decrescente, mas, em algum grau, sempre existirá! No início do desenvolvimento ele é máximo; depois vai diminuindo. Até mesmo um médium desenvolvido ainda necessita vigiar sua mente, porque ela sempre vai estar ali! Sempre haverá um filtro. A missão do médium é, justamente, deixar o filtro o menor possível.

Em relação aos casos de inconsciência, é preciso que o Guia force uma atuação um pouco – ou bastante – mais efetiva. Ele pode fazer isso, mas considerando que nós médiuns precisamos aprender o que nossos Guias falam – e para isso temos que escutá-los – e que a inconsciência gera desgaste psíquico (porque nossa mente reluta em apagar), os Guias reservam esses momentos de inconsciência para aquelas situações em que sejam realmente necessários, como, por exemplo, quando tiverem que falar ou fazer algo que a mente do médium impediria, por ser algo muito grave, incomum ou sério.

Quando isso acontece, o médium nem sabe que esteve inconsciente. Para ele, aquele momento simplesmente não existiu. Esse fenômeno – da inconsciência – era mais comum no início da Umbanda, porque era necessário firmar as bases da doutrina e, devido ao desconhecimento dos médiuns, sua mente poderia atrapalhar; então os Guias tiravam a consciência com maior frequência.

Não pretendemos entrar no mérito se, hoje em dia, aqueles que se dizem inconscientes realmente são. O fato é que muita gente ainda acha que se disser que é consciente sua incorporação será desacreditada. Muitos também aprenderam – erradamente – que, para estar recebendo, tem que perder a consciência. E aí aprenderam a dizer que ficam inconscientes e agora não tem mais como voltar atrás.

Uma vez que nossos Guias querem sempre o melhor para nós, não lhes interessa que sejamos simples marionetes em suas mãos, mas, sim, que escutemos seus conselhos, que os observemos trabalhando e que aprendamos com eles. Por isso, é muito mais inteligente e natural que nos ensinem a lidar com a nossa própria mente durante a incorporação e que não haja a inconsciência, a não ser em casos específicos e muito necessários.

Resumindo, a incorporação pode acontecer de quatro formas:

• consciente – quando vemos e ouvimos tudo e, ao desincorporar, mantemos toda a lembrança do que aconteceu;

• semiconsciente – quando vemos e ouvimos tudo, mas, ao desincorporar, as imagens e as lembranças vão desaparecendo de uma forma mais rápida que o que aconteceria normalmente. Isso se consegue com treino, procurando não relembrar o acontecido;

• inconsciente – essa é a pior forma, pois o médium não vê, não ouve nada e, consequentemente, também não aprende nada. Significa ainda que o Guia tem certeza de que se o deixasse consciente, ele atrapalharia;

• supraconsciente – é aquela incorporação na qual, além de estar consciente, sua sintonia está tão perfeita com o Guia que seus sentidos, sua sensibilidade, clarividência e intuição ficam ampliados. Esse é o melhor tipo de incorporação e é atingido após longo período de trabalho e dedicação.

De todos os tipos citados, a incorporação consciente é a mais comum. Ao contrário do que muitos acham, isso é excelente. Significa que o médium atingiu um autocontrole mental tão grande que o Guia não precisa de muito esforço – nem de subtrair-lhe a consciência para poder realizar seu trabalho. Além disso, para o médium, esse tipo de incorporação é o que traz maior aprendizado, porque sempre que seu Guia fizer ou falar coisas maravilhosas, ele – o médium – estará lá para ver.

## Pequenos toques conscienciais sobre animismo

Este subcapítulo tem por finalidade dar algumas dicas para quem está começando a trabalhar ostensivamente com seus Guias Espirituais e ainda não aprendeu a identificar os limites entre o que é da sua cabeça e o que é da vontade do Guia. Essa questão é muito comum, mesmo porque todos (ou a maioria de nós) somos médiuns conscientes ou semiconscientes e, em determinados momentos, podemos ter dúvidas quanto à comunicação mediúnica. Por isso é bom saber que a mente do médium nunca funciona como um telefone. Há sempre algum filtro ou interferência na comunicação. A isso chamamos de animismo.

Durante a comunicação mediúnica, o subconsciente do médium (portanto um fator anímico) poderá interferir sobre a incorporação, deturpando as mensagens do Espírito comunicante, acrescentando ideias próprias do médium ou subtraindo ideias do Espírito. Isso é normal e esperado, sendo, contudo, diminuído com o tempo e com o desenvolvimento mediúnico, de forma que, com o passar dos anos, haverá certamente mais entidade e menos médium nas comunicações. Ainda assim, é bom salientar que o animismo, por si só, não é bom nem mau, pois a cabeça do médium pode tanto atrapalhar as comunicações como também ajudar, trabalhando em parceria com o Guia comunicante, contribuindo com boas opiniões que poderão ser admitidas pelo Espírito.

Sabemos que é muito difícil, principalmente para médiuns novatos, distinguir o limite entre o que é mediúnico e o que é anímico. Portanto, aí vão algumas dicas valiosíssimas sobre o assunto. Leia com atenção e reflita sobre o comportamento dos seus Guias quando incorporados, sabendo que o animismo nunca será completamente expurgado do trabalho espiritual, porém, com inteligência e atenção, pode ser controlado e diminuído. As dicas a seguir irão ajudá-lo justamente nesse ponto, contudo, *não quer dizer que os Guias são proibidos* de fazer o que está listado aqui, e sim que, provavelmente, o fato de se tornar recorrente não tenha origem na mente do Guia, e sim na mente do próprio médium. Por isso, fique atento a essas dicas, reflita e evite cair nesses erros tão comuns.

**1º erro: chamar alguém presente para conversar** – se você, incorporado, tiver vontade de chamar alguém para conversar, saiba que, possivelmente, isso será da sua cabeça, e não do Guia, pois nenhum Guia força ninguém a nada. Se uma pessoa que está presente não pediu para conversar com seu Guia é porque ela não deseja essa conversa. O chamamento do Guia para a conversa representa não só uma invasão ao livre-arbítrio como também uma deselegante postura que gera desconfiança na cabeça do consulente e que deve ser evitada.

**2º erro: chamar algum familiar ou conhecido para conversar** – esse item é pior que o anterior e deixa mais evidente que, se você tiver essa vontade, provavelmente terá vindo da sua própria mente, como uma forma de falar algo que talvez você não tivesse coragem se não estivesse incorporado. Lembre-se: seu familiar não é familiar do seu Guia; seu familiar tem tanta importância para seu Guia quanto qualquer outro consulente, o que não o faz ser melhor que ninguém nem merecedor de aconselhamentos especiais e demonstrações de carinho. Na verdade, só há duas situações em que seu Guia poderá chamar algum familiar para conversar: para transmitir alguma "bronca" para você mesmo ou para avisar de algum perigo próximo a acontecer e que poderá interferir em seu trabalho mediúnico. Fora isso, qualquer manifestação nesse sentido fica ridícula e desperta nos presentes a desconfiança de que seu Guia gosta mais dos seus familiares que dos outros ou então que você não está recebendo Guia nenhum e está aproveitando para falar o que não tem coragem em situações normais. E não se engane: os próprios familiares pensam isso e só não falam para não magoar o médium.

**3º erro: falar mal do terreiro dos outros** – os Guias não costumam falar mal do terreiro dos outros, mesmo que seja evidente que tal terreiro não é bom. Eles costumam fazer as pessoas raciocinarem sobre a vida espiritual de forma que elas mesmas cheguem a essa conclusão.

**4º erro: prometer soluções rápidas** – nenhum Guia promete soluções rápidas. Isso porque eles têm responsabilidade e sabem que não existe solução que independa das atitudes do consulente. Muitos médiuns têm a tentação de fazer seus Guias parecerem poderosos e fazem o Guia prometer coisas que o merecimento e o esforço do próprio consulente não permitem. Aí o "Guia" promete, o tempo passa, e o consulente não consegue aquilo prometido. Daí para a desmoralização do médium é um pulo. Por essa razão, é preciso ficar atento ao orgulho e à tendência de querer demonstrar poder, lembrando que os próprios consulentes estimulam isso. Muitos ficam elogiando o Guia durante a consulta até o momento em que o médium, com o ego já massageado, acaba convencido de que seu Guia é mesmo muito bom e acaba interferindo e prometendo o que o Guia não conseguirá cumprir. Atenção a este item.

**5º erro: receitar trabalhos** – muitos médiuns caem na tentação de demonstrar conhecimento receitando trabalhos e ebós, e muitos consulentes pedem isso. Vêm com a pergunta: "e não há nada que eu possa fazer?" Se o médium cair nessa tentação de querer ter resposta e solução rápida para tudo (como citado no item anterior) acabará tendendo a receitar uma baboseira que não terá resultado algum. Um Guia pode, sim, receitar um trabalho, mas jamais o fará em uma simples consulta de orientação. Essas receitas só são dadas com responsabilidade e, normalmente, em um jogo ou em uma conversa bastante demorada. Não em apenas 5 minutos de papo com o consulente. "Guias" que vivem receitando trabalhos têm muito mais médium do que Guia.

**6º erro: posicionar-se contra ou a favor de alguém citado pelo consulente** – toda pessoa que se consulta, enquanto narra seu problema, emite suas próprias opiniões sobre as pessoas de seu relacionamento. É muito natural que o médium acredite que a opinião do consulente é verdadeira. Então, se o consulente fala mal da sogra, é comum o médium acreditar que a sogra realmente não presta, mas pode ser que não seja nada disso! Pode ser que quem não preste seja o consulente, ou pode ser que o consulente não tenha enxergado as razões que fazem a sogra agir assim. O fato é que o médium não pode tomar partido de ninguém, nem contra nem a favor. Não pode se envolver emocionalmente com o que o consulente fala, porque o consulente pode não saber a realidade ou a estar dissimulando. O melhor é deixar o Guia agir.

7º erro: **falar o que o consulente quer ouvir** – essa é uma tentação bastante comum. É possível durante uma consulta entender a opinião do consulente e perceber o que ele espera ouvir. Médiuns que pensam em agradar acabam caindo na tentação de forçar o Guia a falar o que o consulente quer ouvir. Só que, nem sempre, o que o consulente espera ouvir é a verdade, e o Guia sempre quer falar a verdade. Cair nesse erro acaba deixando o médium desacreditado.

8º erro: **fazer previsões** – tenham muita cautela quando vier na cabeça algum pensamento sobre algo que ainda não aconteceu ao consulente. Em outras palavras, tenham cuidado com as previsões. Embora em muitos terreiros isso seja uma coisa comum, não é sempre que tais previsões se concretizam. Justamente porque o médium se empolga e dá vazão ao animismo, querendo demonstrar que seu Guia é capaz até de saber o futuro, mas se não acontecer, o médium vai ficar desmoralizado. É preferível trocar a *previsão* pela *orientação*. Aliás, o consulente que só quer saber de previsão (e não de orientação) não está preocupado com o esforço ou a reforma íntima tão necessários, por conseguinte, será muito mais difícil que resolva seu problema.

9º erro: **fora da Umbanda não há salvação** – é natural do ser humano querer convencer os outros de que suas escolhas são as mais acertadas. E isso também se refere à religião. Por isso, é comum médiuns que forçam seu Guia a falar que se o consulente não entrar para a Umbanda irá ter estes e aqueles problemas. Colocam medo mesmo, quando o mais correto seria aconselhar o consulente a ligar-se a qualquer religião, independentemente de qual seja. O mais importante no campo religioso é o amor que a pessoa tem pela sua forma de praticar a crença. Isso é o que importa.

Tenha cuidado com a *vaidade*, pois é ela quem faz o médium se sentir superior ao que realmente é e acabar caindo em erros como "inventar previsões", "tentar agradar o consulente", "receitar trabalhos" etc. Todos esses itens podem acontecer e ser obra do próprio Guia, mas, para isso, deverá haver um motivo que justifique. Nenhum Guia sai por aí fazendo previsões, elogiando consulentes, chamando pessoas para conversar, tomando partido do consulente, receitando trabalhos etc. Se em um simples bate-papo entre seu Guia e um consulente você tiver vontade de fazer algo assim, desconfie! Pode ser que seja sua cabeça falando mais alto. É hora de relaxar e tentar escutar a orientação espiritual. Se for em uma consulta mais demorada ou em um jogo, aí pode até ser. Fora isso, é muito difícil. Cuidado para não virar motivo de comentários entre consulentes e frequentadores da casa!

O que os Guias sempre procuram fazer é levar palavras de força e conforto, fazendo as pessoas acreditarem mais em si mesmas. Sempre tentam fazer o consulente ver por outro lado as situações ruins, mostrando que, mesmo nessas situações, há sempre uma lição a ser aprendida. Se o consulente reclama das atitudes de alguém, dificilmente o Guia irá concordar com o consulente. Irá, antes, tentar fazer com que o consulente tente enxergar sob a ótica da outra pessoa, fazendo-o entender o que motivou tal pessoa a agir dessa forma. Os Guias fazem tudo para semear harmonia e consciência e preferem, sem dúvida, a orientação à previsão.

## "Marmotagem"

Você já ouviu falar do termo "marmotagem"? "Marmotagem" é uma palavra utilizada pejorativamente para se referir a alguma coisa claramente falsa que aconteça em nome da Espiritualidade. É o mesmo que "fingimento". Infelizmente, há coisas que acontecem e que, claramente, não é o Guia que está fazendo aquilo. Isso pode ter origem tanto no fenômeno do animismo quanto na mistificação. Se a origem for anímica, não há muito com o que se preocupar, visto que o animismo é decrescente ao longo do desenvolvimento mediúnico. Já se for causada por mistificação, aí, sim, será um ponto a ser observado.

No entanto, apesar da possibilidade de esse tipo de falha ocorrer, nosso objetivo aqui não é apontar exemplos, mas, sim, refletir sobre fatos que, muitas vezes, são classificados como "marmotagem" e que nem sempre o são! Afinal, há diferenças entre algo que os Guias não fariam e algo que as pessoas pensam que eles não fariam. Algumas vezes, as pessoas julgam algum fato como improvável somente porque no seu histórico espiritual ainda não haviam presenciado aquele tipo de comportamento ou porque nutrem conceitos errôneos sobre os limites de capacidade e de inteligência de nossos Guias Espirituais.

É preciso lembrar que a Umbanda é uma religião dinâmica, por isso costumes antigos praticados dentro dos terreiros podem – e devem – ser adaptados ao nosso entendimento atual. Afinal, nossos Guias não são ignorantes e sabem que também questionamos, aprendemos e crescemos. E são justamente alguns desses hábitos antigos que, caso não sejam praticados, podem despertar em alguém arraigado aos preconceitos a impressão de ser algo falso ou, em outras palavras, "marmotagem".

Relembrando um pouco da história da Umbanda, era comum – lá na década de 1970 – as entidades se referirem às pessoas utilizando, ao invés do nome próprio, descrições das características físicas. Por exemplo: "vá chamar aquele filho louro", ou "avise àquela filha magra..." Será que agiam assim por não saberem falar os nossos nomes? E mais: de tanto nos ouvirem chamando-nos uns aos outros, por que não aprendem? Naquela época, além de não utilizarem os nomes, também não acendiam seu próprio fumo. Não colocavam sua própria bebida no copo. Aliás, não era copo, era cuia! Se alguém comentasse algo sobre a tecnologia da época (telefone ou televisão), faziam cara de "não sei do que estão falando". Enfim, representavam uma ignorância surreal para quem se autointitulava Espírito superior. Será que lá de onde vêm (essa tal de Aruanda) não conseguem acompanhar a evolução do bicho-homem?

Com o tempo, foi-se percebendo que não é bem assim. Fomos entendendo que o comportamento dos Guias é moldado pela forma como as pessoas esperam que eles se comportem, e isso tem explicação: se eles querem que sua palavra seja ouvida, não podem – de imediato – romper as crendices e superstições daquelas pessoas com quem interagem, ou poderão encontrar descrença e reatividade à sua manifestação e não conseguirem transmitir seus ensinamentos, que é o mais importante. Sujeitam-se a toda essa limitação que as pessoas lhes impõem para auxiliá-las.

Felizmente, os umbandistas foram amadurecendo seu entendimento e passando a compreender os Guias não como ignorantes ou aculturados realmente, mas como Espíritos apenas revestidos da aparência rude e simples, porém com conhecimento superior. Ao passo que as pessoas modificaram suas concepções, pôde-se observar as mesmas entidades (nos mesmos médiuns) se libertando das limitações que lhes eram impostas anteriormente, passando a chamar as pessoas pelos nomes próprios, como "avise ao filho Fulano..." (que, aliás é bem mais prático, de rápido entendimento e maior eficiência), passando a acender seu próprio fumo (e com isqueiro!), servindo seu próprio copo (para quê cuia?) e discursando sobre física quântica de uma forma que nem lembra o desconhecimento anterior de "telefones" e "televisões".

Entretanto, ainda há pessoas que, mesmo vendo essa "libertação", acreditam que "os Guias evoluíram"! Quem evoluiu fomos nós, médiuns de Umbanda, que deixamos de lado nossas crenças limitantes, nossa certeza de que seríamos mais inteligentes que eles e eles mais limitados que nós!

O que pode agora parecer tão óbvio para você, por incrível que pareça, ainda não é para muita gente. Sim, há muitas pessoas que ainda acreditam que um Caboclo ou Preto Velho não sabe ler e escrever (mesmo com tantos livros psicografados por Pais Joãos e Vovós Bentas)! Tem gente que se admira de um Guia saber onde aumenta ou diminui o volume de um "CD player" que esteja tocando em alguma ocasião no terreiro ou que saiba mexer no interruptor para acender ou apagar a luz! Tem quem acredite que nossa tecnologia só a nós pertence e que nossos Guias, que nos acompanham tanto (durante 24 horas por dia), não conseguem aprender (devem ter algum problema, porque até as crianças de hoje em dia sabem mais sobre tecnologia que nós). E utilizando o senso crítico, se essas pessoas estivessem com a razão, como poderíamos ter fé, acreditar em um Caboclo que dissesse que nos protege e nos acompanha o tempo inteiro, mas que não tivesse capacidade de acender um isqueiro, aumentar o volume do som, acender um interruptor ou saber o significado da palavra "Internet"!

E aí, nesse ponto, ao lerem estas palavras, essas mesmas pessoas pensariam: "Internet? Desde quando o Preto Velho sabe o que é Internet? Como essa Umbanda está mudada..." E está mesmo! Graças a Deus! E mudada para melhor! Com pessoas que sabem que nossos Guias têm capacidade muito maior que a nossa, que as limitações somos nós que impomos e que, conforme atesta a literatura espírita, a tecnologia existente no mundo físico é apenas um arremedo da existente no mundo espiritual. Sendo assim, quem seria mais atrasado, nós ou nosso Caboclo?

No entanto, há pessoas que insistem em manter nossos Guias acorrentados à ignorância (como se o conhecimento fosse alguma heresia) e, antes de raciocinar, classificam tais atitudes com a palavra da moda: "marmotagem". O interessante é que a mesma pessoa que exige que um Guia seja ignorante também exige que ele faça milagres, senão também é "marmotagem".

Em certa ocasião, testemunhamos um consulente dizer que não acreditou na Pombagira com quem se consultara, mas não porque seus conselhos tenham sido falhos, e sim porque depois do seu atendimento ele (o consulente) ainda permaneceu circulando pelas dependências do centro e viu quando a Pombagira desincorporou para a médium ir ao banheiro, e isso não pode (!?), afinal, quando o médium está bem incorporado, a Pombagira pode beber o que quiser que a bexiga do médium não enche (a urina deve ser "eterizada")! Uma outra pessoa se surpreendeu com a Cabocla que acendeu o fumo sozinha – e com isqueiro!

Com esses exemplos, você percebe como a nossa ignorância ainda limita nossos Guias? Contudo, eles são tão pacientes e compreensivos sobre nossos bloqueios que, até hoje, utilizam expressões idiomáticas específicas para designar profissões, objetos e situações do nosso dia a dia, como se não soubessem a denominação correta. Tudo isso para nos agradar e porque faz parte da composição daquele personagem, e não porque não saibam. Nessa representação de ignorância, o médico passa a ser o "homem da pena" ou o "casaca-branca"; o policial, o "canela preta"; o carro, o "corre-corre"; o carnaval, o "cara-suja"; o homem vira "perna de calça"; a mulher, "rabo de saia", e por aí vai.

Enfim, de fato, podem acontecer muitas situações que se enquadrariam perfeitamente no termo "marmotagem", sobretudo aquelas causadas por mistificações, porém é bom saber que há muitas outras coisas que os Guias não faziam anteriormente devido à nossa própria limitação de entendimento, para que não fossem desacreditados, e não por falta de capacidade ou conhecimento. Agora, mais libertos, já podem fazer, e isso não é falso! Nós é que, graças a Deus, fomos abrindo espaço para eles serem o que realmente são, nos mostrando um pouco mais de seu verdadeiro nível de conhecimento.

Como o nosso aprendizado e crescimento são contínuos, é possível que ainda haja muitas coisas para as quais não lhes damos o espaço necessário de atuação. Enquanto não dermos esse espaço, eles, pacientemente, continuarão agindo dessa forma limitada, apenas para não nos chocar e diminuir a nossa fé.

Resumindo, esclarecemos que, sim, nossos Guias têm um conhecimento muitíssimo superior ao nosso em todas as áreas. Se agem como se fosse o contrário, é apenas em respeito à nossa limitação de entendimento e como resultado da representação do personagem do qual estão revestidos. Como você pode ver, é possível que aquilo que se julga como "marmotagem" seja, na verdade, apenas o resultado do esclarecimento que há naquele terreiro ou/e daquele médium de que os Guias podem agir um pouco diferente. O que não podemos é nos mantermos aprisionados à ignorância e forçarmos nossos Guias a também se algemarem a ela.

## A "radiotamanco" espiritual

Sabe quando você escuta alguma coisa que, ao invés de ajudar acaba gerando mais dor de cabeça? Pois é! É isso que chamamos de "radiotamanco". Você pensa que aquilo que está vindo em direção aos seus ouvidos são informações construtivas, mas só percebe que não eram quando o tamanco já pegou no pé da orelha, deixando aquele hematoma... E o mais interessante é que, normalmente, o culpado pela tamancada é justamente quem a levou, quem foi em busca de informações em qualquer lugar, que abriu seus ouvidos para orientações espúrias, que não filtrou o que escutou e que, depois de seguir os tais conselhos ou acreditar no que foi falado, é que percebe a besteira que fez e o problema que causou para si.

Em meios espiritualistas tem muito disso! Há muita gente que sempre tem uma simpatiazinha para ensinar, um trabalhinho para receitar e uma duvidazinha para colocar na cabeça dos outros (sem o menor constrangimento) sobre seus caminhos espirituais. E o pior: sempre tem aquele que quer escutar!

Em tempos informatizados, o perigo ainda aumenta: não faltam listas de discussão na Internet infestadas de "experts" em todos os assuntos, em todas as religiões, em todas as linhas de trabalho, nações, correntes, feitiços, ebós, simpatias etc. Também não faltam grupos de WhatsApp com as mesmas intenções e "Pais Googles" por aí, onde se acha de tudo um pouco, inclusive coisas erradas, absurdas ou incompletas e que, uma vez absorvidas por um médium descuidado, inexperiente ou ansioso por resultados rápidos, poderão trazer grandes problemas energéticos e incertezas sobre sua espiritualidade. E olha a tamancada aí, pegando bem no pé do ouvido!

Para minimizar o risco do hematoma, vamos tentar elencar alguns casos típicos que podem trazer grande dor de cabeça para um médium novo de Umbanda, que ainda não sabe reconhecer uma boa tamancada. Preste atenção!

São informações de radiotamanco as "pesquisas" que o médium faz na Internet sobre quem poderá ser seu Orixá regente ou seu Guia espiritual. Não se define Orixá e Guia por meio de testes de Facebook ou seguindo regrinhas com data de nascimento expostas em sites de curiosidades. Se o médium faz esses testes somente a título de brincadeira, não há problema algum. Há perigo, contudo, se o médium acreditar nessas informações e começar a cultuar esta ou aquela entidade como se fosse seu Guia, sem sê-lo.

São informações de radiotamanco as pesquisas que o médium faz na Internet sobre a forma do seu Guia trabalhar, sua história, o que bebe, como se comporta etc. As informações ali encontradas, provavelmente, ou não são verdadeiras ou não se aplicam ao Guia específico daquele médium e, portanto, não podem ser consideradas como referência. O problema dessas informações é que o médium acaba ficando impressionado com o que leu e passa a interferir animicamente na comunicação do seu Guia, forçando-o a agir daquela forma e atrapalhando seu trabalho e firmeza espiritual.

São informações de radiotamanco os banhos, as simpatias e os pequenos trabalhinhos sugeridos por outra pessoa que não seja o pai ou a mãe de terreiro responsável por aquele médium. Sim! Banhos e simpatias – até as aparentemente mais inofensivas – podem ter grandes efeitos e bastante negativos! Entram nesse item aquele presente que alguém mandou dar para Maria Padilha, para abrir caminhos; a guimba de cigarro que a Cigana da vizinha mandou manter na carteira; o banho receitado por um conhecido para atrair prosperidade; a simpatia escutada no programa de rádio para agradar ao Orixá "fulano"; o trabalho espiritual lido naquele site sobre feitiços; a amarração ensinada pela Pombagira da amiga etc.

Somente o pai ou a mãe de terreiro sabe as condições energéticas do seu médium, o que já foi feito por ele, do que ele precisa e quais as suas interdições. As receitas vindas de outras pessoas são sem compromisso. Se o que o pai ou a mãe de terreiro receitar vier a causar algum desequilíbrio, será ele mesmo (o pai ou mãe) quem irá consertar, afinal, ele tem a responsabilidade sobre seu filho. Agora, pense: e se o que causar problemas for o que foi receitado por outra pessoa, ela resolverá?

São informações de radiotamanco as opiniões vindas de qualquer pessoa que, sem ter realizado um jogo ou qualquer procedimento sério, conteste o Orixá que foi atribuído pelo pai ou a mãe de terreiro como dono da coroa do médium. E ainda há quem fale assim: "Você, filho desse Orixá? Mas não é mesmo!", como se fosse o dono da razão e desconsiderando todo o trabalho e a competência do pai ou da mãe de terreiro daquele médium, sem estar baseado em nada mais que seu "achismo". Já vimos gente aceitar conselhos desse tipo, se afastar até do seu terreiro original, procurar outro lugar para forçar a ligação com o Orixá sugerido pela pessoa e se dar muito mal!

São informações de radiotamanco as opiniões de pessoas de outro terreiro ou mesmo de outra religião sobre os rituais e fundamentos do terreiro a que o médium pertence. Essas opiniões partem de pessoas que pensam que, pela sua vivência e pelo que aprenderam, têm capacidade para julgar e definir se é certo ou errado o que acontece em qualquer outra casa, sem levar em consideração não apenas a capacidade e o conhecimento de seu dirigente, mas também que cada casa tem sua raiz, seus fundamentos, sua linhagem espiritual e doutrina própria, portanto, o que é considerado certo em uma pode não ser na outra. Pessoas assim costumam argumentar com tanta convicção que, facilmente, convencem médiuns novatos de que "esse pai de santo tá inventando coisa!" ou "isso não existe!"

São informações de radiotamanco as convocações – às vezes até com ameaças – enviadas pelo Guia "fulano de tal" do amigo de um amigo, ou de um parente, ou de uma ex-namorada, solicitando a presença do médium porque quer falar com ele. Guia nenhum fica chamando pessoas para conversar, ainda mais se essa pessoa for de outro terreiro. Além de estar violando seu livre-arbítrio ainda está faltando com ética. Muitas vezes por medo, o médium acaba indo e colocando em prática uma série de conselhos espirituais que escutou por lá. Havendo problemas, deveria procurar aquele "Guia" para resolver, ao invés de se lembrar, somente nesse momento, que tem um pai ou uma mãe de terreiro que cuida de si e que deveria ter sido consultado desde o princípio!

São informações de radiotamanco quaisquer orientações, espirituais ou não, dadas por "Guias" incorporados em ambientes inadequados, como, por exemplo, no pagode, no churrasco ou depois que seu "cavalo" bebeu além da conta. Nesses casos, é certo que ali não há Guia nenhum. No máximo haverá a incorporação de um quiumba, pela sintonia vibratória provocada pelo álcool e pela atmosfera do ambiente. Contudo, o médium novato, ao ser chamado por tal "entidade" para conversar, pode ficar com receio de recusar e acabar dando ouvidos ao animismo do colega ou ao quiumba ali presente. Pode recusar! Não tenha medo!

São informações de radiotamanco os sonhos contados por outras pessoas que nem são do terreiro a que o médium pertence e já são transmitidos com a devida interpretação, normalmente sugerindo que o médium tem problemas espirituais sérios e que necessitaria ir a outro lugar para verificar. O médium novato pode não saber, mas, se seus Orixás necessitarem enviar uma orientação por meio de sonhos, a enviarão pelos sonhos do próprio médium, os quais deverão ser contados ao seu dirigente para a devida interpretação. Se não for possível fazer com que seu próprio filho sonhe, os Orixás tentarão se comunicar com o seu pai ou sua mãe de terreiro e, não conseguindo, será por intermédio de um de seus irmãos espirituais mais próximos. Sonhos vindos de outras pessoas nem sempre têm caráter espiritual, podendo ser manifestação de seu subconsciente, externando apenas uma opinião pessoal.

Algumas informações de radiotamanco acontecem, infelizmente, dentro do próprio terreiro que o médium frequenta e, muitas vezes, são dadas por irmãos espirituais até com boas intenções, mas sem a devida capacidade para tal. Acontece, por exemplo, quando o médium novato conta o sonho que teve para seu irmão de terreiro, ao invés de contar para seu pai ou mãe; e aí recebe uma interpretação completamente errada, mas que ele, o médium que sonhou, acaba acreditando, ficando preocupado e cismando com o tal do problema que o irmão identificou e que, às vezes, nem existe. E aqui cabe uma reflexão: se, havendo algum problema, será o pai ou a mãe de terreiro que terá que solucionar – e não o irmão de santo –, por que, então, não contar diretamente para ele/ela, ao invés de criar caraminholas na cabeça por ter ouvido opiniões erradas de outras pessoas?

Um outro caso semelhante é o irmão de terreiro que, muito prestativo, sem a supervisão do pai ou da mãe de terreiro, passa a aconselhar os outros médiuns sobre a forma como seus Guias se vestem, o que bebem, como trabalham, o que desejam que seu médium providencie etc. Já vi várias pessoas se dando muito mal por comprarem coisas inadequadas para seus Guias ou por fazerem algo porque um irmão prestativo orientou (erradamente). O médium tem que lembrar que o responsável pelo seu desenvolvimento mediúnico é seu pai ou sua mãe de terreiro, não os irmãos de santo, por mais prestativos e amigos que estes sejam. Se o pai ou a mãe errar, é ele/ela quem terá que corrigir, simples assim. Já se o irmão prestativo errar na recomendação, a responsabilidade de tê-lo atendido é do próprio médium! Lembre-se: se seu irmão de santo estivesse completamente apto a orientar sobre seu desenvolvimento mediúnico, ele seria pai, e não irmão!

Aliás, esta é a regra: o bom senso deve ser utilizado sempre, para evitar qualquer tamancada no "quengo"! Tenha em mente quem é o responsável por você! O médium que pertence a um terreiro tem uma pessoa que é a responsável por todo seu desenvolvimento mediúnico e por resolver qualquer problema energético que ele tiver. Essa pessoa é seu pai ou sua mãe de terreiro! É ele/ela quem deve ser procurado em caso de dúvidas espirituais, desconforto energético, necessidade de orientação, interpretação de sonhos etc. É quem deverá ser procurado caso qualquer coisa que ele/ela mesmo tenha recomendado venha a causar algum tipo de problema. Em outras palavras, é a pessoa responsável por tudo o que diga respeito à sua vida espiritual, por isso suas orientações devem ser seguidas à risca, tendo ela o direito de chamar-lhe atenção sempre que achar necessário. É a quem você deverá recorrerá em caso de necessidade e para pedir soluções energéticas!

Contudo se, ao contrário, você decidir seguir orientações de qual-quer outra fonte e isso acabar gerando problemas espirituais desnecessá-rios para si, o bom senso diz que você mesmo deveria procurar resolvê-los, visto que, no momento em que procurou e aceitou essas orientações, não consultou seu pai ou sua mãe de terreiro para saber se poderia ou não; e é possível até que tenha feito sem que ele/ela soubesse, ocultamente, para não ser repreendido. Pense, será que você conseguirá fazer com que o ra-dialista que recomendou aquele trabalhinho assuma o erro e o conserte, gratuitamente, para você? Será que aquelas pessoas que lhe sugeriram a simpatia e os banhos para prosperidade (que só pioraram sua situação) irão desfazer o que você fez somente pelos seus belos olhos azuis? Quem irá desenquizilar sua Pombagira, que não gostou do presente dado à Ma-ria Padilha? Que tal procurar aquele que contestou seu Orixá e jogar-se ao colo dele, suplicando que agora acerte o seu Ori e resolva a quizila que criou em sua cabeça? Será que rola?

Quando você procurar alguém – que não seja seu pai ou sua mãe de terreiro – para o aconselhar ou para o orientar sobre seus caminhos espi-rituais, faça o trabalho completo! Procure se certificar de que essa mesma pessoa estará lá, disponível, para consertar qualquer problema que tenha sido gerado pelo que ela recomendou! Aliás, se você pensa em procurar alguém "de fora" para pedir orientações, isso é sinal de que algo não vai bem! Ou está faltando confiança em seu pai, sua mãe, ou está sobrando irresponsabilidade em você! Vale, nesse caso, fazer uma boa reflexão e verificar se você está realmente num caminho que o agrade.

Havendo dúvidas, procure conversar com seu dirigente. Às vezes, há grandes mal-entendidos por pura falta de comunicação. Evite também, dar ouvidos a qualquer opinião! Se você ainda não consegue lidar com determi-nadas coisas que escuta, por exemplo, então afaste-se dos meios em que sua fé possa ser criticada, a competência da casa que você gosta possa ser ques-tionada e as informações trocadas possam mais confundir que elucidar.

Apesar de o bom senso dizer que você deveria resolver o problema que procurou, leve-o até seu pai ou sua mãe de terreiro, pois mesmo sa-bendo que isso foi gerado pela sua irresponsabilidade, temos certeza de que ele/ela o auxiliará a resolver. Afinal, você é seu filho, ele entende sua ignorância e está ali para ajudar. Só não abuse, repetindo inconsequente-mente os mesmos erros, fazendo o que não deve repetidamente, dando ouvidos a conselhos destrutivos sem colocar qualquer filtro. Pode ser que, para o ajudar a aprender, um dia, seu pai ou sua mãe de terreiro decida deixá-lo com o hematoma da tamancada por mais tempo, para que, com a orelha latejando, você não queira mais dar tanta atenção a qualquer coisa que lhe chegue aos ouvidos e aprenda, assim, pela dor, a procurar outras rádios mais sadias para se sintonizar!

## Palavras do Caboclo das Sete Encruzilhadas

Em 1971, incorporado no médium Zélio Fernandino de Moraes, apenas quatro anos antes do desencarne deste, deixou o Caboclo das Sete Encruzilhadas a seguinte mensagem[1]:

A Umbanda tem progredido e vai progredir!

É preciso haver sinceridade e honestidade; e eu previno sempre aos companheiros de muitos anos: a vil moeda vai prejudicar a Umbanda; médiuns que irão se vender e que serão, mais tarde, expulsos, como Jesus expulsou os vendilhões do templo.

O perigo do médium homem é a consulente mulher; do médium mulher é o consulente homem. É preciso estar de prevenção, porque os próprios obsessores que procuram atacar as nossas casas fazem com que toque alguma coisa no coração da mulher que fala ao pai de terreiro, como no coração do homem que fala à mãe de terreiro. É preciso haver muita moral para que a Umbanda progrida, seja forte e coesa.

Umbanda é humildade, amor e caridade – esta, a nossa bandeira. Neste momento, meus irmãos, me rodeiam diversos Espíritos que trabalham na Umbanda do Brasil: Caboclos de Oxóssi, de Ogum, de Xangô. Eu, porém, sou da falange de Oxóssi, meu pai, e não vim por acaso, trouxe uma ordem, uma missão.

Meus irmãos, sejam humildes, tenham amor no coração, amor de irmão para irmão, porque vossas mediunidades ficarão mais puras, servindo aos Espíritos superiores que venham a baixar entre vós; é preciso que os aparelhos estejam sempre limpos, os instrumentos afinados com

---

1 Mensagem gravada por Lilia Ribeiro, da Tenda de Umbanda Luz, Esperança e Fraternidade (TULEF).

as virtudes que Jesus pregou aqui na Terra, para que tenhamos boas comunicações e proteção para aqueles que vêm em busca de socorro nas casas de Umbanda.

Meus irmãos: meu aparelho já está velho, com oitenta anos a fazer, mas começou antes dos dezoito. Posso dizer que o ajudei a casar, para que não estivesse a dar cabeçadas, para que fosse um médium aproveitável e que, pela sua mediunidade, eu pudesse implantar a nossa Umbanda. A maior parte dos que trabalham na Umbanda, se não passaram por esta tenda, passaram pelas que saíram desta casa.

Tenho uma coisa a vos pedir: se Jesus veio ao planeta Terra na humildade de uma manjedoura, não foi por acaso. Assim o Pai determinou. Podia ter procurado a casa de um potentado da época, mas foi escolher aquela que havia de ser sua mãe (Maria). Que o nascimento de Jesus, a humildade que ele baixou à Terra, sirvam de exemplos, iluminando os vossos Espíritos, tirando os escuros da maldade por pensamentos ou práticas. Que Deus perdoe as maldades que possam ter sido pensadas, para que a paz possa reinar em vossos corações e nos vossos lares.

Fechai os vossos olhos para a casa do vizinho; fechai a boca para não murmurar contra quem quer que seja; não julgueis para não serdes julgados; acreditai em Deus e a paz entrará em vosso lar. É dos Evangelhos!

Eu, meus irmãos, como o menor Espírito que baixou à Terra, mas amigo de todos, numa concentração perfeita dos companheiros que me rodeiam neste momento, peço que eles sintam a necessidade de cada um de vós e que, ao sairdes deste templo de caridade, encontreis os caminhos abertos, vossos enfermos melhorados e curados, e a saúde para sempre em vossa matéria.

Com o voto de paz, saúde e felicidade, com humildade, amor e caridade, sou e sempre serei o humilde Caboclo das Sete Encruzilhadas!

## Mensagem de Zélio de Moraes[2]

O conteúdo de nossas mentes é o que trazemos ao mundo que nos cerca, ao mundo de cada um, e que nos acompanha. Agora, mais do que

---

2 Mensagem de Zélio de Moraes psicografada após o terceiro ano de seu desencarne.

nunca, eu compreendo a palavra do Cristo: "Bem-aventurados os puros de coração". Sim, verdadeiramente felizes são os que não enxergam tristezas, os que não veem motivos para desanimar, os que não prejudicam a ninguém com seu julgamento. Esses são felizes.

Nós outros, que queremos seguir outras trilhas: a da justiça com as próprias mãos; a do julgamento segundo nossa própria bitola da vida; a justiça segundo "nossas" verdades; nós nos deparamos com o reflexo de tudo isto num grande espelho onde se refletem nossas ansiedades injustificadas, que reduzem a vitalidade do corpo e aprisionam o Espírito.

A vida após a morte não deveria ser espetáculo de surpresas para quem trabalhou anos a fio na mediunidade. Servindo de ponte entre Espíritos e homens, passamos grande parte fazendo e pouco tempo pensando, aproveitando os ensinamentos e conversando com aqueles que estão ao nosso lado em silêncio, mas são muitas vezes detentores de muitas verdades, não as "nossas" verdades, mas ensinamentos que devem ser compartilhados.

Até hoje não me pediram a palavra. Respeitei o não pedido. Mas agora que o fazem, deixem-me alertá-los: conversem mais entre vocês – espíritas, cristãos. Vivam mais em alegria de confraternização e não em disputa de quem é maior e melhor. Aos olhos de Deus, somos filhos e iguais.

Fazem-nos constantemente vingadores de uma causa que não é a mais justa: nosso amor-próprio e ferido. Temos que ser tão superiores de modo a que o nosso amor amorteça as pedradas e retornemos ao ofensor amando.

É necessário aprender na escola da vida, sabendo humildemente absorver problemas, transformando-os em exemplos edificantes de resgate de dívidas.

Meus filhos, que eu poderia dizer-lhes mais do que se amem e se compreendam, para que a par de toda a cultura espiritualista de que são detentores, não lhes sejam cobrados minutos de atenção e gentileza ao amigo ou à criança que sofre. Deus seja louvado! Que adianta trabalhar vinte anos se em um minuto nos negarmos a calar e escutar com carinho e paciência aqueles que nos procuram, por certo com carência, por necessidade de amor?

Abraços do sempre amigo, Zélio de Moraes.

# CAPÍTULO 7

# UMBANDA
# DIVINA

## Todas as Umbandas são divinas!

Esta obra reflete uma visão doutrinária que procura ser mais racional e mais abrangente sobre a Umbanda. No entanto, como explicado nas primeiras linhas, a Umbanda, por si só, é diversa e ramificada em vários braços, dependendo de muitos fatores, dentre eles a origem de sua linhagem espiritual.

Essa explicação nos dá agora a possibilidade de apresentar a raiz ancestral de A Centelha Divina, organização umbandista que nos deu a oportunidade de vivenciar as instruções e verdades trazidas pela Espiritualidade trabalhadora dessa Umbanda Divina, descrevendo as particularidades que, por sua existência, a tornam uma Umbanda um pouco diferenciada, trazendo em sua essência, além do conceito renovador e revelador dos *Sete Raios Divinos*, a presença e as bênçãos do próprio *Divino Espírito Santo*, como herança cultural e espiritual das religiosidades afro-brasileiras cuja ancestralidade reside no Tambor de Mina e na Encantaria, expressões espiritualistas mais facilmente encontradas no Norte do Brasil.

# A nossa Umbanda, o Tambor de Mina, as Tobôssis e Boboromina

*"A Mina não é ABC*
*Não é no colégio que se aprende a ler*
*Eu vim rolando na folha seca*
*Eu vim rolando no romper do sol*
*Boboromina aê aê*
*Boboromina eu vim chegando agora*
*A Mina não é ABC*
*Não é no colégio que se aprende a ler"*
(Doutrina do Tambor de Mina).

A Centelha Divina, mesmo sendo Umbanda, não descende diretamente da Tenda Espírita Nossa Senhora da Piedade, criada por Zélio de Moraes. Nossa ancestralidade foi plantada na primeira metade do século XX, em Belém-PA, tendo recebido, por isso, como diz a Cabocla Janaína, um "leve sotaque" de correntes espiritualistas abundantes por lá, como a Encantaria e o Tambor de Mina. Esse "sotaque" nos confere algumas particularidades que são incomuns aos terreiros umbandistas das regiões Sul e Sudeste do Brasil.

Dentre essas particularidades, uma que chama bastante a atenção é o comportamento bastante "humanizado" das nossas Caboclas. Diferentemente do tradicional no Rio de Janeiro, por exemplo, é comum vê-las em terreiros de nossa linhagem conversando descontraidamente, brincando, interagindo no dia a dia no terreiro e, se preciso, realizando até tarefas manuais, como herança do comportamento dos Caboclos Encantados no Tambor de Mina. Lá, na Mina, alguns deles participam até do cotidiano de seu médium e, em determinados momentos, somente pessoas com mais vivência dentro da religião conseguem identificar quando é o médium e quando é a entidade, de tão presentes que elas estão.

Um grande exemplo é a Cabocla Mariana, que lá no Tambor de Mina é quem, muitas vezes, faz o papel de "dona da casa", recebendo os visitantes, cuidando da organização do terreiro e, possivelmente, até realizando tarefas fora do terreiro, na rua, incorporada! E antes que alguém possa pensar, já esclarecemos: não é "marmotagem" não! A humanização desses Encantados é um dos *fundamentos* da Mina tradicional.

Na nossa Umbanda, esse comportamento não chega nesse nível (de realizar atividades fora do terreiro), mas percebemos esse "leve sotaque" na descontração das Caboclas e na sua presença com grande facilidade em qualquer momento dentro do terreiro, mesmo quando não se está realizando qualquer função espiritual. É comum, por exemplo, o médium desenvolvido, ao estar cuidando da parte física do templo (arrumando, limpando), sua Cabocla incorporar e, alegremente, ajudar a terminar a tarefa; ou, então, em uma roda de conversa entre médiuns, a Cabocla baixar para participar descontraidamente! E tornamos a dizer: não é marmotagem! É fundamento da Mina! Basta ir a Belém, conhecer a Mina Paraense e qualquer um verá a mesma coisa (ou mais, até)!

Uma outra diferença é a presença de entidades desconhecidas na Umbanda tradicional. A própria Cabocla Mariana, citada acima, é uma delas! Uma cabocla com nome em português (também há Cabocla Juliana, Herondina etc.), de cabelos louros, que se diz originária da Turquia e, além disso, marinheira! Dificilmente, no Rio de Janeiro e nos estados do Sul, alguém irá encontrá-la, a não ser que seja em terreiros de Tambor de Mina radicados por aqui ou em terreiros de Umbanda da nossa mesma raiz, que possui esse "sotaque" mineiro.

Por falar em "mineiro", há um outro tipo de entidades que não são vistas na Umbanda tradicional e que nós, carinhosamente, as denominamos de "Povo de Mina". É sobre essas entidades, especificamente, que este texto quer tratar, mas não sem, antes, ter que explicar mais alguns pontos.

O Tambor de Mina descende dos terreiros de origem Mina-Jeje e Mina-Nagô, inicialmente plantados em São Luís/MA e, mais tarde, difundidos por toda a região Norte, com destaque para o estado do Pará, onde foi desenvolvida a "Mina Paraense". Essa religião congrega tanto o culto ao Vodum Jeje quanto ao Orixá Nagô, como explicitado no trecho a seguir, retirado do livro *Os cultos afro no Pará*, do antropólogo Vergolino:

A Mina paraense recebeu uma forte influência dos rituais nagô. Assim sendo, realizam, também, o culto aos Orixás Nagôs, a exemplo de Exu, Ogum, Oxóssi, Obaluaiê, Oxum, Iansã, Iemanjá, Xangô, Oxalá. Cultua-se, também, voduns jêje, que correspondem aos Orixás Nagôs: Èlegbara (Exu), Doçu (Ogum), Azacá (Oxóssi), Acossi Sapatá (Obaluaiê ou

Omolu ou Xapanã), Badé (Xangô), Vó Missã (Nanã) e Iansã (Barbassuei-ra), a mais conhecida entre os mineiros e festejada no dia 04 de dezembro.

No entanto, além dos Orixás e Voduns, a Mina paraense ainda tra-balha com os Caboclos Encantados e com os Encantados Gentis, tam-bém chamados de "Voduns Gentis". Dessa forma, o Tambor de Mina praticado no Pará se autodesigna como de fundamentos "Mina-Jeje-Na-gô-Vodum Gentil".

Embora nas nações de origem jeje o Vodum de maior destaque seja Dan ou Danbê (considerado o "Rei da Nação"), há um outro Vodum também de grande importância, citado nas palavras de Vergolino como "Vó Missã", equiparada à Nanã. Sobre Vó Missã, diz o Dicionário Jeje/Voduns do Kwe Ceja Dã Dahomey:

NAITE (naité) – Vodum feminina, muito velha, considerada a Grande Mãe. Chamada carinhosamente de Vó Missam, é boa conselheira e mui-to respeitada por todos. Sua participação na criação do mundo foi muito marcante. Trouxe do céu para a terra a esteira (zan), cujo simbolismo e uso nas cerimônias e nos cultos aos Voduns é importantíssimo e indispen-sável. Seu principal símbolo é a lua, e seu domínio a terra, os pântanos e o reino dos mortos. É ainda conhecida pelos nomes: Nana, Nana Buruku, Nana Burotoy, Naê e Anaité.

Em alguns terreiros de Mina, Vó Missã também é conhecida como "Sinhá Velha" ou "Nochê Naê".

Pronto! Como geradora e conselheira dos Voduns, ficou bastante destacada a grande importância dessa entidade no panteão do Tambor de Mina! Sua importância é tão grande que, na Mina de raiz, ela é homena-geada duas vezes ao ano (uma no meio e outra no final) e, quando baixa, to-dos os Voduns a reverenciam, como a grande matriarca do Tambor. Além disso, sempre que baixa, vem acompanhada de outras entidades, chamadas na Mina de "Tobôssis" (não confundir com Aziri-Tobôssi, Vodum Jeje-Mahin das águas). As Tobôssis que acompanham Vó Missã apresentam-se como princesas africanas em idade "pré-adolescente". Comportam-se de maneira um pouco infantil, mas percebe-se que não são crianças (erês) pelo modo de falar e pelos tipos de brincadeiras e conversas.

Na Casa das Minas (São Luís/MA), para uma médium receber uma Tobôssi, era preciso anos de preparação, e os rituais utilizados para trazê-la eram secretos. Quando prontas, essas médiuns passavam a ser chamadas de "Vodunsis Gonjaí" (iniciadas de Voduns formadas). Infelizmente, a última Gonjaí morreu há algumas décadas sem ter deixado o conhecimento dessa preparação para suas sucessoras. Portanto, na Casa das Minas não se faz mais Vodunsi Gonjaí e, lá, as Tobôssis não baixam mais.

Contudo, outros terreiros de Mina, de alguma forma, continuam preparando Gonjaís, e as Tobôssis continuam baixando. É o caso do Querebentã de Xapanã, em São Paulo, e de muitos outros Tambores de Mina espalhados pelo Norte do Brasil.

Vó Missã também tem um outro nome: "Boboromina", utilizado quando personifica a responsável pela forma como os rituais são praticados dentro da nação. Sobre ela, diz Keila Andréa Cardoso dos Santos (2012): "Boboromina – é uma entidade da linha Mina-Nagô, a qual designa diversos elementos de grande importância no culto que vão do visível ao transcendental".

Como "Vó Missã" ou como "Boboromina", a presença de sua "corte" (ela e as Tobôssis) em um terreiro de raiz de Mina tem grande importância, ainda que seja esporádica. Uma vez que representa a ancestralidade da nação, sua simples presença indica que aquele terreiro que a recebe está condizendo aos fundamentos e rituais firmados pela ancestralidade.

Dito isso, é a partir de agora que chegamos ao ponto que desejávamos nesse longo texto: o "Povo de Mina"! Vimos que lá no Tambor de Mina, Vó Missã, Sinhá Velha ou Boboromina é um Vodum de extrema importância, responsável pela perpetuação dos rituais e fundamentos da nação. Diante disso, como se dá sua influência em terreiros de Umbanda que, embora não sejam Tambor de Mina, possuem a influência de seu "sotaque"?

Na nossa Umbanda, Boboromina continua sendo de extrema relevância. Ela aparece, também, de regra geral, duas vezes ao ano (ou se houver algo muito importante que exija sua presença). Costuma baixar na festa de Nanã e na festa de Oxalá, mas não se autodenomina com os nomes citados. Para facilitar nossa compreensão (umbandistas que somos e tão acostumados com a figura dos Pretos Velhos), ela simplesmente se apresenta como "Vovó Mina" e acaba, realmente, sendo confundida com uma Preta Velha, ainda mais que, diferentemente do que ocorre em outras nações, o Vodum de Mina não só dança como também conversa e fuma.

Quando baixa, suas Tobôssis a acompanham, e médiuns mais desenvolvidos começam a recebê-las. Deve-se lembrar que a forma de incorporação na Umbanda é bastante diferente de outros tipos de manifestações. Por isso, embora no Tambor de Mina tradicional sejam necessárias algumas preparações prévias para que as Tobôssis possam incorporar em seus médiuns, na Umbanda a preparação ocorre de maneira "invisível", mais mental, às vezes sem mesmo o médium perceber.

Quando Vó Mina (ou Vó Missã, ou Nochê Naê, ou Boboromina) está em terra com sua corte de princesas, o terreiro fica em festa! Todos os Guias incorporados a cumprimentam, todos os médiuns a saúdam, e ela, com um jeito todo carinhoso, aconselha, orienta e, se necessário, chama a atenção para este ou aquele ritual que não está sendo seguido muito corretamente.

É possível que, além das princesas e da própria Vovó, apareçam outras entidades (Encantados) ligadas à ancestralidade e à vinda da Nação de Mina da África para o Brasil. A todas essas (Vó Mina, Tobôssis e entidades ancestrais) chamamos de "Povo de Mina".

Destacamos que não adianta procurar em terreiros que não tenham relação com a Mina a presença dessas entidades, pois não aparecem por lá! O Povo de Mina é a essência da Nação de Mina e de terreiros – ainda que de Umbanda – que possuam o sotaque mineiro! É a ancestralidade personificada na presença de Vó Missã e suas princesas africanas! É a atenção com a fidelização aos rituais implantados na fundação da Mina no Brasil! É a memória do sofrimento do escravo e, especificamente, de Maria Mineira Naê, a Rainha Agontimé, que foi a responsável (direta ou indiretamente) pela criação da Casa das Minas em São Luís/MA.

A Mina tem história! A Mina tem ancestralidade! Essa ancestralidade que confere as bases para o futuro e a certeza do progresso, pela segurança dos rituais e pelos conselhos da Vovó!

## As Tobôssis na Casa das Minas

As entidades Tobôssis despertam grande curiosidade, visto que não existem em nenhuma outra corrente espiritualista além das enraizadas em Mina. Novamente, destacamos que as Tobôssis a que nos referimos não devem ser confundidas com o Vodum Jeje-Mahin Aziri-Tobôssi, ou com outros homônimos de Voduns Jeje-Mahins. Para esclarecer um pouco mais, citamos um trecho da pesquisa realizada por Lindoso (2010) sobre essas "voduns-meninas" da Casa das Minas:

> Essa categoria de entidades nesse terreiro de Tambor de Mina "tradicional" tinha várias características importantes, tais como: incorporação ou eram "recebidas" apenas pelas filhas vodúnsis com todos os graus de iniciação completos; eram crianças, falavam como crianças; sua comunicação era em língua africana e cada uma das Tobôssis em suas filhas tinha um nome em africano; não participavam dos toques de Tambor de Mina comuns na casa e não eram confundidas com outros voduns jovens existentes nesse terreiro. Sérgio Ferretti evidencia que essas entidades não existem mais na Casa das Minas, porque as últimas filhas que as recebiam morreram na década de 70 e o último barco de Tobôssis na Casa das Minas foi realizado em 1914. As Tobôssis vinham somente três vezes por ano na Casa das Minas, ou seja, quando tinha festas grandes e que duravam vários dias. Na festa do Vodum feminino Nochê Naê no mês de junho; no fim do ano e nas festas de carnaval. Na Casa das Minas o Vodum feminino Nochê Naê é a chefa das Tobôssis. O Vodum Nochê Naê é considerada a mãe de todos os voduns, chamada também de "senhora velha" ou sinhá velha. As suas vestimentas eram com saias coloridas, pulseiras de búzios e coral, chamadas dalsas, pano da costa colorido e manta de miçangas coloridas presa ao pescoço e usavam vários rosários. Diferente das entidades espirituais africanas chamadas de voduns, Orixás etc., que não comem ou ingerem alimentos sólidos, as Tobôssis comiam normalmente como as pessoas.

Completando as informações, chama a atenção o fato de que as Tobôssis, quando vinham nas festas grandes que duravam vários dias, permaneciam incorporadas em suas médiuns por dias seguidos. Durante todo esse tempo, elas comiam, bebiam, dormiam e faziam as necessidades de suas "vodunsis". Falavam apenas em linguagem africana, utilizavam bonecas (embora não brincassem com elas como os erês) e vestiam sobre os ombros uma manta de miçangas que elas mesmas preparavam.

Quando sua médium ou "vodunsi" desencarnava, aquela Tobôssi não baixava mais, e sua manta era desfeita pelas demais ou repassada à Tobôssi de outra Vodunsi-Gonjaí. Quando uma nova vodunsi entrava para o terreiro, eram as Tobôssis que lhe davam um nome em língua africana, que a identificaria religiosamente dali por diante, assim como elas também escolhiam entre si o nome que cada Tobôssi iria usar.

Fica muito claro no texto citado a ligação das Tobôssis com Nochê Naê (ou Vó Missã, ou Boboromina, ou Vovó Mina), considerada a "chefe" dessas princesas. Na nossa Umbanda, apesar de estarem presentes junto da Vovó Mina, as Tobôssis estão longe de se comportarem como na Casa das Minas ou em terreiros de Tambor de Mina, mesmo porque, além de sermos Umbanda (e não Tambor de Mina), herdamos apenas – como diz a Cabocla Janaína – um "leve sotaque" da Mina, e não os fundamentos completos da Nação. Mesmo assim, para nossa alegria, isso não impede que elas nos visitem de vez em quando.

## Encantaria

Além das Tobôssis e da Vovó Mina, nossa casa herda traços dos Encantados e da Encantaria. Por isso, cabe neste texto explicar quem são os Caboclos Encantados, o que é o Tambor de Mina e qual a relação dos Encantados com a nossa Umbanda.

Muita gente quando vai à nossa casa comenta: "a Casa do Caboclo Ubirajara (núcleo de A Centelha Divina) é um pouco diferente..."; o comportamento dos Caboclos e das Caboclas é diferente, eles não estão presentes só durante as sessões, as Caboclas bebem cerveja, acendem seu próprio fumo... E por aí vai...

Para que possamos entender melhor o que acontece – e o porquê de as coisas acontecerem assim na Casa do Caboclo Ubirajara –, precisamos ir lá na nossa raiz, onde vamos encontrar o Tambor de Mina do Pará, ou a Mina Paraense, a qual nasceu como ramificação da Mina Maranhense.

O Tambor de Mina se originou em meados do século XIX, em São Luís do Maranhão. Naquela época, segundo estudos de Pierre Verger (2021), foi fundada a Casa das Minas por uma rainha africana (Nã Agontimé), vinda da região próxima ao forte de São Jorge da Mina (hoje na região da atual República de Gana), que trouxe para o Brasil – e especificamente para São Luís – o culto aos voduns reais do Dahomé (Nochê Naê, Zomadônu, Arronoviçavá, Nochê Sepazim e outros). Só para esclarecer, "Vodum" – de uma forma simplificada – seria o mais próximo, o mais equivalente ao "Orixá" Nagô (Iemanjá, Xangô, Oxum etc.) e ao "Inkice" banto.

Por ter vindo da região próxima ao forte de São Jorge da Mina, tanto Nã Agontimé quanto as demais africanas que a acompanharam na fundação da casa ficaram conhecidas como "negras minas", e a casa por elas fundadas, como "Casa das Minas", ou "Casa de Mina-Jeje", visto que lá se cultuavam os voduns de origem jeje. Ao longo de sua história, a Casa das Minas nunca abriu oficialmente uma filial, mas influenciou a abertura de outros terreiros na região, como a "Casa de Nagô", fundada pouco depois da "Casa das Minas", também em São Luís, e que, diferentemente da Casa das Minas, cultuava voduns Jeje, mas também Orixás Nagôs.

A Casa de Nagô tinha uma particularidade: além dos Voduns e Orixás, também cultuava Encantados Gentis e Caboclos Encantados. Dessa casa saíram muitos terreiros cujo culto passou a ser conhecido como "Tambor de Mina". Esse culto se espalhou largamente pela região Norte, tendo como focos principais São Luís, no Maranhão, e Belém, no Pará, onde ganhou algumas novas "cores" que o tornaram conhecido como a Mina Paraense, que tem algumas pequenas diferenças para a Mina maranhense. Embora haja pequenas diferenças, ambos trabalham com Voduns, Orixás e Encantados, por isso são conhecidos como um culto "Mina-Jeje-Nagô-Vodum Gentil"[1].

Em relação à Encantaria, ela está muito presente no Tambor de Mina, mas também há Encantados em outras religiões do Norte do Brasil, como o Catimbó, o Jarê, o Toré e o Terecô, com algumas diferenças, mas basicamente da mesma maneira. Encantaria é o culto que trabalha

---

1 "Mina" porque vem de Mina; "Jeje" porque trabalha com voduns Jeje; "Nagô" porque cultua também Orixás Nagôs; e "Vodum Gentil" porque trabalha com Encantados, que são chamados de "Voduns Gentis".

com Encantados. E o que são os Encantados? Enquanto nós, na Umbanda, entendemos que os Espíritos com os quais trabalhamos foram um dia encarnados, desencarnaram e hoje integram alguma falange de trabalho dentro da Umbanda, na Encantaria o conceito é diferente.

Entende-se que aqueles com quem se trabalha foram encarnados, mas não morreram, simplesmente passaram por algum lugar "mágico", chamado "Local de Encante", e ficaram invisíveis, passando a habitar o "Mundo Encantado" ou "o fundo", ou seja, uma região abaixo da superfície terrestre (subterrânea ou subaquática), denominada "Encante". Como se tornaram Encantados, deverão permanecer nessa condição, indeterminadamente, até que passem outra vez por um local de encante e o encanto seja quebrado, o que é muito difícil, porque, segundo dizem, os locais de encante mudam de posição e nunca se sabe onde encontrá-los. Enquanto isso, visitam o mundo terreno para participar dos tambores, para baiar (dançar), aconselhar e cuidar de nós.

Em suma, a diferença básica entre Encantaria e Umbanda tradicional começa no próprio conceito. Na Umbanda tradicional, entende-se que aquele Espírito que baixa como Caboclo Pena Branca um dia foi encarnado (não necessariamente índio), mas hoje integra uma falange numerosa em que todos assumem aquela aparência e o nome de Caboclo Pena Branca. Já na Encantaria, aqueles que baixam no terreiro não morreram, passaram pelo local de encante e ficaram invisíveis – ao terem se encantado, podem ter mantido a mesma aparência e o mesmo nome ou podem ter assumido outra aparência (até de animais) e outros nomes.

Quanto à aparência, os seres encantados podem se apresentar de três formas diferentes: como jacarés, cobras, peixes e botos, recebendo o nome de "bichos do fundo"; com aparência humana, se confundindo bastante aos seres elementais da natureza (são chamados de "Oiaras"); e a que mais frequentemente incorpora nos médiuns, os denominados "Caruanas", "Guias" ou "Cavalheiros", que mais adiante serão apresentados como "Encantados Gentis" e "Caboclos Encantados".

Além de os Encantados não terem passado pela experiência da morte, e sim do Encanto, há outras diferenças bem marcantes em relação aos Guias e falangeiros que trabalham na Umbanda tradicional. A principal delas é que nossos Guias se agrupam por falanges. Então, temos a falange dos Caboclos, a falange dos Exus, das Crianças (onde todo mundo é igual-zinho) e todas as outras. Já na Encantaria, não há falanges. Os "invisíveis" se agrupam por famílias, e dentro de cada uma pode haver jovens, idosos, homens, mulheres, negros, brancos, indígenas... ou seja, cada família é um universo de possibilidades.

As famílias mais conhecidas são as do Lençol, da Turquia, da Bandeira, da Gama, da Baía, dos Marinheiros, do Codó, de Surrupira, de Caravelas, do Juncal, dos Botos e da Mata, mas, na verdade, há mais de quinze famílias diferentes. O que faz um Encantado pertencer a esta ou àquela família é o local: ou o local onde aqueles invisíveis se encantaram ou seu local de origem. Invisíveis que se encantaram na Praia do Lençol são da família do Lençol; invisíveis encantados em Codó (uma cidade do Maranhão) são da família do Codó (ou de Légua) e assim por diante.

Quanto ao seu local de origem, diferentemente da Umbanda tradicional, que se relaciona com Espíritos que se caracterizam como de origem brasileira, na Encantaria entende-se que o Encantado pode ter qualquer nacionalidade. Uma das famílias mais conhecidas é a Família da Turquia, composta por mais de 100 Encantados, todos eles turcos. Além desta, há famílias de Encantados austríacos, italianos, espanhóis... Há Encantados portugueses, franceses... Ou seja, é tudo bem diferente do que o pessoal do Sul e Sudeste do Brasil está acostumado.

Um outro detalhe nessas famílias é que, dentro delas, pode haver Encantados de origem nobre, como reis, rainhas, duques e princesas, e Encantados de origem popular. É isso que distingue o que se chama de "Encantado Gentil" (ou Vodum Gentil) do "Caboclo Encantado". Os Encantados de origem nobre são chamados de Encantados Gentis. Essa palavra é usada para dizer que são "gentis mesmo" ou que são "gentios", isto é, "diferenciados", de alguma linhagem específica; eles são conhecidos na Mina como Voduns Gentis porque possuem alguma relação de afinidade com Voduns Jeje. Costumam dizer que "adoram" aquele vodum.

No quadro a seguir, apresentamos a correspondência entre os Encantados Gentis e os Voduns com quem mantêm afinidade.

| Encantados Gentis | Voduns (Orixás correspondentes) |
|---|---|
| Dom Manoel | Toy Lissá/Arronoviçavá (Oxalá) |
| Dom Sebastião | Acóssi Sakpatá (Xapanã) |
| Dom José Floriano | Toy Doçu (Ogum) |
| Dom Luís | Badé/Quevioçô (Xangô) |
| Dom João Rei das Minas | Badé/Quevioçô (Xangô) |
| Dom João Soeira | Badé/Quevioçô (Xangô) |
| Dom Carlos | Legba (Exu) |
| Rainha Bárbara Soeira | Nochê Sogbô (Iansã) |
| Rainha Dina | Navezuarina (Oxum) |
| Rainha Rosa | Naveorualim (Oxum Velha) |
| Rainha Madalena | Abê Manjá (Iemanjá) |
| Mãe Maria | Yewá (Ewá) |

Os Encantados que são chamados de "Caboclos" nem sempre possuem relação tão próxima aos Voduns e, via de regra, não possuem origem nobre. São Encantados de origem popular ou que se fazem populares. Referem-se, na maior parte, a pessoas comuns que passaram pelo local de encante. Essa é a maior diferença entre a Encantaria e a Umbanda tradicional.

Na Umbanda, "Caboclo" refere-se ao índio. Já na Encantaria, essa mesma palavra não necessariamente se refere a índio. Como dissemos, o termo "Caboclo" é usado na Encantaria para Encantados de origem popular. Somente isso! Portanto, há Caboclos negros, indígenas, brancos e até loiros! Há Caboclos com nomes indígenas (Japetequara, Ubirajara, Jacira) e com nomes comuns (Mariana, Herondina, Chica, Juliana, Teresa). Ademais, o comportamento dos Caboclos Encantados também se difere muito dos Caboclos da Umbanda tradicional.

Antropólogos como Reginaldo Prandi, Mundicarmo e Sérgio Ferreti dizem que, dentro do Tambor de Mina, os Caboclos Encantados assumem papel de extrema relevância e chegam a ser tão presentes que, dificilmente, encontra-se um terreiro sem que haja um filho de santo – pelo menos – "atuado", isto é, em transe, com seu Caboclo, mesmo quando não há toques. Em São Luís do Maranhão, por exemplo, é frequente que médiuns compareçam incorporados com Caboclos a missas, festas profanas e locais de lazer, onde o Encantado, então, pode conversar e beber na companhia de amigos mortais.

E mais: a postura, a fisionomia e a voz do médium não mudam enquanto está incorporado pelo seu Caboclo, o que, para quem não conhece, fica quase impossível de saber se a pessoa está incorporada ou não, pois os Caboclos Encantados não falam errado, agem de forma muito natural e realmente são facilmente confundidos com os médiuns.

Uma outra característica é que esses Caboclos têm um comportamento muito semelhante ao nosso. Conversam sobre qualquer assunto e, muitas vezes, depois do tambor, se reúnem em roda para bate-papos. Por isso, é muito comum as pessoas do Sul e Sudeste, que não conhecem o Tambor de Mina, acharem que é "marmotagem", porque isso realmente não acontece na Umbanda tradicional. No entanto, temos que lembrar que não estamos falando da Umbanda tradicional, mas, sim, de um outro culto, em que conceitos e costumes são bem diferentes.

Outro dia vimos na Internet, em um grupo só sobre "marmotagem", um homem incorporado com a Cabocla Mariana, que é uma Encantada da família da Turquia – e que, muitas vezes usa turbante vermelho na cabeça –, recebendo uma série de comentários maldosos, como, por exemplo:

"Onde já se viu uma cabocla turca? Cabocla tem que ser índia brasileira!"
"Cabocla bebendo cerveja e fumando cigarro? Isso tá mais pra Pombagira!"
"Cabocla de turbante? Cabocla tem que usar pena!"
"Esse cara tem que estudar mais, pra não fazer tanta besteira."

Na verdade, quem falou essas coisas é que precisa estudar mais. No mundo espiritual, há muito mais coisas do que a nossa Umbanda tradicional ensina!

Se essas mesmas pessoas fossem a São Luís ou a Belém, veriam que os Encantados podem usar turbantes, chapéus, barretes ou não usar nada; que os Caboclos Encantados podem beber cerveja, champanhe, vinho ou cachaça; que podem fumar charutos, cachimbos ou cigarros comuns; e que, apesar de usarem o nome de "Caboclo", nem sempre são de origem indígena.

Expostos esses pontos, cabe agora a explicação sobre a relação de A Centelha Divina e a Encantaria.

A Casa do Caboclo Ubirajara, apesar de ser uma casa de Umbanda, não vem da linhagem de Zélio Fernandino de Moraes e do Caboclo das Sete Encruzilhas. A nossa linhagem nasceu em Belém, no início do século XX, no seio da Mina Paraense; foi fundada por um Caboclo Turco, se desenvolveu pelas mãos do Caboclo Tangurupará, que é um Caboclo Encantado da família do Pará e, por tudo isso, apesar de não ser Tambor de Mina em sua essência, traz em seus ritos e trabalhos muito dos costumes da Encantaria.

Em nossa casa, é comum ver médiuns atuados com Caboclas fora dos horários de sessão; lá, as Caboclas também bebem cerveja e fumam cigarro; acendem seu próprio fumo e têm um comportamento muito próximo a nós, aos humanos. Lá, também, como herança do "Mina-Jeje-Nagô-Vodum Gentil", trabalhamos com Voduns Jeje e com Orixás Nagôs. Além disso, como traços dessa nossa raiz, recebemos em nossa casa Encantados como a Cabocla Mariana (a bela turca, a arara cantadeira), que nos guia pelos caminhos da Encantaria, e outros como Caboclo Zé Raimundo, Cabocla Chica Baiana, Cabocla Herondina, Cabocla Teresa de Légua, Cabocla Juliana, Caboclo Menino de Léria etc.

O Tambor de Mina quase não é conhecido no Sul e Sudeste. Passou a ser mais conhecido a partir de Francelino de Shapanan, que era paraense e o levou para Diadema, em São Paulo, mas, ainda assim, não é muito conhecido.

Nossos próprios Encantados dizem que é preciso muito tato para se trazer tanta coisa diferente para esta terra, porque, no meio dos entendidos de Umbanda, ela só pode ser daquela forma que eles conheceram, esquecendo que a Umbanda é multifacetada, é plural e agregadora. Dentro de alguma Umbanda pode haver conceitos que, em determinada região, ainda não são bem conhecidos.

Por tudo isso que falamos, muitas vezes, as pessoas acham "diferente" o que veem na Casa do Caboclo Ubirajara. Diferente porque aqui no Rio de Janeiro quase não há terreiro com ancestralidade na Mina Paraense. Somos diferentes da maior parte dos terreiros cariocas, mas muito semelhantes às centenas de casas de Umbanda de onde vem nossa raiz, plantada por um Caboclo Encantado lá no Pará!

## O divino

Como dizem os antropólogos, na Mina, muitos Voduns são devotos de santos católicos, o que, particularmente, entendemos não exatamente como "devoção", mas, sim, como uma grande lição de fraternidade, universalismo e ecumenismo. É baseado nesse relacionamento inter-religioso que, na Casa das Minas, anualmente, é realizada uma festa em homenagem ao Divino Espírito Santo, tendo sido esta tradição solicitada por Nochê Sepazim, Vodum da família real do Dahomé, recebida por Mãe Hosana, a terceira chefe que dirigiu a casa até 1914.

Desde seu início, há quase dois séculos, a Festa do Divino passou a ser realizada em quase todos os terreiros de Mina e nos que possuem alguma relação com a Mina, variando o período do ano no qual é comemorada e os Voduns que com ela se envolvem.

Pelo exposto, fica claro que, sendo uma tradição secular e que se perpetua na maior parte das casas de mesma origem, o culto ao Divino também serve como elo que, de alguma maneira, une os terreiros de Mina, seus descendentes e aparentados. Por esse mesmo motivo, em nossa casa, também realizamos anualmente a Festa do Divino, tendo como elemento central, além do estandarte, a imagem de um pombo branco, réplica do primeiro pombo da Casa das Minas e recebida como presente da própria Casa das Minas, por reconhecimento à nossa raiz ancestral comum, em Mina.

A partir do momento em que recebemos a pomba do Divino como presente da Casa das Minas, a incorporamos ao nosso próprio brasão, passando ele a representar não apenas os Sete Raios Divinos e todos os Orixás, mas também, por intermédio da pomba, toda a Encantaria, a nossa raiz no Tambor de Mina e as bênçãos do Divino sobre nossa linhagem espiritual. Essa é razão pela qual, apesar de sermos uma Umbanda como todas as outras, nos autodenominamos também de Umbanda Divina.

# Referências

A CENTELHA Divina. *Quem somos*. 2023. Disponível em: https://www.acentelhadivina.com.br/quem-somos. Acesso em: 2 jul. 2023.

ARMOND, Edgard. *Mediunidade*. São Paulo: Aliança, 2019.

CENTRO CULTURAL VALE MARANHÃO. *O Maranhão por Pierre Verger*. 2021. Disponível em: https://ccv-ma.org.br/app/uploads/2022/03/ccvmpierre-vergercatalogodigitalfinal10-11-2021.pdf. Acesso em: 2 jul. 2023.

DICIONÁRIO Jeje/Voduns. 2016. Disponível em: https://7coroas.wordpress.com/2016/07/13/dicionario-jejevoduns/. Acesso em: 2 jul. 2023.

É ESPIRITISMO, mas... *Reformador*, jul. 1953, p. 8-11. Disponível em: https://docvirt.com/docreader.net/DocReader.aspx?bib=revreform&pagfis=23536. Acesso em: 2 jul. 2023.

FOLHA de São Paulo, 27-11-1999.

IMANENTE. *In:* Dicionário de Português. 2023. Disponível em: https://www.dicionario.info/imanente/. Acesso em: 2 jul. 2023.

KARDEC, Allan. *O Evangelho segundo o Espiritismo*. Araras, SP: IDE, 1994.

_____. *O livro dos Espíritos*. Araras, SP: IDE, 1994.

LINDOSO, Gerson. Primeiro barco de Tobóssis em um terreiro de Mina no Maranhão. In: Congresso Norte-Nordeste de Pesquisa e Inovação, V, 2010, Maceió. *Anais [...]*. Maceió, 2010. Disponível em: http://www.congressos.ifal.edu.br/index.php/connepi/CONNEPI2010/paper/viewFile/1837/1065. Acesso em: 2 jul. 2023.

LUIS, Tata. *O Candomblé não explica a Umbanda*. 2017. Disponível em: https://www.acentelhadivina.com.br/post/2017/06/18/o-candombl%C3%A9-n%-C3%A3o-explica-a-umbanda. Acesso em: 2 jul. 2023.

SANTOS, Keila Andréa Cardoso dos. *Os Portais, o Baú, o Cavalo e o Farol:* a espetacularidade na festa de São Cosme e São Damião no Terreiro de Mina Dois Irmãos. 2012. Dissertação (Mestrado em Artes) – Universidade Federal do Pará, 2012.

VERGOLINO, Anaíza. *O Tambor das Flores:* uma análise da Federação Espírita Umbandista e dos Cultos Afro-Brasileiros do Estado do Pará. 1976. Dissertação (Mestrado em Antropologia) – Universidade de Campinas, Campinas, SP, 1976.